U0907382

巴菲特

给儿女的一生忠告

精编版

白虹　陈立　编著

中华工商联合出版社

图书在版编目（CIP）数据

巴菲特给儿女的一生忠告：精编版 / 白虹，陈立编著 . -- 北京：中华工商联合出版社，2016.7（2021.6 重印）

ISBN 978-7-5158-1742-2

Ⅰ . ①巴… Ⅱ . ①白… ②陈… Ⅲ . ①家庭教育—经验—美国 Ⅳ . ① G78

中国版本图书馆 CIP 数据核字（2016）第 173257 号

巴菲特给儿女的一生忠告

编　　著：白　虹　陈　立

责任编辑：李　瑛　袁一鸣

装帧设计：北京东方视点数据技术有限公司

责任审读：李　征

责任印制：迈致红

出版发行：中华工商联合出版社有限责任公司

印　　刷：唐山富达印务有限公司

版　　次：2017 年 1 月第 1 版

印　　次：2021 年 6 月第 2 次印刷

开　　本：710mm × 1020mm　1/16

字　　数：280 千字

印　　张：20

书　　号：ISBN 978-7-5158-1742-2

定　　价：78.00 元

服务热线：010-58301130

销售热线：010-58302813

地址邮编：北京市西城区西环广场 A 座

19-20 层，100044

http: //www.chgslcbs.cn

E-mail: cicap1202@sina.com（营销中心）

E-mail: gslzbs@sina.com（总编室）

前言

2006年6月，当时的世界第二富翁，被誉为“股神”的美国著名投资家沃伦·巴菲特宣布，捐出370亿美元投向慈善事业，这些财富约占其私人财富的85%。当时，《纽约时报》的一位记者问他：“您把大部分财富都捐了出去，您会给您的儿女留下什么呢?”

沃伦·巴菲特说：“我已经把最珍贵的财富留给了我的儿女啊。”

“儿女们小的时候，我并没有过多要求，而是让他们做自己喜欢做的事情，玩泥巴侍弄花草，听音乐唱歌，看摄影作品，在田野里疯跑，都是他们生活的内容。我所做的就是尽量使儿女们快乐，并给他们提供尽可能多的事物，让他们有更多的选择余地。我也从来没有要求过他们必须成为企业家，而是让他们选择他们自己喜欢的事情。

“我取得今天的成绩，很大程度上是因为我勤于思考，总结了一些规律。所以，我经常告诫儿女们要有点思考的习惯，并在勤于思考中学会善于思考。

“活着，快乐最重要，亿万财富不会给人能力和成长，反而会消磨你的激情和理想。从一定意义上讲，金钱只是一串无意义的数字，只有拥有乐观、自信、勇敢、勤于思考的性格才能收获快乐而丰富的人生，因此，可以说，我已经把我最珍贵的财富都赠送给了我的儿女们。”

他被称为“股神”，是不少投资界大佬的人生导师；他是一个大慈善家，为全球需要帮助的人们伸出援助之手；他同时也是一个杰出的父亲，是三个儿女的好爸爸。作为投资人，被誉为“股神”的巴菲特是成功的；而作为父亲，他也是出类拔萃的。

尽管巴菲特的三个儿女没有继承巴菲特的衣钵成为金融界的弄潮儿，但他们都在所处的行业中取得了令自己满意的成绩。长女苏茜，成了一个基金管理人兼家庭主妇，热心于教育事业；长子霍华德，在为解决全球饥饿问题做着自己的努力；小儿子彼得，则成了获得艾美奖的音乐家。

也许，你会认为巴菲特的三个儿女没有“长江后浪推前浪”，继续“股神”的传奇，但是你不得不承认，巴菲特的儿女们并没有因为父亲的杰出而丧失个性，他们过得很开心，都有获得了属于自己的幸福人生。

商场如战场，巴菲特是这个没有硝烟的战场里的常胜将军，但是巴菲特从不把“战争”中的负面影响带到自己的家庭里去。在儿女面前，巴菲特永远是一个乐观、开朗、自信的父亲，是儿女们前进路上的良师益友。他从不在儿女面前眉头紧锁、郁郁寡欢；他对儿女们宽容而且民主，给他们充分的自由选择自己的前途和未来。在人生路上，巴菲特放手让儿女们独立思考与成长，给予他们真正的尊重和关爱。他认为儿女不是父母的私人财产，他们有自己的未来，需要用自己的肩膀去担负属于自己的人生。

与此相对的是，在当下的中国，许多父母会给儿女大量的金钱支持，让他们过着衣食无忧的舒适生活；许多家长一味给儿女讲美的一面，却只字不提恶的一面，当儿女走进社会后，就会变得茫然和无助，面对意外不知所措；许多父母会为儿女包办一切，让他们照自己的计划按部就班的过每一天，然而，父母憧憬的未来却未必是儿女想要的人生……

假如父母不尊重儿女的独特性，也不允许他们去发掘自己的天赋，这就会导致不幸的结果。儿女需要犯错，才能从中学习；儿女需要创造属于自己的成功，才能建立自尊。当善意的父母给儿女铺就的道路太过平坦时，父母就剥夺了儿女赢取自尊的机会，这也会让儿女们在塑造性格的过程中欠缺了战胜挫折的经历。对儿女们而言，只有战胜这些挫折才能拥有真正、持久的自信。即便是不富裕的家庭，父母也能以自己的言行，影响儿女的人生走向，帮助他们发掘自身的潜能。每个人都有自己独一无二的故事，也有独一无二的方式，寻找自己在世上要走的道路。

本书以巴菲特的家庭教育为切入点，以巴菲特给儿女的忠告为主题，解读巴菲特如何融合自己的智慧和父爱，向自己的儿女传授面对充满挑战的生活的技巧，并始终保持学习的态度，最终创造属于自己的美好人生。同时，你也可以从本书中学会如何尊重，爱护一个人，如何发扬自己的长处，弥补自己的短处。你会发现，其实成功并不是高高在上的贡品，而是你可以采撷的果实。

谨以此书与天下所有希望成功的人共勉。

人生忠告

处世忠告

性格忠告

事业忠告

财富忠告

人生忠告

第一章 做独一无二的自己

忠告1 你的人生由你打造

“要去自己要去的地方而不是自己现在所在的地方。”

巴菲特夫妇在教育子女方面目标非常明确，他们希望孩子能够做出自己的选择，在所做的每件事中，留下属于自己的特殊印记。

巴菲特告诉孩子：“你的人生由你打造。”职位、地位或财富潜力并不重要，重要的是活出自己的风采，活得开心和快乐。所以他的大女儿成了一位投身教育事业的家庭主妇；长子霍华德经营了一家农场还兼职做摄影师；而小儿子彼得则选择了音乐之路。他们没有一个人“子承父业”，进军金融界！

世界上没有相同的两片树叶，人不能两次踏入同一条河流。每个人的一辈子都有不同的过法，有的轰轰烈烈，流芳千古，有的平平淡淡，只在自己家人、朋友脑海里划下一道轨迹。选择的钥匙就在你手里，你决定自己的路往何方。

“什么？你要退学？”

“是的，妈妈，我想经营一座农场。”

当霍华德向母亲提出这个埋藏在自己心底多年的想法时，巴菲特夫人苏茜非常诧异，因为无论在什么社会，读完书再工作已经成为一条铁律。她决定和丈夫巴菲特商量一下再说。

一向对子女采取宽松教育的巴菲特，也开始犹豫了，他不知道这是霍华德一时的冲动还是深思熟虑的结果，他必须弄清楚这个问题。在一个夜晚，巴菲特找霍华德好好地谈了一次。原来霍华德自小就羡慕那种田园生活，希望在一片土地上播种希望，收获梦想。看到儿子讲起农场时发亮的眼睛，巴菲特不禁想起了年轻时候的自己。

年幼的巴菲特就对经济产生了浓郁的兴趣，满脑子都是如何做生意。他五岁时就摆地摊兜售口香糖，稍大后就带领小伙伴到球场捡用过的高尔夫球，然后转手倒卖，生意颇为红火。上中学时，除利用课余时间做报童外，他还与伙伴合伙将弹子球游戏机出租给理发店老板，挣取外快。当读到价值投资鼻祖格雷厄姆的《聪明的投资者》一书时，他就像一个迷茫的信徒受到神的指引一样，一下子顿悟，并不断学习，最终成就了自己的事业。

想到这里，巴菲特语重心长地告诉霍华德，人的能力有时候并不需要学校的一张毕业证书来证明，读大学也并不是所有人的必经之路，所以他不反对儿子的退学决定。不过这不是喝水吃饭这么简单的一件事，如果开农场真的是儿子的梦想，退学也无可厚非，但如果这只是霍华德一时兴起，那么退学将成为他人生永远的痛。

人生在世，不如意者十之八九。但一个人被迫从事自己不喜欢的事，绝对是最大的痛苦。不管别人的看法如何，你的生活都是自己经历，都是自己在感受。只有过上你自己喜欢的人生，你才能创造性地把它做好，你的主动性会不知不觉地发挥出来，你会享受自己的人生旅途，大部分人之所以过得不快乐，就是因为他们是为别人而活，他们的人生是被别人设计的。

所以巴菲特还是赞成儿子自己的选择，只要他能够完全把握好这件事的得失。不过霍华德毕竟以前没有开过农场，也许好好经营一块土地对那些从小就和泥土打交道的农夫来说，实在是简单得不能再简单的事情了，但对于他来说，就有理想和现实的差距了。当巴菲特在大学学习投资方面的内容时，有同学问他到底一天花多少时间来准备功课，巴菲特回答说自己无法精确知道自己花了多少时间，因为他一直在读书、温习功课，他认为“我已经准备得足够好了”这种事是对自己不负责任，天上不会无缘无故地掉下馅饼，任何事情都需要你去准备和了解。巴菲特把这个道理告诉了霍华德：要想实现自己这个梦想，必须付出极大的努力和艰辛。

于是霍华德卖了祖父给他的股票，买了一台推土机，开始务农。他按市价向父亲租用了一家农场，尝试协助农民生产更多的农作物。后来他更远赴非洲，致力于一场对抗贫穷与饥饿的战争。他最雄心勃勃的计划是，让非洲农民能够免费使用抗旱玉米生物科技。

真正的爱，不是约束，不是占有，而是让对方过得更好。在孩子们还非常小的时候，巴菲特就对他们进行宽松的教育，让他们喜欢什么就玩什么，他所做的就是让孩子们不接触毒品等那些真正伤害人一辈子的事物，因为人是社会动物，如果违背伦理道德，违背法律民风而追求自己的“个性”，终究会误人误己。他不因为自己的好恶左右孩子们自己的判断，他更多的时候只是一个守卫者，而不是一个领路者。要想孩子一生过得灿烂和充实，就必须让他们充分发挥自己的潜力，做自己喜欢的事情。

无独有偶，还有不少成功人士抱有和巴菲特一样的想法。大名鼎鼎的纽约市市长、“彭博资讯”创始人迈克尔·布隆伯格就是个典型的例子。乔治娜是布隆伯格最小的女儿，她不想进军商界和政界，而喜欢体育。2003 年，她在北美青年马术锦标赛上夺得人生第一块个人金牌，并准备进军 2012 年伦敦奥运会。乔治娜多数时候和母亲住在纽约北部小镇的马场里，她在那里苦心练习马术，但付出的代价也很大：背部受伤，锁骨两处骨折，还曾摔成脑震荡。她的自立顽强让她荣登福布斯“最迷人的亿万富豪千金”排行榜。

保·特纳在美国是一位颇有影响力的环保人士，然而他的父亲比他的名气更大：CNN 创始人、前总裁泰德·特纳，福布斯财富榜上有名的亿万富翁，同样，父亲也没有强迫他子承父业，去新闻界或者商界大展手脚，而是尊重了他自己的意见。保·特纳成立了“特纳青年环保中心”，旨在培养年轻人的户外生存技能，向他们灌输尊重自然的意识，然后教会他们有关生态系统的知识。《纽约时报》将保·特纳称为美国最有影响力的环保人士。

“老甲壳虫”之女斯特拉·麦卡特尼也是一个例子，12 年前当斯特拉从伦敦的中央圣·马丁艺术与设计学院毕业的时候，斯特拉不过是人们眼中另一个明星大腕的女儿罢了，但经过多年的努力，她现在的身份已然是享誉世界时装界的先锋人物。

出道后，她曾为一家著名时装公司设计了两款时装系列，在此之后便坐上了这家时装公司创意总监的宝座，当时她只有 25 岁。有传闻说，斯特拉在 Chloé 时装屋的前辈卡尔·拉格菲尔德对此曾做过这样的评价：“这家时装公司应该向大人物伸出邀请之手。他们确实这样做的，我希望斯特拉能够像她的父亲一样才华横溢。”

霍华德最终靠自己的努力证明了自己的决定是正确的，过了几年以后，同样的情况再次发生，巴菲特的小儿子彼得也决定从斯坦福大学退学，从事自己的音乐事业。彼得后来说：“我的父母总是鼓励我去找寻自己的幸福，我可以做自己喜欢的任何事情，他们在这一点上很真诚，但这是他们的真实想法吗？父母对孩子寄予着他们自己的喜好和梦想，这难道不是朴素的人性吗？如果我选择音乐这个前途未卜的非主流行业，我会让他们失望吗？如果我选择一个与学历无关的领域。会不会‘浪费’了斯坦福大学的优越教育机会呢？”

巴菲特没有让自己的孩子失望，在听取彼得详细的规划以后，他又一次支持了孩子的决定。他对彼得说：“彼得，你知道吗？你和我其实在做同一件事情，音乐是你的画布，伯克希尔—哈撒韦公司是我的画布，我每天都在上面画上几笔。”

父亲的事业如此成功，却把自己的工作和彼得的音乐事业相提并论，这让彼得非常感动，也更加的尊重父亲，父亲能承认自己也在全力追寻自己选择的人生，这就是对自己最大的肯定。

果然，经过数十年的钻研，彼得成为一位优秀的音乐人，他推出了多张音乐专辑，获得无数荣誉，他在自己的人生画布上画出了精妙绝伦的图案。

巴菲特在投资领域享受了人生的快乐和趣味，同样，他的子女们也在各自的领域发挥着自己的特长与技能。人生其实就是一条长长的跑道，我们都在上面奔跑，每个人的选择不一样，你所看见的风景也就不一样，找准自己真正热爱的事业，并全身心地投入进去，你会在彩虹的尽头找到金子。

你的人生由你打造，做独一无二的自己，抒写你不可复制的故事吧！

父母教育孩子的时候最喜欢挂在嘴边的一句话就是：“这是为了你好。”殊不知，真正地为子女好，就是给他们选择的自由。

子女某种程度上是父母的影子，所以很多父母把自己的理想设置成为孩子们的梦想，当孩子们自己无法选择自己的生活时，他们就如同鸟笼里的小鸟，永远也不会快乐和自由。

让孩子们找到自己的兴趣，寻找到自己的方向，把成才的钥匙把握在自己的手中，而家长更多的只需要给他们提供帮助和支持，这样就可以让很多孩子实现自己的梦想——说不定，你家的孩子，就是下一个朗朗，或者下一个马克·扎克伯格呢。

兴趣是最好的老师

“抛开其他因素，如果你单纯缘于高兴而做一项工作，那么这就是你应该做的工作，你会学到很多东西。”

在巴菲特成为世界上首屈一指的大富豪以后，不少人开始探究他的成长历程，希望找到他成功的秘诀。

巴菲特出生在奥马哈这座普普通通的城市里，他的祖父是一位普普通通的小商品经营者，他的父亲则是一位名不见经传的银行工作人员，可以说，他的出身是极其普通，但并没有人强迫幼年的巴菲特去打工养家，他所有赚钱的想法完全是出于自己的爱好。

巴菲特小时候的第一个玩具，也是他最喜欢的玩具之一，就是一个绑在手腕上的金属货币兑换器。“他非常喜欢这个玩具。”他的姐姐，多丽丝·布赖恩特夫人回忆道。

还是小孩子时，巴菲特就对数字特别敏感。他常与小伙伴们这样消磨整个下午的时间：俯瞰着繁忙的路口，记录下来来往往的车辆牌照号码。暮色降临以后，他们就回到屋里，展开《世界先驱报》，计算每个字母在上面出现的次数，在草纸上密密麻麻地写满变化的数字。就像一个心情愉快的卖冰激凌的人一样，巴菲特喜欢四处走动兑换零钱，他对兑换零钱的过程和拥有金钱的感觉非常着迷。做数学计算题，特别是涉及用极快的速度计算复利利息，是他从儿童时期就非常喜欢全心投入的一种消遣娱乐方式。

年轻的巴菲特第一宗真正的生意是在软饮料行业，他母亲回忆说，当她的儿子第一次对自由企业产生兴趣时，还只是一个年仅六岁的孩子。他的冒险行为包括做一个卖可口可乐的小商贩。“那时我们住在艾奥瓦州的奥克波基湖。沃伦花 25 美分买了一个装有六瓶可乐的手提式厚纸板箱，他每瓶可乐卖 5 美分。沃伦对数字非常着迷，特别是涉及赚钱的数字时更是如此。”巴菲特夫人回忆说。后来在他整个的经商过程中，他的利润率一直保持在 20%。这就是为什么他能成为身价几十亿的富翁的原因了。

巴菲特还从他祖父在奥马哈经营的杂货店里购买可乐，然后再卖给邻居们。在 1989 年伯克希尔公司的年度报告中，巴菲特写道：“我相信我是在 1935 年或 1936 年开始卖可口可乐的，确切地说，应该是在 1936 年。我以每箱 25 美分的价钱在爷爷的杂货店购买可乐，然后以每瓶 5 美分的价钱在附近兜售。这种高利润的零售方式使我及时注意到非同寻常的消费者的吸引力和这种产品的商机。”

10 岁时，巴菲特最喜欢卖的软饮料是百事可乐。就像他跟马萨诸塞州北安杜佛镇的伯克希尔公司的股东保罗·卡西迪解释的那样，“我是在 1940 年开始卖百事可乐的，因为那时每瓶百事可乐的容量是 12 盎司，而可口可乐却只有 6 盎司，但是，两种可乐的售价是相同的。那是一个非常有说服力的理由。”而后，巴菲特开始在他父亲的经纪人业务办公室里做些像张贴有价证券的价格，以及填写有关股票及债券的文件等工作。

到了11岁时，巴菲特开始小规模地购买股票：他以每股38美元的价格，购买了3股受欢迎的城市服务股票，当时，这就是他的资本净值。小巴菲特还说服他的姐姐多丽丝和他一起投资。

随着年龄的增长，他对股票市场的痴迷有增无减，他开始绘制股票市场价格升降的图表。“我对和数字和金钱相关的任何事情都非常感兴趣。”后来巴菲特把股票市场价格的升降图表和大多数偏离对公司做出基本分析的东西都叫作“小鸡走路的痕迹”。

在接受《福布斯》杂志采访时，巴菲特曾说，“从我11岁时就对股票非常感兴趣，那时，我在哈里斯·尤浦汉姆公司打工，负责在木板上做标记，我父亲是那里的股票经纪人。我负责全面工作，从股市行情提示到制图资料，所有的一切。当做完这一切后，我就拿起格雷厄姆的《证券分析》来读，阅读这本书就好像是在茫茫黑夜看到了来自远处的灯光。”

在大学毕业后，对股市无限痴迷的巴菲特恨不得马上就给偶像格雷厄姆干活。由于巴菲特当时还默默无名，格雷厄姆开始拒绝了他的请求。但巴菲特总是不停地“骚扰”他，同时巴菲特自己也卖了3年的证券，期间从不间断地给格雷厄姆写信，聊他自己的想法。

巴菲特的执着以及专业，最终打动了格雷厄姆，巴菲特因此为格雷厄姆工作了几年，那几年为巴菲特积累了非常有益的经验，并让他对自己的投资之道有了一个系统的思考。

巴菲特说：“我总是做我热爱的工作。抛开其他因素，如果你单纯地高兴做一项工作，那么那就是你应该做的工作。你会学到很多东西，工作起来也会觉得有无穷的乐趣。可能你将来会变。但是做你热爱的工作，你会从工作中得到很多很多。刚开始的工作多寡无足轻重。

“如果你认为得到两个X比得到一个让你更开心，你可能就要犯错了。重要的是发现生活的真谛，做你喜欢做的。如果你认为得到10个或20个X是你一切生活的答案，那么你就会去借钱，做些短视以及不可理喻的事情。多年以后，不可避免地，你会为你的所作所为而后悔。”

巴菲特成功的秘诀在于他从事了自己喜欢的职业，只有你喜欢一件事情，你才能深入地探求和思考，也才能得到理想的收获。“要做自己喜欢的事情，成功就会随之而来。”

在小儿子彼得还只有几岁的时候，就非常喜欢音乐。有一次，他邀请了一个名叫黛安娜的小朋友来家里玩，他在他们家的壁炉前为这个小女孩献上一首小夜曲，并唱着保罗·安卡的歌，“噢，请留下来陪我，黛安娜！”

在彼得5岁的时候，甲壳虫乐队首次亮相，小彼得被彻底震撼了，于是和其他数以百万的家庭一样，巴菲特一家也跑到当地百货商店购买了一张维杰唱片公司发行的《介绍甲壳虫乐队》，很快，小彼得就陶醉于其中，他学着约翰·列侬弯曲膝盖，还模仿保罗·麦科特尼在唱他的代表句“yeah，yeah，yeah”时伸脖子的动作，他不停地听着这张专辑，以至于唱针最后都断了，彼得于是用母亲的缝纫针来替换唱针，继续听了起来！

大学二年级时的第一个晚上，彼得的一个朋友邀请他去听一个吉他手的演奏，没有华丽的指法，没有为表演而表演的技巧，但是他的音乐走进了彼得的内心深处。彼得忽然明白：这就是音乐，而他完全可以做到！

于是彼得在一种狂热的状态下创作乐曲，他写了两首歌，然后打开录音机，开始叠录其他部分，他边听边写，边试边删，他希望自己的音乐能够摆脱浮华和张扬，变成真正能抵达人灵魂本质的东西。第二天，彼得的一个朋友开车接他去沙滩玩，于是他带着自己新录制的这盘磁带在路上听，他经历了一生中最奇妙、最震撼的感觉——他被一种由责任和狂喜混合而成的引力，钉子一样钉在了座位上。

按彼得自己的话说“在那段短暂的行车旅途中，通过土褐色的二手本田扬声器，我听到了自己的未来。”

可以说，音乐一开始就选择了彼得，可是彼得到最后才选择了音乐，彼得对音乐无穷的兴趣最终使他成为一位成功的音乐人。2008年，彼得在佩利媒体中心位于纽约和洛杉矶的分会场进行演出，巴菲特不仅出席了演唱会，还加入到了彼得的演出中，他带来了那把小有名气的夏威夷吉他，在一曲《她是不是很甜美》的激情演奏之后，巴菲特告诉观众他来这里“为了看看我在钢琴课投资中获得的回报”，这一席话，逗得观众哄堂大笑。

爱因斯坦有句名言：“兴趣是最好的老师。”古人亦云：“知之者不如好之者，好知者不如乐之者。”兴趣对学习有着神奇的内驱动作用，能变无效为有效，化低效为高效。有不少名人也都是从自己喜欢的事情开始，最后取得了令人羡慕的成绩。

从事我们真正感兴趣的事情，是我们人生的开始。也许你的兴趣所在不能带给你显赫的地位、殷实的收入，但它能让你快乐。

兴趣是我们从事任何事业热情的源泉。

说起篮球，大家都会想到姚明。他在9岁的时候才开始对篮球感兴趣，而到12岁时，他已经非常喜欢篮球这项运动了，并表现出极大的天赋，后来父母把他送到上海体育学院，他在那每天都要打几个小时的篮球。由于姚明住校，离家的路途比较遥远，这使得他有更多的时间打篮球，也因此对篮球越发专注了。最后姚明凭借着自己出色的球技，远赴NBA，成了国人的骄傲。

相比之下，很多人一提起上班就无精打采，到了公司或单位也浑浑噩噩，无所事事。这又是为什么？因为他们没找到自己热爱的职业，他们的兴趣完全不在上面。

人生其实就是匆匆几十载，为什么要活得麻木而且痛苦，而不选择开心和快乐呢？大多数人都没有找到自己的兴趣所在。选择权其实在你手里，只不过你被太多的包袱压得喘不过气，而牺牲了自己的选择权！是的，我们生活中有太多的“被迫”，你还希望你的孩子也过这种生活么？各种多如牛毛的“兴趣班”，做不完的“课外作业”……让你的孩子真正选择自己喜欢的“兴趣班”，过得愉快而且惬意吧。这才是真正地爱孩子。

唤醒你潜藏的力量

“只做一个平庸者，是做人的失败。”

彼得的音乐之路充满了波折，就像彼得自己说的那样：他总是开始学琴，然后又放弃，这样折腾过 4 次！

原来，彼得是一个完美主义者，容不得自己在音乐方面技不如人，但事实上，多数人在多数事上都是马马虎虎而已，也就是“一般化水准”。作家盖瑞森·凯勒也说过，你不可能使得城市里的每个人都高于一般的水平，因为那些“一般”的人也不甘落后！

在彼得十几岁的时候，他有个叫拉尔斯的朋友，这个男孩也一样对钢琴着迷，他们两个很快就成了好朋友，一起创作音乐。其实音乐很多时候说不上谁优谁劣，但是彼得还是忍不住和他比赛，并以他的标准来衡量自己的音乐灵感和天赋，他总感觉自己技不如人，这让彼得对音乐的兴趣大减。

巴菲特虽然事业上极其忙碌，但是他还是花大量时间来和孩子相处，看到小儿子有时候闷闷不乐，于是他在一个午后和儿子聊了一次。少年彼得对自己崇敬的父亲也不隐瞒，一股脑地把自己的苦恼告诉了巴菲特。

听完儿子的诉说后，巴菲特给彼得讲了一个故事：

托马斯·伍德罗·威尔逊，是一位杰出的美国总统，他曾经因为倡导国际联盟而获得诺贝尔和平奖并且还担任过普林斯顿大学校长，但是他的成长之路也并非一帆风顺。

少年时期的威尔逊得了一种现在叫作“学习困难”的病，主要表现为诵读能力欠缺。直到十二三岁，他还不能很好地领会文章的内容。对拉丁文和希腊文，他能倒背如流；但对于英语，他感到无能为力。老师也都认为威尔逊在英语方面可能的确是没办法突破了，他自己更加悲观：难道是自己脑子有问题？但是威尔逊的父亲不这么认为。他不断地告诫儿子说：“绝不要低估自己的潜力！”通过不断地激励，威尔逊的能力被调动起来。最终，威尔逊克服了学习上的困难，并由此也培养了与父亲一样的倔脾气，越是面对困难，头抬得越高。他始终坚信一点：绝不能低估自己的潜力！这个信念帮助威尔逊战胜了一个又一个难关。

在威尔逊从政以后，对于他取得的成绩，父亲会及时送来称赞，不过他还会指出需要注意的地方，以避免威尔逊产生骄傲情绪。

1879 年是威尔逊父亲职业遭受挫折的一年，但也是威尔逊从政途中比较重要的一年。为了能够让威尔逊安心工作，父亲把心中的不平更多地转化成了给儿子施加的动力。他对威尔逊说：“我曾相信自己并无优势，这一信念对我的人生影响极大，所以我急于让你避免这一严重的错误——我宁可你对自己、对自己的智力估计过高而不是过低。”父亲把自己的挫折归结为自信的不足，所以他一定要避免儿子也遭到同样的命运，不失时机地给他打“预防针”。威尔逊没有让他失望，他后来的确没有因为失去信心而失败过。父亲的家训，不但给他指出了人生的方向，也给了他制胜的法宝。越是到了人生的关键时期，他就越能感受到每一句话的分量。威尔逊没有低估自己，因为无论在学术上还是政治上，他都做到了最好。

讲完这个故事以后，巴菲特笑着对彼得说，彼得，如果你愿意，你也可以成为威尔逊！

竞争是一个好事情，在竞争中我们可以不断提高，你可以学习别人的优点，看到自己的弱点，查漏补缺，弥补自己的不足，但是如果因为对方太优秀而让你自己丧失信心，这其实是你自己打败了你自己，因为你在任何时候都要相信自己的潜力。

潜能其实是由人的心灵孕育的一个美丽的花蕾。用古罗马时期哲学家奥里约的话说：“你的人生是由思想造成的。”也就是说，你的人生是思想的延续。只要你相信自己能有所发展，你就能做到最好。人的心灵是丰富而奇妙的，蕴涵着无限的潜力。生活中我们应该排除不良心境，营造积极良好的心境，充分地调动和激发出我们心灵的潜力，就比如彼得，他不应该总看到别人的长处和自己的短处，因为拉尔斯也不是所有方面都是顶呱呱的，彼得也有一些他不具有的优点，但是如果彼得始终认为自己做不到最好，自己是一个失败者，那么他永远也无法有所成就。

“我能行吗？我觉得我可能会失败，如果失败了大家都会耻笑我。”

很多人总是以迟疑和畏惧的态度来对待生活当中出现的机遇，并不相信自己可以把握住这样的机遇。通常来说，这样的人在他的人生中是不可能有高于常人的成就的，因为他们在前进和突破面前畏首畏尾，总是止步不前，那么他们也就只能停留在一个地方耗尽毕生精力，无所建树。相反，成功的人总是对自己充满自信的，并乐于不断发掘自己的潜能，他们在潜意识里告诉自己是一个胜利者，因此，吸引力的法则就会充分接收这种“频率”，带领他们走向成功。

每个人的心中都住着一个巨人。成功者和庸碌者的区别就在于，成功者能够及时挖掘储存在自己身体中的能量并加以利用，而庸碌的人则从来意识不到自己心中的那个巨人。

巴菲特向儿子说明这样一个道理：在每个人的潜意识深处，都有着无限的智慧和力量，它们无不在等待你去发现并开发。只要你愿意开放你的心灵去接受，你潜意识中的无限智慧就会在任何时间、空间为你提供所需要的每一样事物。美国的心理学家马斯洛也曾经指出：“实际上绝大多数人都有可能比现实中的自己更伟大些，只是缺乏一种不懈努力的自信。”

潜能就像是沉睡在身体中的宝藏，被外界的风尘深深掩埋。但有时候，基于某种特殊的环境，它很有可能被某种刺激所激发，被某种力量所唤醒，刹那间绽放耀眼的光彩。有的时候，你能做到的，比你认为你能做到的要多得多。

不过巴菲特为了不让彼得误认为有潜力而不需要再勤学苦练，他又给彼得讲了一个故事：

被世人称为“奇迹”的奥地利作曲家莫扎特的成功，不光是因为他具有极大的潜能，也还因为他的勤奋和好学。

莫扎特的父亲叫列奥波里德·莫扎特，是宫廷乐师、作曲家。在莫扎特小的时候，父亲就发现儿子具有一定的音乐天赋，于是他便十分注意培养儿子的音乐潜能。莫扎特到了 3 岁时就能用钢琴弹出乐曲中的片断，4 岁时，父亲就教他弹钢琴，到了 5 岁时，他就开始学习谱曲。

有一天，父亲为剧院院长的女儿创作了一首小步舞曲，叫莫扎特送去。路上，一阵风吹跑了乐谱，莫扎特只好跑到小伙伴家，自己在纸上写了一首曲子，送给了院长。第二天，院长带着女儿登门拜谢，对莫扎特的父亲说："你的舞曲太妙了。"并让女儿把舞曲弹了一遍。父亲听后很惊讶，说："这不是我作的舞曲。"莫扎特只好把自己作曲的经过说了一遍，父亲十分惊喜。

莫扎特6岁时，父亲带他到维也纳演出，小小年纪的莫扎特立即轰动了当时在欧洲占有重要地位的维也纳音乐界。演出的成功使父亲非常高兴，他决定带着莫扎特进行一次旅行演出，他们用两年的时间，在德国、法国、英国、荷兰和瑞士演出，这使莫扎特的音乐才能大有提高。

在旅行演出中，父亲也看出了莫扎特身上的缺点：音乐才能出色，但由于没有受过正规系统的教育，文化基础差。父亲认为这会影响他以后的发展，于是，父亲对莫扎特进行系统的补课，教他学习拉丁文，学习音乐家必修的意大利文，还学习法文和英文。经过父亲对他的严格训练和自己的刻苦学习，莫扎特已经能巧妙熟练地演奏钢琴、风琴、小提琴等各种乐器。他在父亲的指导下作曲，创作了大量的器乐合奏曲。13岁的时候，他创作了第一部歌剧《赛普理济》。26岁时，他的创作进入全盛时期，他创作了《费加罗的婚礼》《唐璜》《魔笛》等著名歌剧，被当时世界著名音乐家海顿誉为"世界第一作曲家"。

没有百分之百的天才，也没有百分之百的蠢材，每一个人都是天才，都具有一定的天赋。如果在小的时候能够被别人发现并培育，那么这个人就会取得非凡的成绩。若非如此，这个人就会默默无闻地度过一生，虽然他本身并不缺乏潜能。

巴菲特也正是看到了儿子在音乐上的潜力，于是鼓励他不要为暂时的不如意而放弃，不要因为技不如人而否定自己，因为就算彼得在朋友圈子里是最棒的，可谁又能知道未来他人生路上会出现多少劲敌？

如果看到别人出色自己就偃旗息鼓，那可以肯定地说，他将一事无成。但是光有潜力也是不够的，不练习，不继续学习，你的潜力也无法彻底地表现出来，你的才华也只会烂在肚子里而无人知晓。

有一位哲人曾经说过：“要想有所成就，你首先得突破你自己的内心。”勇于突破内心的限制，就有可能激发出身体无限的潜能。只要能够冲破迟疑的障碍，相信自己有能力做好身边的每一件事，你就会挖掘出自身最大的潜能。

没有一个人从出生的那一刻就注定能拥有成功，也没有一个人从生下来就注定一生碌碌无为。认知决定出路，每个人都是自己人生的创造者和主导者。无论遇到什么样的困难或危机，只要你突破自己的心理界限，相信自己，就能够处理和解决这些困难或危机。

很多人其实就是一座火山，大部分能量都在沉睡和休眠，但是只要在一个适当的时候，给他一个引子，他体内磅礴的力量就会爆发，发出巨大的轰鸣声并引起大地的颤抖。

你是一座沉睡的火山么？

笔者还记得小时候的一件趣事：

老师要求每个人一晚上背10个单词，为了“出风头”，笔者一个晚上背了20个！第二天被老师表扬后，再接再厉，发现其实一个晚上背30个单词都不困难！从此笔者爱上了英语。

如果当时不是为了那个自私的念头，笔者也不会尝试多背10个单词，而这10个单词却成为笔者找到兴趣所在的钥匙；另一个方面也使笔者意识到一个人的潜力会比想象的大。

每个孩子都有着他的潜能，作为家长，我们应该多鼓励，多引导，让他们把自己的潜力发挥出来，也许他会做得比你想象中的更好。

崇尚工作而非报酬

“吸引我从事工作的原因之一是，它可以让你过你自己想过的生活。你没有必要为成功而打扮。”

巴菲特曾说：“现实是，工业社会的逐利性使我们认为，努力挣钱，再花钱买到你很少用到的东西，你就会得到满足，但你从中永远得不到快乐。多即是好的概念使我们成为金钱的奴隶，何不尝试一下少即是多呢？你会从中找到另一番天地。”

到底是一份你喜欢的工作重要，还是一份可观的薪水重要？

也许苏茜、霍华德、彼得最有权力回答这个问题，因为他们只要愿意，就可以在华尔街大展身手，在父亲的帮助和指点下轻松地赚取大量的真金白银。这些在别人眼里唾手可得的机会却被他们放弃了，是他们不差钱？或者已经过上了极其富庶的生活？

答案又是否定的，苏茜很多时候需要自己打工才能买上一两件“奢侈”的衣服；霍华德办农场找父亲借钱，还得给父亲支付和银行一样的利息；而彼得干脆直接向银行借贷买房子！

原来，巴菲特家族有独特的家族价值观——崇尚工作而非报酬。

首先，崇尚工作并不是很多人的错误理解。有些人认为，良好的工作态度就是每天加班加点地拼命工作，即使他对这份工作毫无激情，甚至心生厌恶，按照上述思路，单纯的努力、压制自己的喜好和时间上的付出，都算得上是基本的美德。

但这些根本不是美德，只不过是自己在折磨自己罢了！或者毫不客气地说，这是惰性和缺乏想象力的表现。为什么你不腾出一些时间和精力来干一些自己真正喜欢的事情，或者下定决心换一份自己喜爱的工作呢？

巴菲特告诉孩子们：良好的工作态度，首先就在于发掘自我。当从事你喜欢的工作时，就算工作多么艰辛，多么劳累，你都会有一种开荒的快感，甚至产生一种完成任务的神圣感。

在孩子们的回忆里，父亲巴菲特大多的时候都是在家里工作。他会长时间待在书房里研究大量深奥的书籍。“后来我才知道，他读的是《价值线》和《穆迪投资》——数以千计的公司及其股票的统计分析等内容。”即使巴菲特研究的都是看起来很枯燥的课题，但他依然全神贯注，心无旁骛。就像彼得所说：“他在研究那些内容的时候，可以轻松达到类似犹太祭师研究卡巴拉圣典或是佛教僧人深思禅经那样的境界。”

巴菲特说，这些在外人眼里乏味到极点的工作，为什么他自己能保持如此源源不断的激情？首先，他从不为钱而工作，虽然最后他也获得了金钱，但这是工作的副产品——对巴菲特投资才华的肯定。工作的真正实质是：激发他无穷的好奇心，验证他对实际业绩的预测能力，体验挖掘价值和新机遇的可能性。

巴菲特认为，崇尚工作报酬而非工作本身所带来的一个问题就是，报酬随时有可能被人夺走。有些人在谈论对待财富的态度的时候，会认为他们是在谈论工作态度。他们声称自己非常看重勤勉、自律和毅力，但他们并非真正推崇这些素质。他们真正推崇的是这些素质带来的财富。他们崇尚的是收益，而非过程。

但是凡是经历过经济危机的人，都知道你获得金钱的机会很容易被人偷走。假如有人在自身无错的情况下公司倒闭了，那是否就能由此推断：他前一天很成功、后一天很失败呢？假如有杰出的企业家，因为国际大环境的动荡失手，是否就因此认定他已经一无是处了呢？

巴菲特曾经碰到过一个名校毕业的学生，他的成绩不错，人也很聪明。巴菲特问他："下一步你打算做些什么？"他回答说："可能继续读个 MBA 吧，然后去华尔街的大公司，简历上看着漂亮点，钱也能挣到更多些。"

"那么你就不想出去旅游或者找个女朋友么？而且据我观察，你对金融投资什么的一点都不敢兴趣……

"我倒是想去非洲拍摄下野生动物，可是，您知道，我需要更多的钱来生活。"

巴菲特给他的意见是："等一下，你才这么年轻，你做了这么多事情，你的简历比我看到过的最好的还要强十倍，现在你要再找一个你不喜欢的工作，你不觉得这就好像是把黄金埋进土壤里吗？而且你已经挣得不少了，你应该选择你真正热爱的行业。"巴菲特给他的告诫是，不要只是因为让自己的简历看上去风光无限而去做一些自己不喜欢的事情，选择那些自己热爱的工作才是最重要的。

所以我们要常常问问自己：我们为什么要工作？工作到底意味着什么？我们每天日出而作、日落而息，一周五天连轴转，有时周末都要用来加班，究竟值不值得呢？无论是刚走出校门踏进职场的学生，还是已在职场打拼多年的上班族，都会被这类问题所困扰。如果不把这些问题想清楚，我们便无法集中精力工作，以致在职业的道路上步履维艰。只有对此有了充分的认识，获得了完美的解答，我们才能信心满怀地奋然前行。

事实上，古今中外大凡卓有贡献的人无不对此问题有着深刻的认识。正是领悟了工作的真谛所在，这些人才迸发出了超乎常人的热情，正是在正确的工作观的激励和引导下，才取得了超越常人的卓越成就。

所以，每个参加了工作的人，首先必须对工作有一个正确的认识；想从平庸走向卓越的人，尤其要对此有深刻的理解。因为只有正确的工作观才会使人产生持久而强大的工作热情，正确的工作观是成功路上的指路明灯。

大凡有所成就的人，都不把薪水作为主要目的，而是把工作当作自身进步的阶梯。

英国著名科学家法拉第想进皇家科学院工作，知情人告诉他："在那里，工作是十分劳累的，报酬却很少。"法拉第毫不在乎地说："工作本身就是一种报酬。"总而言之，你是在为自己工作。在工作中，不断丰富自己、提高自己最为重要，薪水不是主要目标，发展才是工作之本，成功才是终极目标。

美国著名作家阿尔伯特·哈伯德说："工作所给你的，要比你为它付出的更多。如果你将工作视为一种积极的学习体验，那么，每一项工作中都包含着许多个人成长的机会。"一个人如果总是为自己到底能拿多少工资而大伤脑筋的话，他是看不到工资背后的成长机会的，当然也不会重视自己从工作中获得的技能和经验。事实上，决定他未来发展的恰恰是这些技能经验和成长的机会，而不是现在他可以拿到多少薪水。

卓越的人士都具备这样一种认识，在工作中他们都更加看重自己所做的工作能给自己带来什么成长和机会，能否实现自己的人生抱负，而不是去关注自己能挣多少钱。因为他们知道：从长远来看，获得挣钱的本领比挣钱本身更重要。正是这种正确的认识，使得他们能够比同职位的其他人成长得更快，也将更早获得成功。

工作不仅是挣钱的一个职业，也是一个实现自我价值和个人爱好的平台。实际上，我们每个人的能力与价值都需要通过工作才能体现出来，在工作中获得完善和提高。哪怕你是旷世奇才，没有了工作的平台，你的才能也只能储存在体内而不能发光。工作可以使我们释放能量，让我们体验到实现自身价值的满足感。所以说，工作就是一个人实现自我价值的舞台。

巴菲特自己的行动感染了孩子们，彼得依然记得，当年，身穿卡其布裤子和破毛衣的父亲在书房里踱步，脸上带着一种近乎圣洁的平静表情，他说自己被深深地震撼了。这就是真正的快乐，工作的快乐。或许，从那个时候开始，父亲就在他心头埋下了一颗种子，让他一路奔向自己所钟爱的音乐事业。“他从来不教导我什么，他希望我学习的，都是用他自己的行动表现出来的。”

生命本很短暂，我们工作、奋斗正是为了实现自我价值，能够把自己的才华淋漓尽致地发挥出来。如果把金钱当作唯一的指标，这样的生活是乏味而缺乏激情的，我们完全可以站得更高，看得更远，从更加高深的层面来看待问题。崇尚工作，而非报酬，让有限的生命发出璀璨的光芒。

很多科学家都是为了实现自己的人生价值而工作的，比如爱因斯坦。

为了避免耗费人生有限的时光，爱因斯坦善于根据目标的需要进行学习，使有限的精力得到了充分的利用。他创造了高效率的定向选学法，即在学习中找出能把自己的知识引导到深处的东西，抛弃使自己头脑负担过重和会把自己诱离要点的一切东西，从而使他集中力量和智慧攻克选定的目标。

1952 年以色列国鉴于爱因斯坦科学成就卓越，声望颇高，加上他又是犹太人，当该国第一任总统魏兹曼逝世后，邀请他接受总统职务，他却婉言谢绝了，并坦然承认自己不适合担任这一职务。

但看现在不少人，他们工作和研究的唯一目的就是赚钱或者权力与地位，我们是否也该思考一下我们真正学习的目的呢？

技艺的练习没有捷径

“据我所知，不溺水的好办法就是会游泳。”

在孩子们长大的过程中，巴菲特喜欢带他们去海边游泳，去高尔夫球场打球，或者一起体验桥牌的乐趣，孩子们学起这些技艺来，通常很快，但都有一个通病：学会了就不爱再去尝试了，而又去玩新玩意去了。看到孩子这种“喜新厌旧”的习惯，巴菲特给孩子们讲了自己学习高尔夫的故事：

巴菲特擅长很多运动项目，高尔夫就是其中之一，不过打好高尔夫并不是件容易事，巴菲特在刚学的时候就出了不少洋相，而且随着生意越做越大，高尔夫已经成为社交、生意场上不可或缺的一部分，于是巴菲特决心好好练习一下。高尔夫中包括握杆的技巧，瞄准的技巧都需要不断的练习，不过巴菲特乐在其中，只要有充裕的时间就去球场里打上几杆，然后请教一些球技出众的球友，经过一段时间熟悉以后，巴菲特也摆脱了高尔夫菜鸟的身份。

巴菲特告诉孩子们：任何一门技艺的熟练掌握都需要你不断地练习，你必须找一个引路人，然后不停地重复再重复，直到最终达到炉火纯青的地步才行。

巴菲特得知彼得对音乐十分感兴趣后，为了让彼得学好钢琴，巴菲特一共给彼得请了三位老师。

彼得的第一位钢琴老师比较中规中矩。读音符，数拍子，正确地把手指放到相应的琴键上。虽然不是很有创意，但这种做法完全正确而且十分必要，它包含了一个可能在各个领域普遍适用的真理：只有把基本功练扎实后，你的想象力才可能有质的飞跃。如果没有枯燥的磨炼做基础，创造力不会为你酿造杰作，只会带来残次品。

而第二位老师从五年级时开始教彼得，她采取的是一种巧妙而非常独特的策略。比起音符，她对声音更感兴趣。比如说，为什么西蒙和加芬克尔的歌曲不同于莫扎特的奏鸣曲？简单的 C 大调和弦可以发出多少种声音？如何用同一种乐器弹出肖邦或刘易斯的感觉？从第二位老师这里，彼得懂得了每次把手指放到琴键上时都会面临一个选择，不仅是弹奏哪个音符的问题，而是如何弹奏的问题——如何使它听起来像自己弹的东西，最重要的是，如何使它听起来有自己的风格。

第三位老师以此为基础将其提升到了一个完全不同的境界。对她而言，音符和规则只是最基本的原材料，我们学习它们的目的只是为了将其升华。声音只是一种手段，其目标是到达一个更为重要的终点：自我表达。

彼得的三个老师循序渐进，让彼得逐步步入了音乐殿堂，也让彼得明白了，要学好音乐，你得首先打好基本功，培养一种更广阔的思维，然后不停地练习。

在一次记者采访会上，有人问李嘉诚成功的秘诀，李嘉诚给这个提问者讲了一个故事：

日本“推销之神”原一平在 69 岁时的一次演讲会上，当有人问他推销的秘诀时，他当场脱掉鞋袜，将提问者请上讲台，说：“请你摸摸我的脚板。”

提问者摸了摸，十分惊讶地说：“您脚底的老茧好厚呀！”

原一平说：“因为我走的路比别人多，跑得比别人勤。”

提问者略一沉思，顿然醒悟。

李嘉诚讲完故事后，微笑着说："我没有资格让你来摸我的脚板，但可以告诉你，我脚底的老茧也很厚。"

天下没有免费的午餐，要想掌握一门技能，你就必须严格要求自己，不断练习，不断熟悉，这里面没有一点捷径可走。人类最深切的渴望是成为一个重要人物的感觉，每个人内心深处都在追求、渴望成功和快乐，都在逃避、拒绝失败和创伤，没有人希望自己是人群中可有可无的小角色。谁都想通过自己的努力，成为才华横溢、受人景仰的人。

然而，要想受人敬仰并不是一件轻而易举的事，只有掌握一门技能，你才能干好一份工作；干好一份工作，你才能脱颖而出；脱颖而出以后，你才有机会被更多的人熟知和了解。

古雅典卓越的政治家、演讲家德摩斯梯尼，年轻时口吃，说话气短，而且爱耸肩。这大概是最不适合学演讲的了，所以他初学演讲时曾被听众哄下台。但他毫不气馁，为了练发音，他嘴含石子练朗诵；为了克服气短，他一面攀登陡坡，一面吟诗；甚至悬起两把剑来改正自己爱耸肩的毛病。经过坚持不懈地长期努力练习，他终于成为著名的演讲家、雄辩家。

不经常下厨房的主妇，永远掌握不了牛排的火候；不常在射击场上训练的士兵，永远也不会成为神枪手；不经常读书的人，永远也写不出针砭时弊的文章……就像有人说过："要想刺刀锋利，你就得经常擦拭它。"

有一天，巴菲特读到这样一篇报道以后，把它递给儿子，希望儿子从中学到什么：

巴伐洛夫，1926 年 5 月出生在莫斯科郊区的一个小村庄。很小的时候他就出来半工半读，一把 24 磅（约 20 斤）的大铁锤成了他参加社会建设的主要工具，为此，乡亲们曾亲切地称他为"大铁锤"。他热

爱劳动，喜欢运动，一直想成为一个真正的英雄，

17 岁那年，巴伐洛夫参军，经过短暂的训练后，他很快就随部队投入到对法西斯的大反攻作战中。在长达 4 个多月的会战中，巴伐洛夫随苏军主要突击兵团向法西斯匪徒勇猛进攻，顽强地突破了德军坚固设防的战略防御带，粉碎了德军所谓的“东方壁垒”。

在惨烈的登陆争夺战中，德军从西欧调来了大量的党卫军和坦克兵团进行疯狂反扑。巴伐洛夫和战友们用反坦克枪和燃烧瓶先后击毁了数辆敌军坦克。接着，他们又与进入阵地的纳粹党卫军展开了肉搏战。在几度易手的阵地上，身高 1.84 米、擅长摔跤的巴伐洛夫将凶恶反扑的法西斯匪徒一个个摔在烂泥里，并用冲锋枪和铁锤把他们送回了“老家”，因此，成为让敌人望而生畏的“战神”。

战争结束后，25 岁的巴伐洛夫戴着胜利的军功章复员回到了家乡。一个偶然的机会，他和摔跤运动结下了不解之缘。一天，他与朋友路过莫斯科体育馆，看见摔跤运动员们正在做体能训练。他对朋友说自己的体能成绩与运动员相比并不差，朋友不信，他便走进馆内，把 100 公斤重的杠铃抓起来推举了好几下。

这一举动博得了所有在场运动员的喝彩，也引起了一位教练员的注意。经过与巴伐洛夫的交谈，教练员马上表示愿意收这位英雄为徒，让他参加摔跤训练。

刚开始巴伐洛夫的成绩并不理想，但他以军人特有的毅力坚持训练，连节假日也从不中断训练。不仅如此，他还自费买票到处观看摔跤比赛，吸取他人的成功经验。一年之后，他就在全国性的比赛中夺得第三名。

随着一次次比赛的成功，巴伐洛夫的技艺日臻完善，成为当时同类摔跤级别的领军人物。1956 年 11 月，在第十六届墨尔本奥运会上，他以当年“战神”的特有气概力挫群雄，一举登上了古典式摔跤项目

重量级冠军的宝座。人们称这位具有军人气概的卫国英雄是“开着坦克的摔跤王”。

彼得看完这个报道以后，豁然开朗。是的，巴伐洛夫早期从来没有确立过“要当最棒的摔跤手”的目标，但他每到一处，就努力地学习自己现在需要掌握的事情。做工人的时候尽全力做好自己的工作，做战士的时候勇往直前冲锋杀敌，做运动员的时候，挑战自己的极限去与对手竞技，他过去的汗水浇灌出他现在的胜利果实，没有过去的积淀，也就没有现在的怒放。他自己，不也是一样么？

彼得听从父亲的安排与教育，无论什么时候都没有放弃对音乐的练习，因为只有不断熟悉，灵感才会如同泉水汩汩而出，只有不断练习，对音乐的理解才能更加深入。练习的过程是枯燥乏味的，但毛虫要想实现蝴蝶展翅的那一刻，它就必须承受结茧时的不见天日，要想自己能“独一无二”，你就必须付出时间和耐心，以期有所作为。

每个人都渴望自己能够成功，能够站在最高的领奖台上向世人挥手致意。要想美好的愿望不成为幻影，就需要我们脚踏实地地去劳动，去争取。

以前很羡慕打一手好篮球的人，也希望自己有一天能够驰骋赛场，为集体，为父母争光，后来当学着去打篮球时才发现，要想运球过人，你首先得把运球的基本功练好；要想飘逸地投三分，你得锲而不舍地练习投篮；要想跳得高，你就得不断地练习下肢力量，可谓是一句老话：“台上三分钟，台下十年功。”

愿每个希望有所成就的人都能“功在平时”，那么我们才可能在特殊的时刻绽放光彩。

第二章

游荡的人，未必都是迷路的人

别太急，给自己一点时间考虑

“当他们有机会时，他们就投下大赌注。其余时间不下注。事情就这么简单。”

霍华德性格有点急躁，他总是希望自己的计划或者任务能够马上完成。比如在巴菲特家的“厨房辩论”中，一旦霍华德认定了某种观点，他就一定要和苏茜、彼得分个胜负，直到说服对方为止；他看上了一部拉风的摩托车，他恨不得马上就把它买下来，开回家……

巴菲特于是告诉霍华德：你性格太急躁了，应该遇事多冷静地想一想。巴菲特认为，人应该多冷静地考虑、分析，而不总是慌张地定下一个目标，又想急忙地去实现它，而应该分析它的可能性，一步一步来完成。

其实这个道理放之四海而皆准，我们往往匆匆忙忙地作了一个决定，又火急火燎地去实现它，最常见的情况就是：做到一半中途发现这并不是你想要的，但是你又沮丧地发现，你已经投入了太多，进退维谷了。

如果可以的话，给自己一点时间酝酿和考虑是没有任何坏处的，任何行动（除了突发事件）在进行之前，首先进行前期的准备和分析：我是否必须做这件事？这个事对我未来发展是否有一定的帮助？特别是涉及志向这种关系到你人生前途的事情更加需要你自己的考虑，花点时间来思考，这对寻求更好的结果是非常有利的。千万别小看这思考，多数成功人士从来都不会盲目行事，没有周密的计划、合理的安排，他们是不会仅凭一时的热情去做任何事情的。

巴菲特认为，有果必有因，任何你能看见的成功背后都蕴藏着原因，总幻想能一步到位地实现目标，达到我们的人生理想显然是不现实的。没有人能一步登天，也没有人能一口吃一个胖子，取得任何成功都不是一蹴而就的事情。

巴菲特的忘年交，阿诺德·施瓦辛格是一个在贫民窟里长大的、身体瘦弱的穷小子，他曾在日记里立志长大后要做美国总统。但如何能实现这样宏伟的抱负呢？年纪轻轻的他，经过几天几夜的思索，拟定了这样一系列的连锁目标：

做美国总统首先要做美国州长；要竞选州长必须得到雄厚的财力后盾的支持；要获得财团的支持就一定得融入财团；要融入财团就最好娶一位豪门千金；要娶一位豪门千金必须成为名人；成为名人的快速方法就是做电影明星；做电影明星的前提需要练好身体、练出阳刚之气。

按照这样的思路，他开始一步步地走下去。一天，当他看到著名的体操运动主席库尔后，他相信练健美是强身健体的好点子，因而萌生了练健美的兴趣。他开始刻苦而持之以恒地练习健美，他渴望成为世界上最结实的壮汉。3 年后，借着发达的肌肉，一身雕塑似的体魄，他开始成为健美先生。

在以后的几年中，他获得了众多“健美先生”的称号。在 22 岁时，他踏入了美国好莱坞。在好莱坞，他花费了 10 年，利用在体育方面的成就，一心去表现坚强不屈、百折不挠的硬汉形象。终于，他在演艺界声名鹊起。当他的电影事业如日中天时，女友的家庭在他们相恋 9 年后，也终于接纳了这位“黑脸庄稼人”。他的女友就是赫赫有名的肯尼迪总统的侄女。

婚姻生活恩爱地过去了十几个春秋。他与太太生育了 4 个孩子，建立了一个“五好”的典型家庭。2003 年，年逾 57 岁的他，告老退出了影坛，转为从政，成功地竞选成为美国加州州长。

如果你在没了解施瓦辛格的真正抱负是当州长之前，你也许会觉得他之前所做的一切简直就是在浪费时间，没有方向——一会儿去当健美先生，一会儿去拍电影，他究竟要做什么？其实他做这些事情都是为了自己的终极目标。他并没有迷失方向，而是有耐心地一步一步走下去。

我们要每天都明白自己下一步的目标，这样才能实现自己的理想。当我们知道自己下一步的目标后，就要按部就班地做下去。这样我们才会一步步实现我们的目标，获得成功，也许我们在别人眼里是“不务正业”，但是事实最终会堵上别人的嘴。

巴菲特自觉远离那些自己能力所无法把握的投资品种，也就是说他从来不碰那些即使看上去有很高收益但自己完全不熟悉的企业。在美国网络股票被热追的时候，很多人急忙地投入了大笔金钱，他们认为发财的机会到了。而巴菲特却迟迟不动，他对于网络公司投资的评价是，他并非网络股的专家。当时他认为自己看不清这个行业的发展前景，所以他选择了放弃而不是追逐。就算后来互联网泡沫全盛之时，他也顶住了强大的外界质疑压力，保持冷静，按兵不动。不少人开始嘲笑他是否上年纪了，变糊涂了。

事实证明，巴菲特是正确的，他貌似在投资世界里“迷路”了，看不到这么一个发财机会，其实最终的结果却是纳斯达克股指一落千丈，网络泡沫埋葬了一大批疯狂的投机者，而巴菲特却得以幸免。

对巴菲特而言，充足的考虑是任何投资开始前的必备工作，作为世界迄今为止最为成功的投资大师，巴菲特不仅继承了恩师格雷厄姆先生的价值投资思想，而且又将费舍的投资理念融会贯通，使其在投资领域所向披靡。在巴菲特的投资哲学中，其将阅读习惯与独立思考的思维方式放在了至高的地位。纵观巴菲特迄今为止的投资历程，每笔投资案例无不渗透着其大量阅读与独立思考的作风，这也成为其取得举世瞩目的成就的一项重要特质。

与之形成鲜明对比的是，现在市场上的盲目跟从，欠考虑的市场行为。在股市追涨杀跌，在楼市跟风哄抬，到处都充斥着浮躁、贪婪的心理，大多缺乏对信息的耐心解读与独立思考，结果总是会为这样的盲目草率而懊恼不已，这也许就是成大事者与市井小民的最大差别！

日常生活中，我们习惯将自己的行程安排得满满的：我早上要做什么，下午要买什么……这些行动貌似很充实，其实很多是无效劳动，也许我们应该每天找个时间好好想想，我们是不是太性急了？为什么我们不把目标分解，好好选择和思考一下？如果我们要去商场买服装，那么提前用电脑查下行车路线、服装品牌，是不是可以大大提高我们的效率呢？也许在别人眼里，你是在“玩电脑”，在不务正业——这又有什么关系呢？

可以任意而择，但不可以任意而为

“我并不试图超过七英尺高的栏杆，我到处找的是我能跨过的一英尺高的栏杆。”

在彼得十几岁的时候，他不确定自己能否完成高中学业，他满脑子盘算着开创自己的新生活，感觉这么按部就班的念书实在是在浪费时间。

彼得对摄影有着浓厚的兴趣，这个兴趣是他八年级时参加男孩俱乐部时产生的，那个时候彼得觉得音乐还只是一个业余爱好——他需要在人生中找到一项特长来确认自我价值，而摄影很符合这个需求。在上高中时，彼得经常给校刊和毕业纪念册投稿，并在一家本地周报做过暑期工。在不断地学习和进步当中，相机已经成为他身份认同的一个重要标识。凭借这点小小的成就，彼得制订了一个相当浪漫但是欠缺考虑的计划。他想提前完成高中学业，然后去怀俄明州的杰克逊谷当一名摄影记者，一边自食其力，一边享受世界上最壮丽的大自然美景。

彼得是这么想的：这个方案虽然出于他的年少气盛，但并非完全没有可操作性。他确实发表过一些有水平的照片，也可能会在报社获得一份工作并在杰克逊谷开始自己的职业生涯。

很快巴菲特就了解了彼得的想法，他告诉彼得：在成长过程中操之过急，你可能会在匆忙中与美好的东西擦肩而过。他的成年生活就在前方，等着他出现并安顿于此。通往那里的路可能会布满荆棘，但走捷径只会让彼得得不偿失。

然而青春期的叛逆让彼得这次变得十分固执，他并没有采纳父亲的建议，而是相信自己能够做好摄影记者这份工作。后来有一天，在彼得上高中三年级时的一个春天，他的新闻学老师找他私下谈话。他说想让彼得在高中四年级（美国高中为四年制）时担任毕业纪念册的编辑。当然，这样的话彼得就得重新考虑自己的提前毕业计划。能够受到邀请是一种荣幸，而且编辑工作可以系统提高摄影能力，于是彼得毫不犹豫地同意了。

于是彼得提前毕业的想法泡汤了——直到一段时间以后彼得才知道是自己的母亲专门跑到学校和自己的新闻系老师一起策划了这个方案。

原来巴菲特家族在这些问题上，有着特立独行的作风。父母从来不会告诉孩子应该做什么或应该成为什么样的人。相反，他们在成长过程中得到的不断教导是，巴菲特家的孩子可以成为心中想要成为的人，他们应该追寻心中想要追寻的梦想。

但生活绝非那么简单，比如彼得不读完高中而去工作，去创业，这显然是极其不理智的。也许孩子当时意识不到这点，但是家长必须做出善意的规劝，就像巴菲特夫人一样，巧妙地化解了孩子的退学危机，又没和孩子发生直接冲突和矛盾。

彼得自己回忆说："现在我承认事实并非如此。我当时还在学习如何作出正确的抉择并享受充分的自由，但还未学有所成。这个过程真要说起来有点玄：我并非通过贯彻意志，而是放弃意志，才找到了属于自己的路。"

的确，你可以选择你的生活方式，生活态度，但是自由是相对的，父母会支持你去打球、弹琴、唱歌，但不会同意你去贩毒、走私。我们可以感性地去生活，但必须理性地去思考，选择一条真正适合你的路。适当的约束不仅是对自己负责，也是对家庭负责。

任何人，伟人也罢，强者也罢，都不能像游鱼那般自由自在。人可以有所为，又必须有所不为，而鱼则可以为所欲为。集天下之王国于一体，其总面积也抵不上半个海大；纵使将世上所有的交通线路和运载工具都用上（现有的再添上将要发明出来的），也难比水中鱼凭鳍游来得方便。

你只要平心静气地想一想，就会发现，正是这种克制，而不是自由使得人类引以为荣；进而言之，即便低级动物也是如此。蝴蝶比蜜蜂自由得多，可人们却更赞赏蜜蜂，就是因为它善于遵从自己社会的规律。自由与克制两种抽象的东西之间，后者通常更显得光荣。

确实，关于这类事物以及其他类似之物，你绝不可能单单从抽象中得出最后的结论。因为，对于自由与克制，倘若你高尚地加以选择，则二者都是好的；反之，二者都是坏的。然而，必须强调一下，在这两者之中，凡可显示高级动物的特性而又能改造低级动物的，还是有赖于克制。而且，从星体的均衡到灰尘的引力，一切生物、事物的权力和荣耀，都归于其服从而不是自由。太阳是不自由的，枯叶却自由得很；人体的各部分没有自由，整体却和谐，相反，如果各部分有了自由，就势必导致整体的溃散。

目标是前途，也是约束。为了实现目标，也许你必须干一些自己不想干的事，放弃一些自己深深迷恋的事，这样就会感到一定的“约束”。但是，为了生活，为了目标，为了成功，我们不能试图摆脱一切“约束”，而是应该在“约束”的引导下，一步步沿着既定的目标，稳妥地前进。

自我约束表现为一种自我控制的感情。自由并非来自“做自己高兴做的事”，或者采取一种不顾一切地态度。自己来战胜自己的感情，证明自己有控制自己命运的能力。如果任凭感情支配自己的行动，那便使自己成了感情的奴隶。一个人，没有比被自己的感情所奴役而更不自由的了。

有位国王一边为受伤的儿子包扎伤口，一边规劝说："只要扎上这条绷带，任你随便玩耍跑跳，伤口都不会痛；可一旦解去绷带，伤口就会恶化！"

一位哲人曾经说过："人性亦然，其间潜伏着恶的根源。不过只要遵守法律，就能有效遏止恶性事件发生。"我们每个人都在通过努力做使自己生活更有意义的事，并且在向着未来的目标奋进。但是，生活在现实的世界中，我们绝不应该采取仅使今天感到愉快的态度而丝毫不顾及明天可能发生的后果。我们的感情大都容易倾向于获得暂时的满足，所以，我们要善于做好自我约束。因此，在追求一种有意义的生活时，我们应当努力预测自己所从事的事情对将来可能产生的后果。

巴菲特通过巧妙的手段使得彼得高中退学计划彻底泡汤，这是因为他知道如果连常规教育都接受得不完整，那么彼得在未来的日子里很难形成合理、理智的价值观和人生态度。而后来等彼得上了大学以后，思维逐渐成熟，能为自己行为负责以后，巴菲特就没再阻止彼得从大学退学直接工作的计划。

巴菲特对孩子们采取的教育方法是：大事不糊涂，小事上多指引。对于子女在原则问题上犯下的错误，巴菲特用巧妙而且子女不反感的方法来解决，巴菲特可谓是一位有大智慧的父亲。

父母如何对子女进行指引和约束，是一门复杂的科学。虽然家长会比孩子懂得多，但没有人能够懂得足够多，对子女的干涉是否每次都是准确无误的呢？这值得每个人深思，孩子们经常会对大人的干预感到愤怒，而大人对孩子们的固执感到苦恼。解决这些矛盾的钥匙还是互相理解和体谅，换句话说，父母和孩子都应该知道自己在做什么，并为自己的行为负责。

尊重但不迷信别人的意见

“你不得不自己动脑。我总是吃惊于那么多高智商的人也会没有头脑地模仿。”

有一天，巴菲特一家出去聚餐的时候，巴菲特发现女儿苏茜基本没吃什么东西，于是好奇地问：“苏茜，怎么不饿吗?”女儿不高兴地回答道：“不是，我的同事都说我胖了!”听完女儿的这一番话，巴菲特微笑着说：“我倒没这么认为，难道你不觉得体重机会比你同事的眼睛更真实吗?”

最后女儿找了体重机称量发现，自己的体重和以前没有丝毫变化，巴菲特这个时候告诉女儿：别人说的不一定对，自己心里一定要有自己的把握。

“不要害怕保持与其他人不同的立场。”这句话正是巴菲特事业风格的一个写照。在 2000 年 3 月，以技术股为主的纳斯达克综合指数攀升到 5048，这一涨幅速度让人瞠目结舌。网络科技股短短几周内的涨幅甚至超过了传统型公司股票十年的涨幅。那时各行各业的美国人，无论是富可敌国的巨富还是为温饱而奔走的工薪阶层都在想，赚钱的机会到了!

就在人人都想在网络领域分一杯羹的时候，巴菲特却与众不同地选择了沉默。他不肯拿一分钱投资在这些他不看好的股票上。

在伯克希尔公司股东大会上，有人问及是否也有投资的打算，巴菲特回答说：“这也许很不幸，但答案是不。我很崇拜安迪·格鲁夫和比尔·盖茨，我也希望能通过投资于他们将这种崇拜转化为行动。但当涉及微软和英特尔股票时，我不知道10年后世界会是什么样子。我不想玩这种别人拥有优势的游戏。我可以用所有的时间思考下一年的科技发展，但不会成为分析这类企业的专家，第100位、第1000位、第10000位专家都轮不上我。许多人都会分析科技公司，但我不行。”

对网络科技股敬而远之的态度使得巴菲特在当时面临重大压力，因为投资者认为，巴菲特已经老了，思想僵化，他拒绝接受网络科技股这样的新鲜事物。伦敦《星期日泰晤士报》在千禧年第一期中这样写道：“巴菲特一直不关注科技行业的作风似乎让自己陷入了一种尴尬的局面。”而《华尔街日报》这样写道：“人人都通过科技股票赚钱，只有顽固而吝啬的巴菲特不在其中，他的股票已经下跌48%。”

即便是伯克希尔的长期投资人以及巴菲特投资理念的坚定认同者，也抵制不住科技股强大的诱惑。然而，这一次面对名誉的攻击，巴菲特一直没有做出反抗。他既没有写评论，也没有在国会面前论证市场的危险，更没有通过报纸斗争抑或通过电视采访节目、请代理人保护自己。他和芒格照旧与伯克希尔—哈撒韦的股东定期沟通，对股东们说在人们过度高估市场的情况下，谁也无法预料这种局面会持续多久。最后，不是作为正式发言，而是出于警示和告诫，巴菲特在太阳谷年会中对各界精英进行的精辟演讲中作了唯一一次解释——他预测未来20年中市场低落程度远远不是投资者可以想象的。不久他的这番演讲出现在《财富》文章中，在街头巷尾传播。

然而时间最终证明巴菲特是正确的，1999年至2000年早期，利率被美联储提高了6倍，出轨的经济开始失去了速度。网络经济泡沫于2000年3月10日开始破裂，该日纳斯达克综合指数到达了5048.62，比一年前翻了一番还多。

至此，网络公司开始崩溃。市场高峰过后，股票市场损失逾4万亿美元。网络公司的失业人数至少达112000人。而2010年3月10

日，是美股科网股泡沫达至顶峰并大破裂10周年的日子。《华尔街日报》在盘点10年来科技网络股的走势与成绩时，发现当年的十大互联网公司中，有两家已经完全消失。在留下来的公司中，总市值平均也缩水88%。十年前那些名头响亮的美股互联网公司中绝大部分已经销声匿迹了。

听取别人的意见能让人清醒，但是如果你成为别人意见的傀儡，完全丧失自己的主见，你将迷失自己的方向。

巴菲特的女儿苏茜的好朋友黛比就是这么一个典型的例子：

黛比出生在一个有很多兄弟姐妹的大家庭。从小她就非常渴望得到父母亲的赞扬和鼓励，但是由于孩子多，她的父母根本就顾不上她。这种经历使得她长大成人后依然缺少自信心。她后来嫁给一个非常成功的高级管理人员，但美满的婚姻并没能改变她缺乏自信的心态。当她与朋友出去参加社交活动时总是显得很笨拙，唯一使她感到自信的地方和时间是在厨房里烤制面包的时候。她非常渴望成功，但是鼓起勇气从家务中走出去，做出决定去承担具有失败风险的羞辱，对她来说是想也不敢想的事情。随着时间的推移，她终于认识到自己要么停止成功的梦想，要么就鼓起勇气去冒一次险。黛比这样讲述自己的经历：

"我决定进入烹饪行业。我对我的妈妈爸爸以及我的丈夫说：'我准备去开一家食品店，因为你们总是告诉我说我的烹饪手艺有多么了不起。'

"'噢，黛比，'他们一起劝阻道，'这是一个多么荒唐的主意。你肯定要失败的。这事太难了。快别胡思乱想了。'你知道，他们一直这样劝阻我，说实话，我几乎相信他们说的。

"但更重要的是我不愿意再倒退回去，再像以往那样犹犹豫豫地说：'如果真的出现……'"

她下决心要开一家食品店。她丈夫始终反对，但最后还是给了她开食品店的资金。食品店开张的那一天，竟然没有一个顾客光临，黛比几乎被冷酷的现实击垮了。她冒了一次险，并且使自己身陷其中。看起来她是必败无疑了。她甚至相信她的丈夫是对的，冒这么大的险是一个错误。但是人就是这样，在你已经冒了第一个很大的险以后，再去面对风险就容易得多。黛比决定继续走下去。

一反平时胆怯羞涩的窘态，黛比端着一盘刚烘制的热烘烘的食品在她居住的街区，请每一个过往的人品尝。有件事使她越来越自信：所有尝过她的食品的人都认为味道非常好，人们开始接受她的食品。今天，“黛比·菲尔茨”的名字在美国数以百计的食品商店的货架上出现。她的公司“菲尔茨太太原味食品公司”是食品行业最成功的连锁企业。今天的黛比·菲尔茨已经成了一个浑身散发出自信的人！

坚持自己的梦想，让别人说去吧！

我们应当谨慎地对待他人的意见，并且能够容易地从所谓的劝告者那里获取动力。但是有时候如果你有远大志向，而且能吃苦耐劳，你的事业正蒸蒸日上，那么，你也许会成为某些人的威胁。可怕的是，这些人中有许多却是年轻人所信赖并听从其职业忠告的人。

巴菲特告诉女儿，也许你的同事是真的觉得你胖了，但还有种可能，他们嫉妒你的美丽与家境，而故意散播一些你特别在意的谣言，听取别人意见的时候，自己一定要摆正自己的位置。

多数成功者不会把他们的批评者当作一回事，而且他们会仔细参考这些批评意见到底是善意还是恶意的，对于中肯善意的意见虚心接受，而坚决不接受那种会削弱自己决心的负面评论或预言，一个人抗干扰的能力与人生事业有成之间存在着密切的关联性。

成功者，不论其智力如何，都会比不成功者收到更多的批评和意见。事实上，别人的意见和批评对于锻炼人来说是有必要的，就像百炼成钢，就像是对新兵的训练。经过这样的洗礼，你的内心会变得更加强大。

扪心自问一下，生活中有太多的时候你被别人的意见左右着：你的穿着，你的品位，你的工作，你的爱情。

我们往往忽略自己内心的想法，而看重别人的意见，其实虚心听取别人意见是一种美德，但是你必须对自己负责，也许别人的建议只不过是顺口的一句话，而你的生活却是要自己来度过的。别人说你能成为百万富翁，你还是得继续努力，踏实工作；别人说你将失败透顶，一无所成，你也必须认真地活下去，证明给别人看你行。

自己的路，自己选择。

不同的风景有不同的感受

“疾病缠身的百万富翁，羡慕体格健壮的打工者。而一无所有的平民百姓，希望有一天，自己能成为拥有巨资的富人。”

当霍华德确定去非洲开拓事业的时候，有不少记者采访巴菲特的时候问及他对此事的看法，巴菲特打趣道：“非洲可是一个好地方，我看他是挺高兴的，不过换我这个身体可受不了。”

早在霍华德选择农场主这个身份的时候，就注定霍华德必须和土地、植物、饲料等东西打交道了，是个真正意义上的蓝领；而苏茜最后成为一名家庭主妇，也注定得打扫房间，养育孩子，为生活中的琐碎而忙碌；彼得成为一位音乐家，他更多的是在工作中获得精神享受，注定是一个不折不扣的艺术家。巴菲特的孩子从事不同的职业，更和巴菲特从事的投资行业差之甚远。巴菲特认为，不同的方向你就能见到不同的风景，每个人从事过的工作，经历过的生活都是一笔宝贵的生活财富。

霍华德开始的理想仅仅是一座农场，他喜欢那种看着牛羊吃草，自己开着挖掘机的感觉，在这段时间里，霍华德感受到了回归自然的快乐，以及自给自足的满足感，后来他加入了谷物加工处理大厂Arche Daniels Midland公司董事会，并成为公司的副总裁。在这个阶段，他又对农业经济有了一个更加宏观的判断，这个时候霍华德享受的快乐是如何经营好自己的农场，如何把农产品销量提上一个台阶，将企业做大做强。后来霍华德去了非洲，意识到饥饿问题的严峻性，在利用父亲捐赠的慈善基金应对饥饿问题的同时，他也在享受做慈善给他带来的道德快乐。

苏茜也是如此，她是一个很低调的人，她先在《新公众》杂志社工作过一段时间，接着很快又在华盛顿哥伦比亚特区担任《美国新闻与世界报道》栏目编辑的行政助理，虽然只有525美元的月薪，但她很爱这份工作。

她很自豪自己这段编辑的经历，她认为自己从事了一个伟大的职业——你可以通过你的笔揭露事实真相，倡导你的价值观，这难道不是一个很棒的事情么？

现在，苏茜住在奥马哈，离巴菲特的住处只有10个街区远。她虽然是一名家庭主妇，但并不是一个无所事事的阔太太，如今让她忙碌的事情就是如何在慈善事业上发挥作用，苏茜是个有追求的家庭主妇，她认为自己并没有虚度光阴，因为不一样的生活能给自己带来不同的人生趣味。

不同的经历是一笔财富，也能带给你不同的认知。为什么世界上的人性格千奇百怪，这都是由他们不同的生活经历造成的，有一个小故事是这么说的：

一个富人和一个穷人在一起谈论什么是快乐。穷人说："快乐就是现在。"富人望着穷人漏风的茅舍、破旧的衣着，轻蔑地说："这怎么能叫快乐呢？我的快乐可是百间豪宅、千名奴仆啊。"一场大火把富人的百间豪宅烧得片瓦不留，奴仆们各奔东西。一夜之间，富人沦为乞丐。七月流火，汗流浃背的乞丐路过穷人的茅舍，想讨口水喝。穷人端来一大碗清凉的水，问他："你现在认为什么是快乐？"乞丐眼巴巴地说："幸福就是此时你手中的这碗水。"

人还是这个人，但随着自己生活经历的改变，他对"快乐"的定义也发生了改变。巴菲特让孩子们选择自己的方向也是这个道理，没品尝过苦的涩味，你永远不会知道甜有多美味；没经历过孤独的空虚，你永远不会懂得热闹的可贵，没流过痛苦的泪水，你永远不会了解微笑的力量。让孩子们多看一些风景，多体会一下人生疾苦，才能让他们真正地成熟起来。

享受你现在的生活，因为你不知道下一刻你会遇见什么人，发生什么事。巴菲特最爱看的好莱坞电影《阿甘正传》中有一句著名的台词，生活就像是一盒巧克力，你永远不知道下一颗是什么味道。所以，我们唯有用心的去品尝口中的这一颗，并期待着未来能够享受到更加甜美的味道。

阿甘是个智商只有 75 的孩子。但是在母亲的关怀和鼓励下，他很早就走出了自卑的阴影，执着地把握着每天的生活。当他在学校里遭到了同学的欺侮，他就会用奔跑来对付他们。正是这种奔跑，使他顺利地跑进了一所学校的橄榄球场。在橄榄球赛中，他从不想自己是个低能儿，而只是在每场球赛中用最快的步子甩掉对手，这种执着把他送进了大学，并成为大学的橄榄球巨星，受到了肯尼迪总统的接见。

在入伍去了越南的战场后，阿甘不管别人对战争有多么的仇视，他只认为自己应该做好的就是今天的事，因而对国内的高昂反战情绪毫不理会。同样，执着又成就了他，他作为英雄受到了约翰逊总统的接见。

阿甘有一个从小就青梅竹马的玩伴珍妮，两人也互相喜欢。但珍妮更向往一种有激情的生活，这是阿甘不能给她的，于是她离开了他。阿甘很爱珍妮，她的离开让阿甘很伤心，但阿甘并没有就此放弃把握自己的生活。他依然按自己的想法，按部就班地做着一件又一件的事情。

他从不想自己的明天会怎样，只是每天坚持做着自认为该做的事。恰恰是这种放松的心态，成就了阿甘一个又一个的业绩：他先成为美国的乒乓球巨星，直接参与了中美两国的乒乓球外交活动，并受到了总统的接见；后来，他又成为一个捕虾公司的老板，并成为百万富翁。有一天，珍妮回来了，在和阿甘共同生活了一段日子后，她又走了。阿甘突然觉得自己想跑，于是他开始奔跑，这一跑就横越了整个美国，他又一次成了名人。

就因为阿甘的智商比常人低一些，所以他能平静地看世事变迁。“宠辱不惊，看庭前花开花落；去留无意，望天空云卷云舒。”人生际遇变幻莫测，我们能做到的就是享受这一刻，欣赏此处的风景，因为不管你愿不愿意，舍不舍得，时间都会让你步入另一处风光，让你有新的思考与感悟。

“少年听雨歌楼上，红烛昏罗帐。壮年听雨客舟中，江阔云低，断雁叫西风。而今听雨僧庐下，鬓已星星也。悲欢离合总无情，一任阶前，点滴到天明。”每次读到蒋捷这首词，我都感慨良多，时间如同白驹过隙，也许我们在浩瀚的历史里都是匆匆过客，在每一刻，我们都能产生不同的情感共鸣。我们呐喊，我们奔跑，我们体验着人生的酸甜苦辣。拥有丰富人生经历的人是幸福的，按照现在流行的一句话：“这辈子，值了！”

游荡的最终目的是为了一锤定音

“为了打中靶心，瞄准久一点也没什么关系。”

巴菲特给彼得充分的时间和机会来思考自己的前途。就在这种宽松的条件下，彼得仍然“游荡”了很久才找到自己正确的方向。

凭借着巴菲特这个姓氏和一封来自《华盛顿邮报》发行人凯瑟琳·格雷厄姆的推荐信，帮助彼得进入了知名学府斯坦福大学。

这并非什么不光彩的特例。所有私立大学都会向杰出校友和潜在捐赠者的子女，提供一定名额的“荣誉”入学许可权，彼得也不太确定是什么原因让他得以进入斯坦福大学。但是他知道能去斯坦福大学是个难得的机会，他下意识地觉得不应该就这么放弃它。

后来，彼得发现自己目标模糊，积极性不高，而且心中的责任感一直大于喜悦感（彼得认为自己并不是靠实力考进斯坦福大学的），所以最终彼得选择了退学。

不过在斯坦福大学期间，彼得曾试图最大限度地利用那里的教学资源。在某种程度上，缺乏明确目标也成了一件好事，虽然没有什么特定兴趣，但彼得充满激情，对一切都感到新奇。所以，凡是带有“初级”和“理论”字眼的课程，他都尽可能地报名。由于没有立即选择专业的压力，他可以阅读伟大哲学家的著作，研究基础科学，涉足文学巨著。彼得认为如果当时立即确定专业的话，就会局限他的视野，并将他引向某个僵化且竞争激烈的行业，从而进一步制约了他的选择。

文学院的课程设置，滋养了彼得漫无边际的好奇心，但其实是巴菲特造就培养了彼得的这种自由观和选择观：要相信自己无须被生活挤压，可以通过更开阔的视野来支配人生，而不是自我蜷缩到一个预先设定的缝隙里。

彼得在斯坦福的经历在不少家长看来可能糟糕透顶：没有拿到象征他完成学业的毕业证书，甚至可以说他白白浪费了大好的青春时光。是的，在大多数人的想象里，这是游手好闲，但他们不了解，这是彼得在寻找自己的方向。

试问有几个人真的能说清楚自己想干什么？大多数人只不过是挥霍掉了自己的选择权，得过且过，稀里糊涂地选择了一条路走下去而已。

彼得在自己出版的新书《做你自己》中举了这样一个例子：

最近，一位朋友跟我讲起了他的一个老同学，这个同学几乎每个学期都要换一次专业。他刚上大学时想成为一名机械工程师，但他很快就厌倦了工程学中那些具体、实际操作的内容，开始热衷于更加虚幻、抽象的东西。

于是，他转到了物理学专业，并为之着迷了一段时间，但他发现自己对这门学科真正感兴趣的是其中描绘的那些美丽、有序的模式。

接着，他又转学数学专业，数学中有很多美妙的模式并且跟实物完全脱钩。他对数学的兴趣仅保持了一两个学期，就开始感到自己的世界变得过于抽象了，现在他所向往的是那些看得见摸得着的具象的东西。

他再次换了专业，同时还转了学。那时候他的父母无疑已经抓狂了，连他的朋友都怀疑是否可以简单地将他归类为那些聪明但不可救药的怪人。他后来就读于罗德岛设计学院的美术专业，并专攻绘画。

这个转变似乎没有起初看上去那么不可思议。这家伙对美丽的模式有一种痴迷。但数学的美妙模式是抽象且无形的，而他的愿望是将这些模式带到现实中来。既然这样，为什么不尝试用美丽精致的线条或颜色搭配将其具象化呢？

出人意料的是，绘画也不能满足这位仁兄的要求。首先，他对自己是否有足够的才华产生怀疑，他不知道能否将自己关于绘画的见解转化成现实的艺术作品。此外，他发现画家的生活太过孤独，远离了普通人的生活和工作方式。

于是，他再次调换了专业，这次他转到了建筑学。建筑学是一门合作性和社交性很强的学科。既是一门艺术，也是一门行当。建筑设计会用到物理知识和数学模式，他还可以利用掌握的绘画技巧，将自己对模式的热爱付诸实践。他终于找到了适合自己的职业，对不对？

嗯，差不多。但建筑学也有一些困扰他的地方。比如大多数的建筑设计都无法得以建造，最后只能以设计图纸告终。实际兴建所需的钢筋、玻璃和石材是怎样的呢？这位仁兄发现自己越来越对材料及其不同特性感兴趣。换句话说，他回到了圆圈的起点，他正在以一个机械工程师的思维进行思考！

而这些假想建筑物，如何使它们融入一个城市的网络和格局中？它们的美学元素、规模、性质及其建筑成本会对生活和工作在里面的人们，产生怎样的影响呢？这些建筑物蕴藏了什么更大的模式呢？

对了！他终于找到了，这门学科可以覆盖他的所有兴趣，并能够应用他的全部技能。他打算当一名城市规划师。他最后一次换了专业，并一直修完硕士课程，然后开始了自己精彩的职业生涯。

在这种情况下，我们能说这位仁兄在徘徊于学业的这几年中“迷失”了吗？或者说他走的是一条尚不明朗的小路，但这条路却最终将他带到了目的地。

彼得本人也是如此，经过不断地考虑和权衡，他最终还是选择了音乐事业，这之前的“游荡”正是为了这最终的一锤定音。巴菲特告诉彼得：也许很多年轻人会滥用手里的自由，在面对色彩斑斓的生活时，变得茫然无措。比如不少年轻人一时不慎，走上了犯罪的道路，这是他们滥用了自己的自由，但并不是自由本身造成了这种情况。自由本身没有错，而是使用他们的人犯错了！

在寻找到最终的目标之前，摸索和迷路是免除不了的，但是你必须清楚自己在做什么，是为了最终的梦想而驻守寻找还是彻底地迷失了？你的思想可以天马行空，但你的行为必须遵守适当的规范，这些规范就来自你的个人道德和操守，以及人们对于处世和伦理的共识。

如果我们能够具备清醒的判断和足够的意志力，那么我们在找到一个准确的目标之前，走一些弯路都是值得的。所以我们可以冷静一点，放松一点，完全可以把这些“弯路”当成我们走向康庄大道的前奏。

也许，很多时候你希望多增添一些见识与人生历练，在青春时代放浪不羁，桀骜不驯，但是你必须记住：青春一去不复返，你现在的选择必须为你的最终目标服务。游荡确实能够让我们不断增长见识，但是如果变成了“流浪”，那种漂泊的滋味绝对不好受。

当彼得最终选择了音乐事业，并且在这条路上越走越好的时候，巴菲特感到十分欣慰，因为彼得真正地做到了“做你自己”。

相信每个人都有过这样的经历：妈妈叫你去买点东西，然后你拿着钱，东看看，西逛逛，也许跟着卖糖果的大爷走了老远，也许是被一只可爱的猫咪给吸引住了眼球……总之，你会彻底忘记你出来的目的，以至于夕阳西下，你才会忽然想起自己的真正任务——当然回家免不掉挨一顿臭骂。

是的，我们都在追逐过程中渐渐迷失了自己，混淆了真正的目标和任务。也许是妈妈太慈祥，在我们犯错后总是抚摸着我们的脑袋原谅我们，使得我们一次又一次地瞎逛。然而长大以后我们才发现，生活不会原谅你，一旦你犯错，他就会毫不留情地处罚你。

第三章 士兵要有一颗元帅的心

你不可能给别人打一辈子工

“只做一个平庸者，是做人的失败。”

为了慈善事业，巴菲特成立了三个慈善基金会，分别交给三个儿女打理。面对数额巨大的基金会，苏茜感到心里没什么底气，于是她对巴菲特说：“爸爸，我真的能够管理好这么庞大的一笔资金么?”

巴菲特明白，苏茜并不是本身缺乏自信，而是忽然面对这么一大笔财富的时候有点手忙脚错，于是他告诉苏茜：不是人人都可以成为领导者，一个领导者一定要具有管理的智慧，你虽然以前没有做过管理工作，但是我相信你有这样的智慧。苏茜非常奇怪，不明白爸爸为什么说自己拥有“管理的智慧”。

于是巴菲特讲了自己的管理经验：他在管理上完全是奉行无为而治。他很少召开会议，也从不要求他的经理们经常向他汇报工作。他从不直接干预42家子公司的经理们，而是让他们自行经营公司业务。他经常毫不掩饰地描述公司的日常情形："这儿没有多少事可做。"他甚至有时间为《温柔地爱我》这首老歌填写新词，以便能为朋友比尔·盖茨的生日聚会助兴。

听完巴菲特一席话，苏茜感到十分惊奇，管理企业如此简单？巴菲特告诉女儿，因为在印有巴菲特烙印的企业文化熏陶下，每个人都把企业当成了自己的家，各司其职，所以巴菲特只需要"无为而治"，宏观管理，如果苏茜也能豁达、民主，聚集人才，她也可以很好地管理一家企业。听到巴菲特这么说，苏茜急忙问父亲："这么说我一定也行？"巴菲特微笑地告诉女儿，是的，你个性平和，我相信你也能很好的领导员工。

如果你想要想成为领导者，你就必须要有领导者的胸怀和魄力，你也不想给别人打一辈子工吧！你也将会拥有自己的事业，你一定要相信自己能行，如果你自己没有这个勇气和信心，那么你永远也不可能成为领导者。

作为一个年轻人，不管将来能否真正成为领导者，在自己成长的过程中，都要始终有一种动力和目标，那就是培养锻炼自己成为领导者。不想做将军的士兵永远都不会是一个好士兵，不想做领导的员工，也不会是一个能有巨大贡献的员工。

如果给你一个机会，或者一笔财富，你是不是有能力把握这个机会，或者让这个财富升值呢？

巴菲特接着给女儿讲了这么一个故事：

一个人要远行，就叫了仆人来，把他的家业交给他们。按照各人的才干，给他们银子，一个给了5000两，一个给了2000两，一个给了1000两，然后他就往国外去了。那领5000两的随即拿去做买卖，另外赚了5000两；那领2000两的也照样赚了2000两；但那领1000两的去掘开地，把主人给他的银子埋藏了起来。

过了许久，主人回来了，和他们算账。那领5000两银子的仆人又带着另外的5000两来，说："主人，你交给我5000两银子，请看，我又赚了5000两。"主人说："好，你这又善良又忠心的仆人，你在一些事上有忠心，我要把许多事派你来管理，可以进来享受你主人的快乐。"

那领2000两的仆人来了，说："主人，你交给我2000两银子，请看，我又赚了2000两。"主人说："好，你这又善良又忠心的仆人，你在一些事上有忠心，我要把许多事派你去管理，可以进来享受你主人的快乐。"

那领1000两的也来了，说："主人，我知道没有种的地方要收割，没有散的地方要聚敛，于是把你的1000两银子埋在地里。请看，你原来的银子都在这里。"主人回答说："你这又恶又懒的仆人，你如果知道我没有种的地方要收割，没有散的地方要聚敛，就当把我的银子放给兑换银钱的人，到我来的时候，可以连本带利收回。夺过他这1000两来，给那个有10000两的。因为凡是有的，还要给他，使他富足；但凡没有的，连他所有的，也要夺去。把这无用的仆人丢在外面黑夜里，在那里必要哀哭切齿了。"

这个可怜的仆人认为自己没丢失主人给的一个钱，主人就会赞赏他。因为在他看来，尽管没有使钱增值，但也没有使钱丢失，就算完成任务了。然而，他的主人并不这么认为，他希望他的仆人能够优秀一些，而不是顺其自然。他想让他们拒绝平庸，追求卓越。其中有两个仆人做到了——他们使他的钱增值了，而那个愚蠢的仆人得过且过，没有任何作为。

当然，巴菲特也知道领导者需要多种领导风格，在不同的时候需要不同的魄力与手段，比如有权威性、民主性、亲和性和教练性。苏茜是一个能与众人融洽相处的人，所以巴菲特认为她完全可以成为一名亲和性的领导。但是亲和性对一个领导者来说是远远不够的。一个领导者要具有多种本领，所以在专业权威方面也一定要加强。

于是巴菲特嘱咐女儿一定要多听听专家的意见，自己也要多学习，让这个慈善基金能够帮助更多的人。

无独有偶，当霍华德进入了谷物加工厂以后，巴菲特也教导他一定要虚心学习，多和其他董事会成员了解下工厂的运作。巴菲特认为，虽然霍华德这个时候只是公司的一名职员，但是他必须有领导者的意识——把老板的企业当成自己的企业，培养一种负责任的态度，提升对自身的要求，这样，如果有一天，当霍华德自己成为领头人的时候，他也能够更好地动员员工，领导企业。

巴菲特在管理上的无为而治是有基础的，那就是形成了自己公司的文化，每个公司员工都具有“主人翁”精神，在伯克希尔—哈撒韦公司，每一个员工都有一种意识——我就是公司的主人。员工主动接触高级管理人员，与上司保持有效沟通，对所从事的工作更是积极主动，能保持高度的工作热情。事实上，类似的情况远不止如此，放眼优秀的企业，你会发现他们的员工都有着像企业家一样强烈的责任感，他们把就职的公司当作自己的公司，以一种主人翁的心态，精心地观察、呵护着企业，如同母亲呵护自己的孩子。这就是国际知名企业之所以能够长久地誉满全球的真正秘诀所在。

所以巴菲特也要求霍华德这么做，做每一件事情的时候都充满使命感，在工作中严格要求自己。霍华德谦虚好学，又勤学苦干，很快得到了提升，进入了公司董事会。

如果你在工作中能保持主人翁的心态，提高对自己的认识标准，你就会像老板那样去工作，这首先会改变你对工作的认识，提前培养和锻炼你的企业家精神，对以后经营自己的事业有莫大的帮助。相反，始终抱着打工者的心态而不能对企业尽心尽力，会使人养成一种不良的工作习惯，将严重影响一个人事业的成功。

霍华德虽然是巴菲特的长子，但是他没有借助“股神”的光环，而是靠自己一步一步走向领导者的职位，可以说正是他那种领导者的心态引导着他。他去非洲考察的时候，一位记者问了一个问题："豪斯，你出身这么显赫，但是你还是凭着自己的力量为自己谋得了一席之地，请问你有什么秘诀吗？"

霍华德微笑着对记者说了这么一席话：

古代神话说，在很久以前，所有的人都有神力。然而人们却滥用他们的神力，因此造物主决定剥夺人类所拥有的神力，并将它藏在一个不容易被发现的地方。那么怎么来找这个潜藏神力的地方呢？

第二日，当众神被召唤到一起议讨论这个问题时，他们提了建议：将神力潜藏在陆地上的某处。然而造物主否决了这项提议，他说："不，这太容易了。肯定会有人挖遍整个陆地找到它的。"于是众神又说："既然这样，不如将它藏到海底深处。"

可是被造物主再度否决了，他说："不，因为人们迟早也会搜遍海底的每一个角落。"诸神实在无法找出一个可以避开人类的地方。

于是，造物主说："我们应该把神力潜藏在每个人自己的内心深处，因为那是他们唯一想不到去寻找的地方。"

从那以后，人们寻遍陆地和海底的每个角落，去寻找那就在自己内心的东西。

说完霍华德指了指自己的心，这就是巴菲特家族的成功秘诀——永远拥有成功者的一颗心！

世界上最伟大的力量就藏在你的心中！现在你已经知道了！有了它，你可以做成任何事情。你将实现每一个梦想。你期望的爱情、成功、财富、健康、幸福都会如你所愿。"我早拥有了它们"——只要你这样去想，并相信。你就可以获得自己期望的一切。你要做的就是显露出你真正的个性。新的生活正等着你的拥抱，你会从此获得新生。因为生活就是一种态度，也就是你自己想法的产品，所以不要限制你的想法。思考的力量可以创造一切。只要敢想你就行！

在中国，海尔集团是妇孺皆知的一个品牌。海尔之所以成为民族企业的佼佼者，关键就在于海尔员工的主人翁心态。海尔的一位员工说：“我不管是在自己家里，在朋友家里或是大街上，时时都会把别人对我们海尔的意见记录下来。”海尔的每一名员工都像企业的管理者一样关注着海尔存在的问题，思考着海尔的经营状况。

试想，拥有这样的员工，何愁不兴旺发达？每个人都想自己当老板，主宰自己的生活，那么首先就做好第一步：当好一名好员工。拥有主人翁的心态，将会给你的职场生涯带来焕然一新的变化。

相信自己，终有一天，你也能成为老板！

起点并不重要，关键是你最终抵达了哪里

“你成功以后，你的奋斗史才会有人听。”

巴菲特一家待人亲和，一点没有有钱人的架子。远在 20 世纪 50 年代末和 60 年代初，巴菲特夫妇就积极参加当时的民权运动，反对种族主义以及蕴涵在其背后的偏见与仇恨。

他们夫妇告诉孩子们：人生来是平等的，没有贵贱之分，所以孩子们从小就学会平等宽容待人。

苏茜有一个同学名叫艾玛，由于家境并不富裕，加上性格内向，她有一些自卑。而苏茜性格开朗，经常和艾玛一起说话，有一天，苏茜邀请艾玛去他们家玩。

按艾玛的想象，苏茜家一定是金碧辉煌，高贵典雅，可是当她步入巴菲特家大门的时候，她彻底震惊了，这分明就是一个普通人家的布置！她原本想象之中的那些奢侈品都没有，浮现在眼帘里的都是朴实无华的家具以及巴菲特父母慈祥的笑容。

在饭桌上，艾玛怯生生地问了巴菲特一个问题："巴菲特先生，您说，我这样的人能成功吗？"

听到可爱的艾玛这么说，巴菲特严肃了。他告诉艾玛：人的出身也许有高有低，但是这和你的最终成就毫无关系。你取得的最终成就取决个人努力加一点点运气，与你的出身没有直接关系。

巴菲特接着问艾玛，你平时爱读书吗？艾玛点了点头，巴菲特接着说，那么你一定知道拿破仑的故事吧！

艾玛知道拿破仑的故事，这个小个子的军事强人在不到10周岁的时候，在家人的帮助下进了一所贵族学校。这所少年军校是法国专门培养未来军官的基地，也是贵族子弟投身军界的必经阶梯。入校学员不仅限于贵族子弟，还要有身份高贵的保荐人。

拿破仑被同学视为"来自科西嘉的穷小子"，他的乡土口音，常遭那些名望贵族子弟的嘲笑和欺负。在军事院校，谁拳头硬谁就是头，后来拿破仑用拳头狠狠地教训了那些看不起他的朋友，树立了自己的威信，并最终一步一步地走向自己的称霸之路。

巴菲特微笑着说，历史上有很多杰出的人物，他们成功的秘诀就在于"我成功，是因为我志在成功。"在奋斗之初，他们就相信他们总有一天会成功，于是便抱着"我就要登上巅峰"的积极态度来进行学习和工作，最终凭着坚强的信心达到了目标。

巴菲特这个时候打趣道，意志的薄弱和信心的缺乏称为"人最凶恶的敌人"，如果因为自己的出身而否定自己，那么这个人永远无法改变自己的命运。

听完这位闻名世界的大富翁这么鼓励自己，艾玛忽然感到浑身充满了力量，以前那个自卑、懦弱的身影在她内心深处似乎一下消失了，光明灿烂的前途在向她招手。

后来艾玛努力读书，性格也开朗活泼起来，最后考上了哈佛大学，毕业以后也实现了自己的理想。

在自然界中，有一种十分有趣的动物，叫作大黄蜂。曾经有许多生物学家、物理学家、社会行为学家联合起来研究这种生物。

根据生物学的观点，所有会飞的动物，必然是体态轻盈、翅膀十分宽大的，而大黄蜂这种生物的状况，却正好跟这个理论相反。大黄蜂的身躯十分笨重，而翅膀却出奇短小，依照生物学的理论来说，大黄蜂是绝对飞不起来的。而物理学家则认为，大黄蜂的身体与翅膀的比例，根据流体力学的观点，同样是绝对没有飞行的可能。简单地说，大黄蜂这种生物，是根本不可能飞得起来的。

可是，在大自然中，只要是正常的大黄蜂，没有一只是不能飞的，甚至于它飞行的速度，并不比其他能飞的动物慢。这种现象，仿佛是大自然和科学家们开了一个很大的玩笑。最后，社会行为学家找到了这个问题的答案。很简单，那就是——大黄蜂根本不懂“生物学”与“流体力学”。每一只大黄蜂在它成熟之后，它根本不知道自己的体型不适合飞翔，它认为自己能飞，于是它飞起来了！这正是大黄蜂之所以能够飞得那么好的奥秘。

是的，大黄蜂丝毫不知道自己这庞大的体型是多么不适合飞行——于是它飞了起来！

没有什么不可能，关键看你自己是否有达成梦想的决心。巴菲特并不是出身于大富大贵之家，但是他一直对金钱抱有极大兴趣，他想成为全球首屈一指的大富豪，但美国有太多做发财梦的小伙子了！而且巴菲特也没有在纽约、旧金山这样的大城市做生意，因此“善意的朋友”就告诉他，说他的雄心是“不可能”实现的。

年轻的巴菲特于是买了一本最好的、最完全的、最漂亮的字典，然后在朋友面前他做了一件奇特的事，他找到“impossible（不可能）”这个词，用小剪刀把它剪下来，然后丢掉。

朋友们都惊讶了，再也不对他提出这些“建议”了，于是巴菲特有了一本没有“不可能”的字典。以后他把整个事业建立在这个前提下，那就是对一个要成长，而且超过别人的人来说，没有任何事情是不可能的。

最后巴菲特成了全球闻名的投资大亨，并让自己的故乡奥马哈成为不少投资者朝圣的圣地。

当然，巴菲特的意思并不是要每个人从你的字典中把“不可能”这个字剪掉，而是建议你要从你的脑海中把这个观念铲除掉。谈话中不提它，想法中排除它，态度中去掉它、抛弃它，不再为它提供理由，不再为它寻找借口。把这个字和这个观念永远地抛开，而用光明灿烂的“可能”来代替它。

翻一翻你的人生词典，里面还有“不可能”吗？可能很多时候，在我们鼓起雄心壮志准备大干一场时，有人好心地告诉我们：“算了吧，你想的未免也太天真、太不可思议了，那是不可能的事情。”接着我们也开始怀疑自己：“我的想法是不是太不符合实际了，那是根本不可能达到的目标。”

假如回到500年前，如果有人对你说，你坐上一个银灰色的东西就可以飞上天；你拿出一个黑色的小盒子就能够跟远在千里之外的朋友说话；打开一个“方柜子”就能看到世界各地发生的事情……你也同样会告诉他“不可能”。但是，今天飞机、手机、电视甚至宇宙飞船都已变成现实了。正如那句老话所说的，“没有做不到，只有想不到”，奇迹在任何时候都可能发生。

巴菲特认为，你的最终成就与你的出身、起点没有必然的关系，如果你出身大富大贵之家，也许你能接受更好的教育，拥有更好的资源，你可以成功；如果你出身贫寒，你依旧可以靠自己的勤劳、努力来获取成功。

纵观历史上成就伟业的人，往往也并非那些幸运之神的宠儿，而是那些将“不可能”和“我做不到”这样的字眼从他们的字典以及脑海中连根拔去的人。富尔顿仅有一只简单的桨轮，但他发明了蒸汽轮船；在一家药店的阁楼上，迈克尔·法拉第只有一堆破烂的瓶瓶罐罐，但他发现了电磁感应；在美国南方的一个地下室中，惠特尼只有几件工具，但他发明了锯齿轧花机；豪·伊莱亚斯只有简陋的针与梭，但他发明了缝纫机；贫穷的贝尔教授用最简单的仪器进行实验，但他发明了电话。

美国著名钢铁大王安德鲁·卡内基在描述他心目中的优秀员工时说：“我们所急需的人才，不是那些有着多么高贵的血统或者多么高学历的人，而是那些有着钢铁般的坚定意志，勇于向工作中的‘不可能’挑战的人。”

这是多么掷地有声、发人深省的一句话啊！

每一位在生活中，在职场上拼搏并希望获得成功的人，都应该把这句话铭刻在自己的记忆深处！敢于向“不可能”发出挑战，一切皆有可能！

由此可见，这世上没有绝对的“不可能”，只要敢于拼搏，一切皆有可能。

追求真正美好生活的秘诀是：克服任何阻碍理想的消极影响。也许你的出身并不显赫，甚至是贫寒，但这不是你放弃理想的理由。也许你很羡慕那些出身好的人，他们成功的几率看起来要比别人大很多，但是你可曾想过这些人的父辈或者祖辈也是经历过多少艰难险阻才得以成功的。成功需要努力，需要勤奋刻苦。如果因为自己的起点低而沮丧放弃，最后后悔的一定是自己。

你的心态可以让你走向失败，也可以让你走向成功，生活不是由外在环境所决定的，而是由占据心灵习惯的想法决定的，要记得一句名言："人的一生是由他自己造成的。"

大海由小溪汇集而成

"杜绝那种一夜暴富的想法。"

"把每一件简单的事做好就是不简单；把每一件平凡的事做好就是不平凡。"这是巴菲特经常告诫告诉孩子们的一句话。

巴菲特认为，任何事业的成功都不可能一蹴而就，而对于年轻人来说，最容易犯的错误就是眼高手低。就拿霍华德来说，刚开始经营农场的时候，他想一下实现自己的雄心壮志，于是找父亲巴菲特商量能否给他投资一笔钱，让他能买进更好的农业设备，以及更大的农庄。

霍华德虽然立志成为一名农场主，但这和着他能否成为一名优秀的农场主之间是有差距的。巴菲特认为，如果一下就让霍华德管理这么大规模的农场，而且又是自己投资，霍华德在没有风险压力的情况下很容易在管理和经营上出现问题。

最后巴菲特借贷了一笔钱给了霍华德，让霍华德具有了一定的风险意识，而不是认为这是家里的钱，就算经营不善也没多大问题。而且这笔数额不大的钱能让霍华德从小农场做起，而不是一口气吃成一个胖子。

对于父亲的这种安排，霍华德开始感到有点无法理解：父亲是首屈一指的大富豪，却让自己从小的农场做起，为何不一开始就从一个比较高的平台起步呢？巴菲特告诉孩子，小农场不需要太多的人手，也不需要太多的机械设备；而且由于农场土地面积有限。可以栽种的品种少，也容易进行管理。

霍华德不服气地说：“如果是这么小规模的农场，我一定能够很轻松地管理好。”巴菲特于是讲了大思想家苏格拉底的一个典故：

古希腊大哲学家苏格拉底有一次对他的学生们说：“今天咱们只学一件最简单也是最容易做的事儿。每人把胳膊尽量往前甩，然后再尽量往后甩。”说着，苏格拉底示范做了一遍：“从今天开始，每天做200下。大家能做到吗?”

学生们都笑了。这么简单的事，有什么做不到的？过了一个月，苏格拉底问学生们：“每天甩手200下，哪些同学坚持了?”有90%的同学骄傲地举起了手。又过了一个月，苏格拉底又问，这回，坚持下来的学生只剩下8成了。

一年过后，苏格拉底再一次问大家：“请告诉我，最简单的甩手运动，还有哪几位同学坚持了?”这时，整个教室里，只有一个人举起了手。这个学生就是后来成为古希腊另一位大哲学家的柏拉图。

讲完这个故事以后，巴菲特语重心长地告诉霍华德，任何人所做的工作，都是由一件件小事组成的。但不能因此而对工作中的小事敷衍应付或轻视懈怠。记住，工作中无小事。所有的成功者，他们与我们都做着同样简单的小事，唯一的区别在于他们将每一件小事做到最好。

听完父亲的一番教诲，霍华德端正了自己的态度，决定从小农场开始经营，后来果然在经营过程中遇到了一些意想不到的困难，但是由于摊子小，容易控制，霍华德很快重新掌握了局面，这个时候他不得不又一次佩服起父亲的料事如神——在以前没有经验，公司规模又特别庞大的时候，这些困难都是很难克服的。后来经过这些“小事”的洗礼，霍华德觉得自己做好充足准备以后，才踏上了更大的平台实现自己的梦想。

中国有句古话："千里之行，始于足下。"没有人能一步登天，也没有人能一朝一夕取得成功，任何事情都需要规划和计划，取得任何成就都不是轻而易举的事情。

犹太人的经典著作《塔木德》指出："别想一下就造出大海，必须先由小河川开始。"许多刚刚走上工作岗位的年轻犹太人，至今仍能够从这句格言中受益。

如果你是一名普通的员工，要想在众多同事当中脱颖而出。你必须用心去做老板交给你的每一项任务。即使是最普通的事，也应该全力以赴、尽职尽责地去完成。能把小任务顺利完成，也有完成大事情的可能。一步一个脚印地向上攀登，便不会轻易跌落。这也是通过工作获得真正力量的秘诀。

职场无小事，小事成就大事。作为一名员工，无论在什么岗位上，只要用心去做每件事，都能实现自己的价值。

任何人所做的工作，都是由一件件小事，一个个细节组成的。所以如果我们想我们的工作尽善尽美，我们就得把小事做好。记住，工作中无小事。所有的成功者，他们与我们一样都从小事做起，唯一的区别在于他们将每一件小事做到极致。

在许多平凡琐细生活中，往往都含着一些酵质，假使酵质膨胀了，就会使生活起了剧烈的变化，从而影响了一个人一生的命运。

在一件很细小的、与自己无关的小事上也能体现出对别人体贴和关心的人，他能获得成功是无可置疑的。

登高必自卑，行远必自迩，再辉煌的理想都要从当前入手，从工作中的点滴小事做起。在你攀爬理想的高山时，别轻视脚下的每一步路。

一个人要建功立业，也需要从一件件平平常常、实实在在的小事做起，正所谓"千里之行，始于足下"。那种视善小而不为，认为做小善之事属“表面化”与“低层次”的眼高手低的人，那种长明灯前懒伸手、老弱病残不愿帮的“不拘小节”的人，要成就大业也难。一个有志有为的年轻人，必须自觉地从身边的“举手之劳”做起，即使做一件很微小的好事也比视善小而不为的人强，因为“天下难事，必作于易；天下大事，必作于细”。

工作中的每件事情都是由点滴小事连缀而成，要想成就大事，就必须认真对待它们。反之如果感到乏味、厌倦不已，始终提不起精神，或者因此敷衍应付差事，勉强应对这些小事，将一切都推到“英雄无用武之地”的借口上，那么你现在的位置也会岌岌可危，在小事上都不能胜任，何谈在大事上“大显身手”呢？没有做好小事的态度和能力，做好大事只会成为“无本之木，无源之水”。

可以这样说，平时的每一件小事其实就是一个房子的地基，如果没有这些材料，想象中美丽的房子，只会是“空中楼阁”，根本无法变为“实物”。在职场中每一件小事的积累，就是今后事业稳步上升的基础。

如果你想飞得更高更快，那么就从眼前的点滴小事做起吧！

过程远比结果重要

“谈恋爱的过程远比结婚生子有意思得多。”

苏茜当了一段时间记者以后，面对五花八门的社会现象，她决定写一本针砭时弊的新闻集。于是苏茜很用心的把采访过程中碰见的新闻素材，加上自己提出的独到见解都记录下来。

巴菲特很高兴女儿能够有这个想法，时常把自己的一些想法和灵感也和女儿交流，看到女儿每天一下班就奋笔疾书，巴菲特也由衷地感到高兴。因为巴菲特明白，女儿把自己的这份工作当成了自己的事业来做，不管多么忙碌，她都是愉悦和快乐的，这就是工作带给她的充实。

有一天，巴菲特忽然发现女儿闷闷不乐地回到了家，于是问道："苏茜，发生了什么事?"经过一番询问，巴菲特才知道，原来女儿的新闻集被出版商泼了冷水，觉得不适合出版，而且不少业内人士传阅以后，都觉得销售的市场不大。

巴菲特沉吟了一会，对伤心的苏茜说出了自己的看法。他认为，苏茜的稿子被出版商否定了，并不一定代表苏茜的文章不好，也许是市场要求所致，也许是新闻的时效性所致，而且最关键的一点是，苏茜在写这些稿子中得到的快乐远大于书稿没能出版的失落。

生活中的事情很难有一帆风顺的，拿巴菲特自己来说，被称为"投资之神"的他，也犯过很多次失误。

曾经有人总结过巴菲特的五大错误投资是:

第一，投资不具长期持久性竞争优势的企业。1965 年他买下柏克夏海瑟威纺织公司，然而因为来自海外的竞争压力过大，他于 20 年后关闭纺织工厂。

第二，投资航空产业。巴菲特 1989 年以三亿五千八百万美元投资美国航空公司优先股，然而随着航空业一路下滑，他的投资也告大减。他为此次投资懊恼不已。

第三，以股票代替现金进行投资。1993 年巴菲特以四亿二千万美元买下制鞋公司 Dexter，不过他是以柏克夏海瑟威公司的股票来代替现金，而随着该公司股价上涨，如今他购买这家制鞋公司的股票价值 20 亿美元。

第四，太快卖出。1964年巴菲特以一千三百万美元买下当时陷入丑闻的美国运通5%的股权，后来以二千万美元卖出，若他肯坚持到今天，他的美国运通股票价值高达20亿美元。

第五，虽然看到投资价值，却是没有行动。巴菲特承认他虽然看好零售业前景，但是却没有加码投资沃尔玛。他此次错误使得柏克夏海瑟威公司的股东平均一年损失80亿美元。

任何领域都没有常胜将军，巴菲特告诉女儿，很多时候我们控制不了结果的完美，但是我们可以享受过程中的快乐。是的，过程和结果一样完美无瑕是我们每个人追求的目标，但是现实往往比我们想象的要残酷，没有这么多完美的事情在等待着我们。

“最完美的商品只存在于广告中，最完美的人只存在于悼词中。”完美永远是可望而不可即的。

如果完美会更好，可是问题的关键也许并不在我们不够完美上。要知道这世界上没有什么会达到完美的境地，所以，你也不必设定荒谬的完美标准来为难自己。你只要尽最大努力挖掘自己的潜力，打造自己的魅力，在过程中体会快乐就已经是很大的成功了。

听完爸爸的分析，苏茜心情好了一点，不过她接着又说道：“可是爸爸，我感觉我已经失去创作的激情了，这次失败对我打击实在是太大了。”

巴菲特安慰女儿，如果因为结果不好而否定自己，实在是愚蠢到了极点的事情。他把自己在投资方面的一些领悟告诉了女儿。

巴菲特认为，投资说到底应是个概率性事物，在任何受制于概率的领域，我们的决策都应当慎而又慎，一次很好的决策可能会有很差的结果，相反，一次很糟糕的决定也许会带来意外的惊喜。所以，简单地以偶然的结果代替全部，以偏盖全是不对的。

说到投资理念，很多人都不陌生。以巴菲特的理解，投资理念的重要性在于它决定你的决策方式——它不是简单的价值投资，基本投资或趋势投资，等等。对一个特定的投资人来说，它是一个禀赋——你区别其他投资人的根本。

任何好的理念都会将重点放在过程而不是结果上。不过，这一点好说难做——结果总是显而易见但过程很难把握。同时，任何结果出来后，我们是很难改变的——至少代价是巨大的。这就要求我们的决策过程建立在坚实的基础之上——已掌握的事实，合理的假设，合乎逻辑的推论，等等。

我们永远无法左右结果，但我们可以选择我们的决策过程。而这需要以理念为基石，在此基础上坚持严谨与耐心才会有好的投资成绩。有时市场短期的波动让我们一时无所适从——这时最好的办法就是回顾理念基础上的决策过程。

巴菲特继续告诉女儿，有得必有失，当你得到一些东西的时候，你也必将失去一些东西，反之，你在失去一些东西的时候，一定也得到了一些东西；“得”与“失”之间的界限并不是泾渭分明。

没有必要因为失去一些东西，就变得怨天尤人，浮躁不安，心里失去平衡，也没必要因为得到一些什么而沾沾自喜，骄傲自满。一颗淡然的平常心，才能让你正确对待得与失。

中国有句古话：“夫唯不争，故天下莫能与之争。”在我们的一生中，会有很多的得与失，如果你没法适应，没有足够的勇气去接受现实的挑战，整天生活在犹豫之中，那你就等于被生活击垮了。唯有接受现实，并积极地去面对，调整好自己的心态，才有机会改变自己的处境。

在成长的过程中，很多人因为遭受来自社会、家庭的议论、否定、批评和打击，奋发向上的热情便慢慢冷却，逐渐丧失了信心和勇气，对失败惶恐不安，变得懦弱、狭隘、自卑、孤僻、害怕承担责任、不思进取、不敢拼搏。事实上，他们不是输给了外界压力，而是输给了自己。很多时候，阻挡我们前进的不是别人，而是我们自己。因为怕跌倒，所以走得胆战心惊、亦步亦趋；因为怕受伤害，所以把自己裹得严严实实。殊不知，我们在封闭自己的同时，也封闭了自己的人生。

世界上最难攻破的不是那些坚固的城堡和城池，而是自己为自己编织的“心理牢笼”。因此，我们要想走上成功的道路，摆脱不顺的现状，必须勇敢地冲出“心理牢笼”。

一个人在他25岁时因为被人陷害，在牢房里待了10年。后来沉冤昭雪，他终于走出了监狱。出狱后，他开始了几年如一日的反复控诉、咒骂：“我真不幸，在最年轻有为的时候竟遭受冤屈，在监狱度过本应最美好的一段时光。那样的监狱简直不是人居住的地方，狭窄得连转身都困难，唯一的细小窗口里几乎看不到阳光；冬天寒冷难忍，夏天蚊虫叮咬……真不明白，上帝为什么不惩罚那个陷害我的家伙，即使将他千刀万剐，也难解我心头之恨啊！”

75岁那年，在贫病交加中，他终于卧床不起。弥留之际，牧师来到他的床边：“可怜的孩子，去天堂之前，忏悔你在人世间的一切罪恶吧……”

牧师的话音刚落，病床上的他声嘶力竭地叫喊起来：“我没有什么需要忏悔，我需要的是诅咒，诅咒那些造成我不幸命运的人……”

牧师问：“您因受冤屈在监狱待了多少年？离开监狱后又生活了多少年？”他恶狠狠地将数字告诉了牧师。

牧师长叹了一口气：“可怜的人，你真是世上最不幸的人，对你的不幸，我真的感到万分同情和悲痛！他人囚禁了你区区10年，而当你走出监牢本应获取永久自由的时候，你却用心底里的仇恨、抱怨、诅咒囚禁了自己整整50年！”

我们应该学会完全的接受已经发生的事，这是克服不幸的第一步，世间万物，总有一些是我们所无法改变的，这时唯有学会接受，学会适应。得到了，没有必要沾沾自喜，得意忘形；失去了，也没有必要暗自伤神、颓废沮丧。我们要学会享受过程，享受拼搏的这个过程。

当我们的心变得豁达平静、遇事不变时，我们就可以称得上真正成熟了。我们要做的就是改变可以改变的，接受无法改变的，努力达到“得之淡然，失之坦然”的最高境界。

失败是一个悲剧的结果，我们都不希望自己失败，但是，我们在每一次挫折后应该吸取教训。我们应该学会完全接受已经发生的事，这是克服不幸的第一步。我们往往控制不了事情的结果，但我们可以改变自己的心态——享受过程，看淡结果！因为所有的消极情绪最终害的都是自己。也许我们可以从佛教经典中得到启发，就让那些恩怨得失，痛苦失望都成为过眼云烟吧！

无论做什么事，打不起精神来就绝不会克服消极心态。你必须全神贯注，竭尽所有的精力去做它，务必使你的能力每天都有显著的克服消极心态的进步，因为我们每天从事的工作都可以训练和发展我们克服消极心态的才能。一个人如能打定如此坚决的主意，那他的收获一定不会仅够“填饱肚子”的。

那些克服消极心态而成就的大事，绝非那些仅欲“填饱肚子”以及做事“得过且过”的人所能完成的，只有那些意志坚决、不辞辛苦、十分热心的人才能完成这些事业。

如果害怕失去，而不敢去争取；如果害怕失足，而不敢去攀登……你的人生会是如何一番境地？挺起你的胸膛，加倍努力吧！

用更开阔的视野来支配人生

“我们周围许多人都明白自己在人生中应该做些什么事，可是却迟迟不拿出行动来。”

巴菲特教育孩子们一定要找到自己适合的路。虽然三百六十行，行行出状元，但是如果我们更好地了解自己，站在一个更高的层面上审视自己的人生，就能达到事半功倍的效果。我们常说“人贵有自知之明”，就是说既不高估自己也不低估自己，对自己有正确而客观的认识。认识到这一点容易，但要做到这一点，却非人人能及。

在伯克希尔—哈撒韦公司，有一位叫杰克的年轻的小伙子，他足够机智，在几桩投资生意中，都表现得非常优异。很快，不少猎头公司看中了他，都来怂恿他跳槽，这位小伙子一直视巴菲特为偶像，于是他决心诚心诚意的听下巴菲特的意见。

巴菲特看到面前这位意气风发的年轻人，心里涌起一股暖流，他决定好好指点一下这个年轻人，因为他一毕业就来到自己的公司，自己太了解这个孩子的优势和劣势了。

他告诉杰克，他认为杰克应该继续在伯克希尔—哈撒韦公司待上一段日子，因为他觉得杰克虽然很优秀，但缺乏做大买卖时必备的心理素质，因为在公司里有很多前辈可以给他当定心骨，制定一个大方向，但是他去别的公司自己做主，可就没有这么容易了。

听完巴菲特的谆谆教诲，年轻人陷入了沉思。巴菲特接着给他讲一个故事，一只觅食狐狸的故事。

狐狸欣赏着自己在晨曦中的身影说：“今天我要用一只骆驼作午餐呢！”整个上午，它奔波着，寻找骆驼。但当正午的太阳照在它的头顶时，它再次看了一眼自己的身影，于是说：“一只老鼠也就够了。”

狐狸之所以犯了两次截然不同的错误，与它选择“晨曦”和“正午的阳光”作为镜子有关。晨曦拉长了它的身影，使它错误地认为自己就是万兽之王，并且力大无穷、无所不能；而正午的阳光又让它对着自己缩小了的身影妄自菲薄。

像这只狐狸一样的人在现实生活中并不少见。对自己认识不足，过分强调某种能力或者无根无据地轻视自己。这种情况下，千万别忘了正确评价自己，提醒我们反观自我，让我们更清楚地认识真实的自己。

巴菲特接着告诉年轻人，杰克，如果你继续锻炼几年，我相信你一定可以独立支撑起一个公司。

拥有开阔的思维，更好的定位我们自己，将更有助于我们的成功。定位概念最初由美国营销专家里斯和屈特于 1969 年提出，即商品和品牌要在潜在的消费者心中占有位置，企业经营才会成功。随后，定位外延扩大，大至国家、企业，小至个人、工作等，均存在定位的问题，事关成败兴衰。

一个人成就的大小在某种程度上取决于自己对自己的评价，这种评价有一个通俗的名词——定位。你对自己的定位是什么，你就是什么，因为定位能决定人生，定位能改变人生。

定位是对自己的一种期盼与要求，一个人能否给自己正确定位，将决定其一生成就的大小。志在顶峰的人不会落在平地，甘心做奴隶的人永远也不会成为主人。你可以长时间卖力工作、创意十足、聪明睿智、才华横溢、屡有洞见，甚至好运连连——可是，如果你无法在创造过程中给自己正确定位，不知道自己的方向是什么，一切都将徒劳无功。

所以说，你对自己的定位是什么，你就是什么。

彼得对父亲的这个观点十分支持，因为他周围就有活生生的例子，他的一位朋友迈克尔在从商以前，曾是一家酒店的服务生，替客人搬行李、擦车。有一天，一辆豪华的劳斯莱斯轿车停在酒店门口，车主吩咐道："把车洗洗。"迈克尔那时刚刚中学毕业，从未见过这么漂亮的车子，不免有几分惊喜。他边洗边欣赏这辆车，擦完后，忍不住拉开车门，想上去享受一番。这时，正巧领班走了出来。"你在干什么？"领班训斥道，"你不知道自己的身份和地位？你这种人一辈子也不配坐劳斯莱斯！"受辱的迈克尔从此发誓："我不但要坐上劳斯莱斯，还要拥有自己的劳斯莱斯!”这成了他人生的奋斗目标。许多年以后，当他事业有成时，果然买了一部劳斯莱斯轿车。

如果迈克尔也像领班一样认定自己的命运，那么，也许今天他还在替人擦车、搬行李，最多做一个领班。由此可见，人生的定位对一个人是多么的重要啊!

在现实中，总有这样一些人：他们或受宿命论的影响，凡事听天由命；或性格懦弱，习惯依赖他人；或责任心太差，不敢承担责任；或惰性太强，好逸恶劳；或缺乏理想，混日为生……总之，他们遇事逃避，不敢为人之先，不敢担当，不敢定位自己的人生。也许，成功的含义对每个人都有所不同，但无论你怎样看待成功，你必须有自己的定位。

尼采曾经说过：“聪明的人只要能认识自己，便什么也不会失去。”正确认识自己，才能充满自信，才能使人生的航船不迷失方向。正确为自己定位，才能正确确定人生的奋斗目标。只有有了正确的人生目标，并为之奋斗终生，才能此生无憾，即使不成功，也无怨无悔。

在古希腊，有同村的两个人，为了比高低，打赌看谁走得离家最远。于是同时却不同道地骑着马出发了。

一个人走了十三天之后，心想“我还是停下来吧，因为我已经走了很远了。他肯定没有我走得远。”于是，他停了下来，休息了几天，调转马头返回家乡，重新开始他的农耕生活。

而另外一个人走了七年，却没回来，人们都以为这个傻瓜为了一场没有必要的打赌而丢了性命。

有一天，一支浩浩荡荡的队伍向村里开来，村里的人不知发生了什么大事。当队伍临近时，村里有人惊喜地叫道：“那不是克尔威逊吗?”消失了七年的克尔威逊已经成了军中统帅。

他下马后，向村里人致意，然后说：“鲁尔呢?我要谢谢他，因为那个打赌让我有了今天。”鲁尔羞愧地说：“祝贺你，好伙伴。我至今还是农夫!”

暂时满足的心态只能使你低人一等，生活中有多少人都是这样沉沦了啊！一个有生气、有计划、克服消极心态的人，一定会不辞任何劳苦，坚持不懈地向前迈进，他们从来不会想到“将就过”这样的话。傻瓜常常对他人说：“得过且过，过一把瘾吧。”“只要不饿肚子就行了。”“只要不被撤职就够了。”有这种想法无异于承认自己没有生机。他们简直已经脱离了世人的生活，至于“克服消极心态”那更是想也不必想了。

巴菲特认为，了解自己是成功的第一步，只有了解自己，你才有可能突破自己的人生难关。

打起精神来！给自己一个合适的定位，并用它思量你的人生！它虽然未必能够使你立刻有所收获，或得到物质上的安慰，但它能够充实你的生活，使你获得无限的乐趣，这是千真万确的。

巴菲特曾经给子女们讲过一个笑话：几个人在岸边岩石上垂钓，一旁有几名游客在欣赏海景之余，亦围观他们钓上岸的鱼，口中啧啧称奇。

只见一个钓者竿子一扬，钓上了一条大鱼，约三尺来长。落在岸上后，那条鱼依然腾跳不已。钓者冷静地解下鱼嘴内的钓钩，顺手将鱼丢回海中。

围观的众人响起一阵惊呼，这么大的鱼犹不能令他满意，足见钓者的雄心之大。就在众人屏息以待之际，钓者渔竿又是一扬，这次钓上的是一条两尺长的鱼，钓者仍是不多看一眼，解下鱼钩，便把这条鱼放回海里。

第三次，钓者的渔竿又再扬起，只见钓线末端钩着一条不到一尺长的小鱼。

围观众人以为这条鱼也将和前两条大鱼一样，被放回大海，不料钓者将鱼解下后，小心地放进自己的鱼篓中。

游客中有一人百思不解，追问钓者为何舍大鱼而留小鱼。

钓者经此一问，回答：“喔，那是因为我家里最大的盘子只不过有一尺长，太大的鱼钓回去，盘子也装不下……”

舍三尺长的大鱼而宁可取不到一尺的小鱼，这是令人难以理解的取舍，而钓者的唯一理由，竟是因为家中的盘子太小，盛不下大鱼！

在我们的生活经历中，其实也存在许多类似的例子。例如，很多时候，我们有一番雄心壮志时，就习惯性地提醒自己：“我想得也太天真了吧，我只有一个小锅，煮不了大鱼。”因为自己背景平凡，而不敢去梦想非凡的成就；因为自己学历不足，而不敢立下宏伟的大志；因为自己自卑保守，而不愿打开心门，去接受更好、更新的信息……凡此种种，我们画地为牢、故步自封，既挫伤了自己的积极性，也限制了自己的发展。

那些人生篇章舒展不开，无法获得大成就的人，大多是没有大格局的人。所谓大格局，就是以长远的、发展的、战略的、全局的眼光看待问题，以博大的胸襟对待人和事。对一个人来说，格局有多大，人生就有多大。那些想成大业的人需要高瞻远瞩的视野和不计前嫌的胸怀，需要“活到老、学到老”的人生大格局。古今中外，大凡成就伟业者，他们都是一开始就从大处着眼，一步步构筑他们辉煌的人生大厦的。

如果把人生比做一盘棋，那么人生的结局就由这盘棋的格局所决定。在人与人的对弈中，舍卒保车、舍车保帅、飞象跳马……种种棋着就如人生中的每一次拼搏。相同的将士象，相同的车马炮，却因为下棋者的布局而大不相同，输赢的关键就在于我们能否把握住棋局。要想赢得人生的这盘棋局，就应当站在统筹全局的高度，有先予后取的度量，有运筹帷幄而决胜千里的方略与气势。棋局决定着棋势的走向，我们掌握了大格局，也就掌控了大局势。

通过规划人生的格局，对各种资源进行合理分配，才可能更容易地获得人生的成功，理想和现实才会靠得更近。人生每一阶段的格局，就如人生中的每一个台阶，只有一步一步地认真走好，才能够到达人生之塔的顶端。

所以，扩大自己内心的格局，对于前景，去构思更大、更美的蓝图。我们将会发现，在自己胸中，竟有如此浩瀚无垠的空间，竟可容下宇宙间永恒无尽的智慧。

有什么样的人生格局，就有什么样的人生结局！

巴菲特告诉孩子，对自己的定位越是精确，你的人生格局就越敞亮。每个人都应该成为独立的自我，按照自己的道路成长，所以，我们必须为自己规划，为自己定位。由于很多原因，不少年轻人身陷自己并不喜欢的职业，但是，由于这些职业为他们提供了谋生的手段，因此他们通常缺乏足够的勇气与之脱离，并在一个较低的起点上重新开始，去从事自己喜爱的事业。

我们有责任找到自己真正的职业归属，这不仅是对自己的责任，也是对自己天赋的一种负责，在各种形形色色的浪费中，有哪一种会比天赋和才能的浪费更令人痛惜呢？

处世忠告

第四章

储存知识就是储存黄金

教育的本质是对人性的理解

“上学和读书当然很重要，但我认为那不是教育最关键的部分。”

巴菲特虽然没在物质上对孩子们大手大脚，但在精神教育方面对孩子是不遗余力。彼得的成长过程非常幸运。在美国这个高速发展的社会，彼得拥有一个极其稳定的家庭。伴随彼得成长的那栋房子建于20世纪初，是普通得不能再普通的独栋小屋。彼得的父亲花费3500万美元买下了它，距彼得母亲儿时的家只隔了两个街区——当时彼得的外祖父母仍住在那里——周边是所谓的城乡接合部，那时奥马哈市才刚刚开始发展。虽然彼得他们所处的位置是进出城的主干道，但他们的房子更像是一个谷仓，有着荫翳的阁楼通风窗。

巴菲特一家还曾经单纯为了好玩，在小小的侧院中栽了几行玉米。当父母看到彼得能够在过马路前小心看好来往车辆时，便允许彼得步行去看望外祖父母。前往外祖父母家的路上，彼得就像是置身在一个充满爱意的气泡或长廊中，一路上都有亲人与彼得拥抱。外祖母是个典型的家庭主妇——可能现在已不多见，她曾以此为傲。她总是忙着做饭或是在房子周围忙活。彼得每次去的时候，她都会给彼得做冰淇淋甜筒，并在里面加入糖果，给彼得惊喜。而外祖父则总是询问彼得当天在学校的收获。在彼得步行回家的路上，邻居们会向彼得亲切招手或按喇叭示意。

是不是有种田园诗般的恬淡？不错。但是巴菲特深知并不是每个孩子都有幸拥有这样一个温馨祥和的成长环境。没能在这种环境下成长的孩子，恐怕得走更多的弯路，才能学会去信任这个世界。但巴菲特要说的是：让彼得在儿时获得安全感并学会信任的，既非金钱，也非物质上的帮助。房屋大小并不重要，重要的是里面爱心满溢。周围邻居的富有与否并不重要，重要的是邻里之间可以倾心交谈、彼此照料。

其实，在这种美好温馨家庭里成长出来的孩子，对爱、宽容以及这些美好事物的理解本身就有了一个明确的认识。这种温馨的家庭教育就是爱的教育。

当体验到生活的艰辛不易的时候，人们往往把爱看作是遥不可及、虚无缥缈的情感，忽略了在日常生活中表达爱。我们表达爱意的方式也会单调、羞涩、让对方难以察觉。也许你是一个充满爱的人，但不善于表达会使你逐渐失去朋友，陷于孤独当中。

那么究竟什么才是爱？爱又有什么作用呢？

爱是一种能力，是一种能去爱并能唤起爱的能力。马克思也曾说，“如果你的爱没有引起对方的爱，也就是说，如果你的爱作为爱没有造就出爱，如果你作为爱者，通过自己的生命表现未能使自己成为被爱者，那么你的爱就是无力的，你的爱就是不幸的。”

试想一下，如果不是心中充满阳光，如何能让人温暖？如果不是心中充满仁慈，如何能让人感动？如果不是心中充满真爱，又如何能让人幸福？

爱是对善的追求，它能使人摆脱恐惧。有爱就能心生和谐，爱是自然无价的，它不是理论，也没有要求。爱既无分别，也无须衡量。爱是单纯的感情、无价的温馨。有位科学家曾说过："人类在探索太空、征服自然之后，终将会发现自己还有一种更大的能力，那就是爱的力量，当这天来临时，人类的文明将迈向一个新纪元。"爱，是人们的情感表现，也是人们普遍存在的心理需要。我们需要爱。

巴菲特认为。这年头所谓的"教育"即使到了大学，在很大程度上仍具有职业培训的性质。一个特定的专业，就仿佛一张通往特定学位的门票，进而是通向一个特定职业的门票。这种教育的目的性很强，就是塑造出一个适应社会岗位的人才。

作为一个讲求实际的人，巴菲特并不是在抨击这种现象。如果你立志成为投资银行家或管理顾问，获得 MBA 文凭自然是实现这个的最有效方式。而学习政治学专业，也的确是进入法学院绝佳的途径。但巴菲特认为这种相对狭隘、以目标为导向的学习方式，并非教育最重要的方向。

人生由你打造，而教育显然是培养我们各方面素质最关键的因素。如果我们希望自己尽可能生活得充实、多姿多彩、有价值，那么我们就应该尝试什么都去学学，不只包括必要的谋生技能，还包括专业以外的无数知识。"从书中学习"当然是教育中很棒的部分。彼得是这么描述的："我是通过观察外祖父得出的这个结论，他向我展示了安静地读一本书时，是可以如此地安宁和愉悦。我还记得他悠然地躺在按摩椅上的模样，他的裤子提得很高，摘下来的假牙好像放到了身边的玻璃杯中。外祖父是我们家的学者，正是受到他的影响，我在初中时就学习了拉丁文。学习拉丁文有什么用处呢？基本没有。但是，我很高兴能够由此了解到美国的历史和文化传统。”

巴菲特对孩子们的教育包括多个方面，他们还积极关注彼得的学校生活，这也是他们重视教育的一种方式。巴菲特觉得有太多的家长将子女的学校看成是“神秘城堡”，他们只负责每天早上把孩子送进去，晚上接回，却并不关心他们在学校的生活，只要成绩不错，不违反纪律就行。当然，偶尔会有家访日或家长会，但这些也只是走走形式而已，或许他们还会觉得异常煎熬！巴菲特却有着不同看法。他在彼得上小学甚至高中时常常去彼得的学校（他很熟悉那儿的环境，毕竟那儿曾是她的母校）。他会静静地坐在教室的后排，观察上课的学生，看看老师正在教什么内容，用的什么教学方法。他的投入程度让彼得感到自豪，并使彼得明白了学校教育的重要性。

巴菲特夫人看重的不是彼得一年带回家几次的成绩单，而是彼得日复一日的实际所学。其实如果有更多的家长像这样关心子女的教育，孩子们会怀着极大的求知欲和进取心度过他们的学校生活。上学和读书当然很重要，但那不是教育最关键的部分。的确，像物理或统计之类技术性的学科必须依靠正规学习，别无他法。但从使我们的生活尽可能丰富而有价值的角度而言，书本和学校可能是教育的工具，但并非教育的本质。教育的本质是对人性的理解。这里的人性既包括我们自己隐秘的内心，对他人和自己的爱，也包括和我们迥然不同的那些人的动机和渴望。这种教育并非来自百科全书或落满灰尘的旧杂志，甚至网络引擎搜索，它来自于他人互尊互敬的交往，以及用心聆听。

在巴菲特家庭给孩子们灌输的价值观当中，彼得印象最深的是：她告诉我每个人都有一个值得一听的故事。换句话说，每个人身上，都有值得我们学习的地方。在彼得的童年时代，母亲便决定尽可能让彼得了解更多的人和事。在彼得很小的时候，巴菲特一家接待了几个来自欧洲和非洲的交换生。其中有个捷克学生和他们一起住了很长时间。巴菲特家经常有世界各地的来访者。有时彼得放学回家吃午饭时，就会看到母亲在和客人兴趣盎然地交谈着。母亲通常会轻柔而又犀利地提些问题：他们生活的地方是什么样子？会遇到什么困难？怎样与之抗争？他们有什么样的抱负和梦想？他们的信仰是什么？尽管对方的回答有时候彼得无法完全听懂，但在耳濡目染中，彼得明白这些交流是非常必要的。

西方教育界有过一个很重要的看法：一个人要成才很容易，但是要让他不作恶，这很难，因为这是目前的教育体制很难解决的。一个人的善良，是否有爱心需要从小开始培养，而使一个人不走上歪路，成为一个真正的人才，教育的任务任重而道远。

巴菲特明白，对孩子的教育关键是要帮助孩子成为一个积极、有爱心、热爱生活的人，这不是说考试能拿多少分，读书拿多少奖状能解决的问题，学校教育固然也十分重要，但是教育关键还是对于人性的塑造，技能的培养应该放在第二位。

“三人行，必有我师”，中国人历来讲究学习和教育，如何才能教育出一个真正的人才？显然巴菲特给我们指引出了和中国人不同的一条道路：用爱教育孩子，不强求孩子学得有多好，但是必须做一个正直、热爱生活，富有爱心的人。

我们很欣喜地看到，如今不少家长意识到了这个问题，对孩子在人性方面进行教育与塑造，力求孩子成为一个真正意义上“德智体美全面发展”的人，而不是智力上的高个子，品质方面的矮子，这样的人，就算有暂时的风光，也很难始终一路顺风。

不懂的时候“查一查”

“我特别钟情于读传记，我的工作是阅读。”

巴菲特告诉孩子，一定要注意学习，因为一个人的知识面再广，也肯定有他不了解的东西，而在信息爆炸的今天，海量的信息无时无刻不在冲击着我们，我们不懂不会的东西实在太多了，如果完全需要你自己来探索，那毫无疑问的是，你从此就埋葬在了信息的海洋里。

彼得的外祖父十分疼爱彼得，当外祖父陪彼得做拉丁文功课时，他们会一同翻书查找不认识的单词，在这种偶尔协作的瞬间，彼得体验到了亲情的美好。彼得认为，教育的终极目标是为了满足好奇心。因此，父母能为孩子做得最好的事，就是不断地激发他们的好奇心。

巴菲特一家的做法就是广泛讨论各种问题，并经常提议“查一下”。当孩子们存有疑问时，当某一讨论或学校功课需要更多信息时，巴菲特就让孩子们求助于家里的《世界百科全书》或多年累积下来的《国家地理杂志》。彼得小的时候会花很多时间趴在地上，查找关于“东非鸟类”“亚马孙原住民”的文章。查询资料就像是寻宝，虽然途中充满悬念和险阻，但最终找到宝藏时，就会无比的欣慰。在搜索框中点击几下的做法虽然很省时，但你不会获得满足感！很多时候，彼得临睡前都抱着好几卷百科全书，那些有关风土人情的故事常常令他着迷不已。

说起“查一查”，书本绝对是我们最好的朋友之一，因为那些知识都是前人已经总结出来的经验，这个时候，你通过阅读书籍就可以掌握知识了，而不用自己再来摸索。

牛顿曾经说过，他之所以看得比别人远，是因为他站在了巨人的肩上。所以我们也要善于站在巨人的肩上，前人已经总结了几千年的经验，而你只需要花上几年时间就可以让它们变成你自己的。

谦虚好学是一种态度，有这样精神的人往往是不自满，肯接受批评的、虚心向人请教的人，巴菲特认为，这样随时愿意去“查一查”的人，往往也是有真才实学的人，只有那种不学无术、一知半解的人，才会常常自以为是，好为人师。古希腊的著名哲学家苏格拉底，每当别人赞叹他学习渊博，智慧超群的时候，他总是谦虚地说：“我唯一知道的就是我自己的无知。”

爱因斯坦说过：人们解决世上所有的问题，是用大脑、能力和智慧，而智慧则来源于日常知识的积累。一个知识贫瘠的人，是不会主动开启智慧的大门，寻求成功之路的，就好像一只坐井观天的青蛙。

巴菲特曾经给孩子们讲过这样一个故事：

有一只青蛙长年住在一口枯井里。它对自己生活的小天地满意极了，一有机会就要当众吹嘘一番。

有一天，它吃饱了饭，蹲在井栏上正闲得无聊，忽然看见不远处有一只大海鳖在散步。青蛙赶紧扯开嗓门喊了起来：“喂，海鳖兄，请过来，快请过来!”海鳖爬到枯井旁边。青蛙立刻打开了话匣子：“今天算你运气了，我让你开开眼界，参观一下我的居室。那简直是一座天堂。你大概从来也没有见过这样宽敞的住所吧?”海鳖探头往井里瞅瞅，只见浅浅的井底积了一汪长满绿苔的泥水，还闻到一股扑鼻的臭味。海鳖皱了皱眉头，赶紧缩回了脑袋。青蛙根本没有注意海鳖的表情，挺着大肚子继续吹嘘：“住在这儿，我舒服极了！傍晚可以跳到井栏上乘凉；深夜可以钻到井壁的窟窿里睡觉；泡在水里，让水浸着两腋，托住面颊，可以游泳；跳到泥里，让泥盖没脚背，埋住四足，可以打滚。那些跟头虫、螃蟹、蝌蚪什么的，哪一个能比得上我呢!”

青蛙唾沫星儿四溅，越说越得意：“瞧，这一坑水，这一口井，都属我个人所有，我爱怎么样就怎么样。这样的乐趣可以算到顶了吧。海鳖兄，你不想进去观光观光吗?”海鳖感到盛情难却，便爬向井口，可是左腿还没能全部伸进去，右腿的膝盖就被井栏卡住了。海鳖慢慢地退了回来，问青蛙：“你听说过大海没有?”青蛙摇摇头。海鳖说：“大海水天茫茫，无边无际。用千里不能形容它的辽阔，用万丈不能表明它的深度。传说四千多年以前，十年九涝，海水没有加深；三千多年以前，八年七旱，海水也不见减少。海是这样大，以至时间的长短、旱涝的变化都不能使它的水量发生明显的变化。青蛙兄弟，我就生活在大海中。你看，比起你这一眼枯井、一坑浅水来，哪个天地更开阔，哪个乐趣更大呢?”青蛙听傻了，鼓着眼睛，半天合不拢嘴。

世界无限广阔，知识永无穷尽。如果把自己看到的一个角落当作整个世界，把自己知道的一点点知识看作人类文化的总和，那就会跟枯井里的青蛙一样，成为孤陋寡闻、夜郎自大和安于现状的角色。

当今世界科技发展瞬息万变，拘泥于单一的环境、安于现状的人难成大事，只有放开眼光，不断去汲取新知的人，才有可能构筑和实现他人无法企及的梦想。

在大多数人都认为阿尔卑斯山无法跨越的时候，拿破仑却有信心能够将之征服，并在心中拟定好一套具体方案再加以实施，最终成功跨越了他人眼中的天险，出奇制胜的把奥地利军队打得落花流水。正是由于丰富的知识积累，才使得拿破仑敢于向阿尔卑斯山发出挑战，因为他在事前就看到了一般人所看不到的、跨越阿尔卑斯山的可能。

知识贫瘠的人不可能有多好的梦想，只有拥有了先进的观念，才有可能进行创新、先声夺人。知识的海洋没有边际，如果你有了某方面丰富的知识，也别就此停止学习，因为某方面的知识你掌握得比别人多，并不说明你全掌握了，况且还有太多的领域你不曾涉猎，所以要时刻告诫自己“学无止境”，在你懂得“不要骄傲自大，要谦虚勤奋，并不断的及时充实自己”以后，取得一番成绩就只是时间和机遇的问题，谦虚的态度会使得你的人生像迎着东风的帆船一样，一帆风顺。

人生短暂，在历史面前只如白驹过隙。就算一个人不停地学习，他能掌握的知识也是极其有限的。学无止境，千万不可骄傲自大，必须谦虚谨慎，利用手头的工具不断充实自己。正因为如此，我们可以看到不少人工作以后依然继续充电学习。

如果有人说自己的水平已经足够了，不需要再继续学习了，这其实是他走下坡路的开始，只有不断学习，利用各种条件来提升自己的水平，我们才能不断进步。

不断学习，查漏补缺

“一旦你停止学习，整个世界将从你旁边呼啸而过。”

苏茜辞掉报社的工作以后，做了一段时间的社区义工，忽然感觉自己应该充充电，毕竟自己还年轻，可是，她应该学什么呢？是学一门外语或者继续自己新闻学的研究？时间是有限的，可是面对的选择实在太多了。她决定参考一下父亲的意见。

巴菲特听完女儿的讲述以后，很快有了答案。他告诉苏茜，人的学习无非有两个最重要的目的：一个是提升自己的优势，让自己的优势更加明显；另外一个就是弥补自己的劣势，让自己和别人的差距变得更小。你必须清楚地知道自己的优点和缺点，才能有的放矢。

苏茜听完父亲的话以后，陷入了思索，显然父亲的生活阅历给她指明了方向。“尺有所短，寸有所长”，每个人都有优点和不足，关键要知道自己“长”在何处，“短”在哪里，才能扬长避短，学以致用。

人的一生中充满了荆棘，充满了困难，同时也充满了竞争。从孩提到晚年，从第一次考试到最后为升职做准备，都有竞争相随。有竞争才会有进步，在竞争中才能让自己认清自己的优势和劣势，认清自己和别人的差距。比如同一个单位中，总是有着不同学历的人，他们从事的工作，你一定是干不好的么？答案是否定的。但就是这一点点的差距，也会影响到你的一生。

有一句话说得很好：“差距是不可能避免的，但缩小和别人的差距，弥补差距，是有可能的。”所以要清楚地、准确地认清自己，弥补自己的不足，这便是在竞争中取得胜利最简单也是最直接有效的方法。

苏茜静静地想了很久，决定去学习一门外语，因为她很想去世界各地旅游，掌握一门外语十分重要。巴菲特很满意女儿的回答。

在竞争的社会中，失败的人永远是那些不会充实自己，不懂得成长的人，没有人生下来就成功的，即使再聪明的人也需要学习别人的长处来弥补自己的不足。

由于每个人成长和生活的环境不一样，所以每个人的成长经历、思维习惯和看问题的角度、方法都各不相同，在生活中，处处有能人，处处有学问，同一个工艺品，能人制作起来，往往比一般人更快、更好。这是因为能人更善于发现别人的好处，吸收别人的经验，让自己的技艺更加精湛。

人的成长过程，就是一个不断发展自我，充实自我的过程，要想不断地成熟，要想不断地超越自我，你就需要取长补短充实自己，让自己变得轻松的竞争法则就是获得更多的知识、能力和资本。

巴菲特告诉女儿，我们之所以要不断地学习，来弥补自己的不足，发扬自己的优势，就是为了让自己拥有丰富的知识储备，来应对层出不穷的问题。

巴菲特认为一个人如果有这么大的智力储备，极其稳定的判断力，以及沉着冷静的性格，那么当他陷入巨大的痛苦或者紧急事件的时候，他就不会动摇和颤抖。巴菲特给女儿举了这么一个例子：在军队里有这样一条不成文的规定：那些打算装备战舰的大炮，都要被运到一个港口，装填进超过其正常容量很多的火药，然后开火，看看它们会不会因此而爆裂，有很多大炮无法承受这种严格的测试，尽管在正常使用的情况下，它们并不会爆裂，但是军队必须保证所装备的大炮能胜任任何可能突发的情况。

对于每一台发动机或者机车，在其正常使用所要求的功率以外，总是会有一个额外超出的保留量，如果你定制一个二十马力的发动机，制造者会给你一个三十马力的——多出十马力的发动机，这个超出的马力，并不是必需的，但是，制造者必须为紧急情况做准备，它们必须确保，发动机拥有潜在的动力。

知识储备也是同样一个道理，如果没有强大的知识储备，在关键时刻就很容易出差错。歌德说：“人不是生来就拥有一切的，人是靠从学习中所得到的一切来造就自己的。”凡是想要实现伟大目标的人，就必须不断地学习，学习，再学习。

同时，巴菲特认为，我们必须头脑清醒，知道自己应该学习和补充什么，炮弹里必须填充炸药，而不是水泥，发动机需要提高功率，你把发动机外观做得再漂亮，不改变内部线路也是无济于事。

睿智的人，能够看清自己的短板，不断查漏补缺，让自己的劣势不再拖自己的后腿。学习知识，补充自己的知识储备是人生必不可少的事情，不断学习更是人们取得成就的需要。用知识改造的不仅仅是你的头脑，更是你的生活。只有你的头脑达到了相当的境界，你的人生才会过得和别人不一样，你对知识的驾驭能力、对问题的解决能力、对资源的整合能力，都会是你快速取得成功的法宝。而这些能力从何而来？从你的不断学习中来。

人们时刻都在竞争，而你有了资本才能和别人竞争，资本越大，你赢的机会当然也越大，你的资本就是通过你不断学习而储备的知识，如果你胸无点墨，那么给你再好的纸和笔，你也写不出一篇好文章，成功的人懂得不能放弃学习，因为放弃学习就等于选择与时代脱轨，那么必定会被社会所淘汰。当代社会是信息社会，要想比别人先一步成功，就必须用最快的速度把握最新的消息，而这消息也就是知识。

巴菲特有很多朋友都信奉犹太教，他们中不乏在全球都赫赫有名的大富翁。在犹太教中，勤奋好学不但仅次于敬神，而且也是敬神的一部分。在当今世界的任何一种宗教中没有一种宗教像犹太教那样对学习和研究如此“强调”。

犹太人对于知识问题，有一个相当实际的认识：知识就是财富。巴菲特的一位犹太人朋友曾经给他讲过这么一个典故，来说明犹太人对知识的理解：

有一次，一艘大船出海航行，船上的旅客尽是些大富翁，唯有一个人例外，他就是拉比。富翁们闲着没事，就互相炫耀自己所拥有的巨额财富。正当他们彼此之间争论得不可开交之时，那位拉比却说：“我觉得还是我最富有，只是现在我的财富不能拿给你们看。”

半途中，海盗袭击了这艘船，富翁们的金银财宝等全被抢掠一空。

海盗们离去后，这艘船好不容易抵达了一个港口，但已没有资金继续航行了。

下船后，这位拉比因其丰富的学识和高尚的人格，立刻受到居民的器重，被请到学校里去教导学生。过了一段时间，这位拉比偶然遇上那些曾经同船旅行的富翁。如今，他们都已陷入朝不保夕的凄凉境地。

富翁们深有体会地对拉比说：“你以前讲得一点不错，一个有学问的人，等于什么都拥有。”

从这则故事中，犹太人得出的结论是：由于知识可以不被抢夺且可以随身带走，所以教育是最重要的。

犹太人的这个结论，十分直观、十分实际。在当今世界上，知识就是财富，受教育程度同收入的关系是非常明显的。

掌握一门本领，扩充自己的知识面，找到自己的弱点，让自己变得越来越强。知识就是力量，这是一条亘古不变的真理，在任何时代，任何时候都不会动摇。

笔者业余时间也想充充电，因为在今日的社会，人与人的差距越来越小，竞争却越来越激烈，要想做出点成绩来，你必须具有和别人的差异性。

现在社会上各种培训班数不胜数，让人目不暇接，究竟选择什么样的技能充电，能让自己的知识体系更加完备呢？这就得看你自身的短板在什么地方了。人无完人，金无足赤，每个人都有着或大或小的缺点，只有通过学习和补充知识，我们才能不断地完善自己。

知识是用来使用而不是炫耀的

“可能有虚伪的谦虚，但绝没有虚伪的骄傲。”

彼得退学以后，独自搬了出来，租了一个小房间，醉心于自己的音乐创作，由于没有足够的资金，彼得常常拆了东墙补西墙，忙得是焦头烂额。

有一天，彼得开着自己的二手小汽车出门办事，忽然看到一位曾经的同学，彼得于是很愉快的和这个同学打了一声招呼，两个人寒暄了一会，那位同学问彼得现在在做什么。“额，在筹备一个乐队，现在天天可把我忙坏了。对了，你现在在做什么呢?”

这位同学扬起了眉毛，有些得意地说：“我啊，我现在在当教授的助教，呵呵。”然后和彼得侃侃而谈自己最近正在做的项目，言语之中对彼得这种“不务正业”颇有一些揶揄之色。

和这位同学分手以后，彼得感到又好气又好笑。他分明从这个同学的眼中看出了把知识当成了狂妄的资本。巴菲特一直教育孩子们，低调做人，平等待人，对于巴菲特一家人来说，丰富的知识是帮助你成功的工具，但绝不是用来炫耀和看低别人用的。比如巴菲特自己，他也并不是什么高学历出身的人，所以常常在投资上被一群高高在上的专家冷嘲热讽：巴菲特投资只是运气好而已！

然而巴菲特丝毫不在意，他觉得学历是一种身份，并不能说明什么，知识如果不能用于显示生活，而只是成为孔雀羽毛一样五彩缤纷却只是装饰品一样，那么这个知识还有学的价值吗？

后来巴菲特不断地在投资市场上大杀四方，声名远传，这些高高在上的专家终于闭上了嘴巴。社会上，总有这么一群人，他们读书求学的目的，不是学到真正的本领，而是为了一个炫目的学历，一个炫耀的资本。知识并没有从根本上改变他们的思维结构，他们没有从书本上学到真正的本领，而是学会了虚荣和炫耀。

巴菲特从小就教育孩子，不要被一些虚幻的东西迷失了双眼，而是要踏踏实实地做事，“低调做人，高调做事”。爱慕虚荣，自吹自擂，眼高手低这种行为一直是巴菲特深恶痛绝的，所以彼得从小就明白了这个道理。

虚荣是自尊心的过分表现，不过，也是我们生活中的常见现象。他们总是喜欢谈论有名气的亲戚、朋友。热衷于时髦服装，对高学历过于迷信。饥肠辘辘，但不愿进低等餐馆。不懂装懂，事后又感到后悔。自己做的事情没有成功，多强调客观原因。热衷于追求一鸣惊人的成果。对名著等只求一知半解，用来应付谈论。对表扬沾沾自喜，记忆犹新。对人表面热情，内心冷漠，好在同学间讨好。谈话中爱打断对方讲话。当同学、朋友取得成就或某方面强于自己时，内心便感到不悦和不服气……就说明他是一个虚荣心稍微偏多的人。

其实在人的一生中能够自立根基的事不外乎两件：一件是做人，一件是做事。的确，做人之难，难于从躁动的情绪和欲望中稳定心态；成事之难，难于从纷乱的矛盾和利益的交织中理出头绪。而最能促进自己、发展自己和成就自己的人生之道便是：低调做人，高调做事。低调做人既是一种姿态，也是一种风度，一种修养，一种品格，一种智慧，一种谋略，一种胸襟。低调做人就是用平和的心态来看待世间的一切。低调做人，更容易被人接受。一个人应该和周围的环境相适应，适者生存。曲高者，和必寡；木秀于林，风必摧之；人浮于众，众必毁之。低调做人才能有一颗平凡的心，才不至于被外界左右，才能够冷静，才能够务实，这是一个人成就大事最起码的前提。高调做事是一种境界，是做事的尺度。高调做事不仅可以激发人的志气和潜能，而且可以提升做人的品质和层次。高调做事也绝对不等于“我尽自己最大努力”去做事，而是应该有一个既定目标。一个人只有有了目标，才有可能全身心地投入，其成事必然顺理成章，其人生必然恢宏壮丽。低调做人，高调做事，是一门精深的学问，也是一门高深的艺术，遵循此理能使我们获得一片广阔的天地，成就一份完美的事业，更重要的是我们能赢得一个内涵厚重、丰富充实的人生。

在巴菲特成为世界上数一数二的投资大师以后，他依旧保持着自己低调谦和的习惯，有时候有人来奥马哈拜访巴菲特，和他分享心得，巴菲特就会驾驶着他那辆蓝色的“林肯城市”轿车跑上 1.5 英里，穿过市区，到机场亲自去迎接，没有丝毫的派头。

作为一个简单低调的人，都知道应该把聚光灯打到帮助自己的人身上，而不是使自己引人注目，他清楚地知道，没有别人的支持，他什么也不是。

“当客人离开的时候，巴菲特会在送他们回到机场之前，顺道带他们去麦当劳吃午餐，这可能又会令这些知名政客或大公司的 CEO 们大吃一惊。”

“第一次给巴菲特打电话的人会很震惊的听到一声亲切的‘喂’，当他们发现巴菲特是自己接电话的时候，经常会对此大惑不解。”

巴菲特把对人的谦和融入自己的生活和工作理念中，并且时时按照这个标准去做，这也是巴菲特为什么具有良好的人缘和赢得世人以及合作伙伴乃至竞争对手的广泛尊重的原因所在。

可以说，恃才傲物是做人的一个大忌，当你取得成绩时，你要感谢他人，与人分享，对人谦卑，这正好让他人吃下了一颗定心丸，如果你习惯了恃才傲物，看不起别人，那么总会有一天你会自食其果。

叔本华说："虚荣的人被智者所轻视，愚者所倾服，阿谀者所崇拜，而为自己的虚荣所奴役。"一语道出了虚荣者何以打肿脸充胖子的原因。人人都有自尊心，当自尊心受到损害或威胁或过分自尊时，就可能产生虚荣心，如珠光宝气招摇过市、哗众取宠等。克服虚荣心，先要认识到它的不可取之处。

狂妄是一种递增的发展事物，好像一只被吹起来的气球一样，总是希望越吹越大。生命的狂妄是无限的，当了皇帝还想成仙，满足了一个愿望，随之又产生了两三个愿望。满足了这个细小的愿望，很快又新生了那些庞大的愿望。

狂妄不同于功名心。功名心是一种竞争意识与行为，是通过扎实的劳动取得功名的心向，是现代社会提倡的健康的意识与行为。而狂妄则是通过炫耀、显示、卖弄等不正当的手段来获取荣誉与地位。狂妄的人往往是华而不实的浮躁之人。这种人在物质上讲排场、搞攀比，在社交上好出风头，在人格上很自负、嫉妒心重，在学习上不刻苦。

狂妄最大的后遗症之一是促使一个人失去免于恐惧、免于匮乏的自由；因为害怕羞辱，所以不定时地活在恐惧中，经常没有安全感，不满足；而狂妄的人，与其说是为了脱颖而出，鹤立鸡群，不如说是自以为出类拔萃，所以不惜玩弄欺骗、诡诈的手段，使狂妄得到最大的满足。

从近处看，狂妄仿佛是一种聪明；从长远看，狂妄实际是一种愚蠢。狂妄者常有小狡黠，却缺乏大智慧。狂妄的人不一定少机敏，却一定缺远见。

狂妄的心理与戏剧化人格倾向有关。爱狂妄的人多半为外向型、冲动型、善变、做作，具有浓厚、强烈的情感反应，装腔作势、缺乏真实的情感，待人处世突出自我、浮躁不安。狂妄的人，多存在自卑与心虚等深层心理的缺陷，狂妄只是一种补偿作用，竭力追慕浮华以掩饰心理上的缺陷。

知识是用来使用的，是用来改造、促使社会和人类文明进步的，而不是自吹自擂的资本。生活中事物在不断地变化，做好充分的准备，挑战一切的新事物，这才是年轻人应该做到的。现在的时代正是一个以知识、智力和创新能力为基础的知识经济时代。“知识变成能力才有用，能力作用于知识才有力量”，能力是人们成功地完成某种活动所必需的个性心理特征，人们常常在思索怎么样有效地把知识变成能力，其实也只有自己不断地学习，不断地创新，才能将自己所学的知识发挥在到点。

巴菲特认为，做事与做人，是硬币的两面，高调做事者，必须同时追求人际关系的和谐；低调做人者，也必须学会不避嫌怨，高调做事。要想做事，必须先做人，这是一门精深的学问，也是一门高深的艺术。遵循此理能使我们获得一片广阔的天地，成就一份完美的事业，更重要的是我们能赢得一个蕴涵厚重、丰富充实的人生。“欲成事先成人”这也是人一生做人做事的准则，其中蕴涵的道理绝非三言两语就能说清的，它需要生活的积累，需要生活的历练。

巴菲特有这么一句名言：“你能脱颖而出，不是因为你的智商可以达到200，而是因为的行为举止，你能带来什么，你的精力，你的承诺，你做事的质量，你的为人处世之道。”知识改变我们的命运，但它绝不是我们贬低别人的资本，知识是一种伟大的力量，它应该让我们谦和、平静，而不是狂妄与自大。

成为一个领域的专家

“人生和投资一样，需要不断实践和练习。”

巴菲特认为，每个人在这个社会上生存，就是要不断地解决问题，然后不断成长，最后成为一个杰出的人才。人与问题的关系是猎手与猎物的关系。要么，人是猎手，问题是猎物；要么，人是猎物，问题是猎手。不是你消灭它，就是它消灭你。巴菲特正是在不断学习的过程，成为“一个领域的专家”将所遇问题一一消灭，最终才不负使命。

事实上，之所以会出现各种各样的“问题”，主要还在于自身想得太多，而做得太少，愿望太大，而促使愿望实现的行动太少。

我们都愿意成为“一个领域的专家”，那么，怎样才能修炼成功呢？

首先，我们要将问题消灭在萌芽状态，而不是任其发展到不可收拾的状态才措手不及。

股票市场风云变幻，要想适应并战胜它，就必须持续不断地学习价值投资和长期的投资理念，只有这样才能更好地避开股市陷阱、降低投资风险。

在巴菲特没有确定自己的投资体系之前，他和绝大多数投资者一样做技术分析，听内幕消息。巴菲特在未满 20 岁时，他也“炒股票”，中学毕业以后，巴菲特被劝说前往宾夕法尼亚州大学沃顿商学院读书，但他却常常泡在费城的交易所里研究股票走势图和打听内幕消息。如果巴菲特当时继续研究走势图和打听内幕消息，现在他或许已经破产抑或仍只是一名散户而已，但是他没有停下学习的脚步，他申请到了本杰明·格雷厄姆执教的哥伦比亚大学就读的资格，在哥伦比亚大学，格雷厄姆的苏格拉底式教学使巴菲特获益良多，他开始逐步形成了自己的投资体系。

可以说，对巴菲特一生影响最大的是他的老师格雷厄姆，巴菲特从它身上学到了许多关于投资理论和财务分析方面的知识。对巴菲特影响最大的还有一位美国著名经济学家，那就是被誉为“成长股之父”的菲利普·费雪，有一次，巴菲特在读完费雪的著作《普通股和不普通的利润》之后，把它奉为圭臬，想方设法打听作者的情况。

巴菲特见到费雪以后，从他那里学到了最新的、最可行的方法。也就是说，巴菲特学到的是如何判断成功的长期投资，从而获取更丰厚的利润。巴菲特在取得巨大成功后，并没有忘记所有给他帮助的人，他把格雷厄姆和费雪称之为自己的“精神父亲”，当然，博采众长的巴菲特除除了这两位恩师以外，还从来并不放过任何一个学习机会。

总的来说，巴菲特学习的这群对象都不属于墨守成规的人，他们有关股票投资的观点和思想前后跨度 100 多年，正是这样的博采众长，铸就了今天的巴菲特。

巴菲特好学却不迷信，他并不盲目崇拜一个人。以费雪为例，费雪非常喜欢投资半导体和化学工业，而巴菲特则相反，他从来就不买制药股。巴菲特解释说：这种现象并不矛盾，两人都对，因为对于巴菲特来说，要知道哪家制药厂生产什么药品并不难，但如果要深入下去了解它的企业竞争优势在哪里，自己并不具备这个能力，更何况，即使是这方面的专家，也只有深入下去，紧跟产业的发展变化，才能做到胸有成竹，而费雪就不同了，他是这方面的专家，理应投资这些股票。

巴菲特认为，每个人的知识面都是十分有限的，但显而易见，丰富的知识对股市投资会有巨大帮助，如果做不到这一点。那么你就要实事求是地确定自己不知道的地方有多少，不知道的地方在哪里，你必须不断地、反复地问自己："我了解这支股票吗？"

巴菲特是这样说的，也是这样做的，他认为，对于大多数人来说，要想避免出现大的投资错误，就必须对自己所要投资的股票和企业进行深入的了解。

天下没有免费的午餐，学习是一个长期艰苦的过程，就是因为看起来简单，导致好像人人都会，而忽略了长期的积累和总结。每天进步一点，每周进行总结，根据现象，通过自己的分析，得出判断，再用自己的判断和真实的状况比，出现差异，再找原因，不断修正和深入。

巴菲特就他自己身的经历总结：最好的投资就是学习、读书、总结经验、教训，充实自己的头脑，增长自己的学问，培养自己眼光。

针对自己单位员工碰到问题，不知道如何解决的困境，巴菲特给他们讲了这样一个故事，故事中的三兄弟就代表了工作中的三种人。

日本剑道大师冢原卜传有 3 个儿子，都跟他学习剑道。一天，卜传想测试一下 3 个儿子对剑道掌握的程度，就在自己房间门帘上放置了一个小枕头，只要有人进门时稍微碰动门帘，枕头就会正好落在这个人头上。

他先叫大儿子进来。大儿子走近房门的时候，发现了枕头，于是将之取下，进门之后又放回原处。二儿子接着进来，他碰到了门帘，当他看到枕头落下时，便用手抓住，然后又轻轻放回原处。最后，三儿子急匆匆跑了进来，当他发现枕头向他坠来时，情急之下，竟然挥剑砍去，在枕头将要落地之时，将其斩为两截。

卜传对大儿子说道："你已经完全掌握了剑道。"并给了他一把剑。

然后他对二儿子说道："你还要苦练才行。"最后，他把三儿子狠狠责骂了一通，认为他这样做是家原家族的耻辱。

卜传凭什么原则给三个孩子不同的评价呢？其中的一点，就是对问题的觉察。大儿子能够以最敏锐的思维觉察到问题，并且将问题消灭在萌芽状态；二儿子发现问题较晚，但当问题发生时，处理得当；三儿子根本没有发现问题，当问题出现时，便采取极端的应急方式进行处理，结果把不应该砍断的枕头砍断了——自己制造了新的问题。而一个优秀的人，应能在第一时间察觉问题，并进行妥善处理。

其次，做一个领域的专家，还要学会提出问题，爱因斯坦说："提出问题比解决问题更重要，因为解决一个问题也许只是数学上的或试验上的技能而已。而提出一个新的问题、新的可能性，从新的角度去看旧的问题，却需要有创造性的想象力，标志着科学的真正进步。"

优秀的人总能主动去发现问题，并且具有一种责无旁贷的责任感——只要发现了问题，这就是我的问题！不管前面是否有权威人士，是否有比自己更有学识和能力的人，我就是解决这一问题的最佳人选。这种方式使他们永远具有一种天生的优势。即使在开始时没有知识等方面的优势，但最后能出成果的，必然是他们。

做一个领域的专家，我们可以从5个方面去"要问题"：

第一，向"关键点"要问题。关键点往往决定全局，因此，我们要重视哪些点、哪些环节、哪些岗位、哪些人、哪些时间是关键的？关键点抓准了就能够纲举目张。

第二，向"薄弱点"要问题。一个链条有10个链环，其中9个链环都能承受100公斤拉力，唯独一个链环的承受拉力只有10公斤，那么这个链条总体能承受的拉力就只能是10公斤，这取决于最薄弱的那个环节。

第三，向"盲点"要问题。盲点就是你疏忽而看不到的地方。向盲点要问题，就是要到我们容易忽视的点、岗位、部门、工序、人员、时间等上面，去发现问题，或去防止问题的发生。

第四，向“奇异点”要问题。奇异点，是异乎寻常的点。异常现象可以提供新的机遇，或者引发创新，带来变革。

第五，向“结合点”要问题。上下级之间、前后工序之间、甲乙方之间、单位与外部环境之间、计划的两个环节之间等，都属于两个事物的连接部位，即结合点。结合点是最容易出现问题的，为什么？因为结合点部位是信息的集散地，是矛盾的集中地。

发现问题，并全力以赴地解决问题，最终，问题一定会被你掳获，成为你的猎物。这是巴菲特坚持的做事原则，而你，也可以成为名副其实的一个领域的专家，消除身心花园中滋长的困顿，求得和谐美好的人生。

人生和投资一样，需要不断实践和练习，如果你不尝试，就永远不会赢，甚至会输得很惨，因为别人都在进步。只有不断尝试，碰到问题以后，积极学习，并勇敢地解决它，我们才能不断成长，并终有一天成为行业的翘楚。

不断学习，不断研究，把生活中碰到的形形色色的问题都一一解决，这也是生活的乐趣之一，我相信终有一天，我们也能像巴菲特一样，在自己的领域，成为一个响当当的人物。

第五章

找到一群值得信赖的朋友

友情是生活必不可少的调味品

“他（接班人）必须具有独立思考，情绪稳定并深刻了解人类与机构行为等特质。”

十几年前，比尔·盖茨和沃伦·巴菲特是两个互不相干的人，彼此只闻其名，不识其人，两个人甚至还有很深的偏见。盖茨认为巴菲特固执、小气、靠投资发财，不懂先进技术；巴菲特则认为盖茨不过是运气好，靠时髦的东西赚了钱而已。但是，后来他们成了商场上不多见的莫逆之交，巴菲特则多次公开表示，此生最了解他的人就是盖茨，而盖茨尊称巴菲特为自己人生的老师。

在1991年春天，盖茨收到一张邀请他参加华尔街CEO聚会的请帖，主讲人就是巴菲特，在会议室里，巴菲特与盖茨认识了，两个人恰好坐在了一起，当巴菲特讲述自己的童年和对世界经济的看法时。

两个人惊奇地发现，他们有太多的共同点。都是白手起家，热衷冒险，不怕犯错误，一个有趣的情节是，意犹未尽的巴菲特被催促着来到演讲台上，他的开场白竟然是："在开始讲话之前，我想说的是，今天我第一次和比尔·盖茨交谈，他是一个比我聪明的人。"

随着交往的深入，两个人都产生了英雄惺惺相惜的感情，盖茨渐渐了解巴菲特并不是一个冥顽不灵的"老家伙"，而巴菲特也知道盖茨也不是一个"暴发户"，两个人对待财富的看法可谓是不谋而合，于是在 2006 年，盖茨宣布将逐步退出微软，专心从事慈善基金会的事业，紧随其后，6 月 25 日，巴菲特决定将 370 亿美元的资产捐给盖茨的基金会，他动情地说："我之所以选择这个慈善基金会，一方面是因为我认为它是世界上最健全的慈善组织，另外就是因为我十分信任盖茨和梅琳达，他们是我最好的朋友。"

巴菲特告诉孩子们，人生不可能独行，你必须拥有自己的一群朋友，一个人生知己，不仅能在关键时刻为你指点迷津，还能在你春风得意的时候为你欢呼呐喊，在你沮丧失意的时候拍拍你的肩膀，为你分担忧愁。

所以巴菲特从小就让孩子们多和社区里其他的小朋友一起玩，童年纯真的友谊往往会让人一生难忘。在孩子们长大以后，巴菲特也教育孩子们经常结交良师益友，提升自己的修养。

有一句名言是这么说的："你把你的心灵交给了朋友，朋友回赠你的，同样是玫瑰的芬芳。"人是群居动物，孤独会让人寂寞。可以说，友谊是滋润人生的源泉。世界上没有人能够完全离群而独居，人总是要过群体生活的。在人类社会中，每一个人都像葡萄藤上的一根杈枝，其生命完全依赖于主藤。杈枝什么时候脱离它的主枝，什么时候就要萎缩枯干。一簇葡萄之所以能味美色香，完全是因为依在葡萄的主枝上，单单靠分枝是无能为力的。假如要把分枝从主枝上剪断下来，那么分枝上的葡萄就要枯萎。

我们社会中有许多依靠朋友力量而成功的人，假如能把他们的成功过程一一研究起来，是一件很有意义的事情。一位作家说过这样的话："现代社会人们完全靠一个规模庞大的信用组织在维持着，而这个信用组织的基础是建立在对人格的互相尊重之上，任谁也无法单枪匹马在社会的竞技场上赢得胜利，获得成功。"

为什么我们要结交朋友呢？有些心理学家认为：朋友间能互相取长补短，因为朋友之间互相照顾，即使像帮对方从头发里拨出一只虫子这种小举动，也是互相关心与体贴的表现。确实，复杂、微妙却美好的人际关系是很难以简单数语解释清楚的，但千万不要忽略了其中一个因素：满足。为什么别人能吸引你呢？因为他们供给你快乐的源头。如果想在二人所形成的人际关系中发觉每样事物都尽合心意是不太可能的，但一个成功的相处关系必定存在着某种程度的互相满意。朋友扩大了你的生活圈与见闻，并且协助你探索这世界，引领你接近更多的想法。就像一位朋友邀请你到他私人的俱乐部打网球，或是将全套的露营用具慷慨借给你，或是告诉你一些好玩的游戏或介绍你读些好书，或是带你到能以低价买到好酒及漂亮衣服的地方——也许他有些你能利用的技能或知识，也许他能教你一些做生意的窍门或是帮助你替孩子选择一所优秀的学校。

在事业上，能找到一个志同道合、相互扶持和相互信赖的搭档无疑是幸运的，这比起在单打独斗的困顿中艰难跋涉要轻松得多，而且取得的成功也将是更大的。在投资方面，巴菲特也有这样一个值得信赖的搭档——查理·芒格，他甚至将这个搭档看作自己的英雄。

在投资圈里，也许芒格的威望要逊于巴菲特。但是，必须承认的事实是，只要芒格一开口，巴菲特就会认真倾听。正如巴菲特的长子评价芒格时所说："我爸爸是我所知道的'世界上第二聪明的人'，第一是谁？查理·芒格。”芒格在巴菲特的投资事业上起了至关重要的作用，巴菲特创造的许多经典投资案例，以及他买入的种种牛股，其实有相当一部分是芒格帮他物色的。

在成功的道路上，自身的努力拼搏当然是最重要的力量，但是如果旁边没有人为你摇旗呐喊，摔倒时没有人伸手将你扶起，孤军奋战的你一定会被痛苦压倒，被孤独打败。所以，人活在世上几十年，拥有朋友的日子是幸福的，我们应当对朋友的关怀、信任、宽容、善待心怀感激。

关于友情，巴菲特曾经讲过这样一个故事：

一天，有两位朋友在沙漠中迷失了方向，面临死亡。这时天神出现了：“我的孩子，前面一棵树上有两个果子，吃下大的那个，就能抗拒死亡，走出沙漠；而小的那个，只能令你苟延残喘，最终还会极痛苦地死去。”

两个朋友向前走了一段路，果然发现了一棵树，也发现了树上的两个果子。可是，他们谁也不去碰那个会给一个人带来生命之光的果子。夜深了，两个好朋友深情地凝望着对方，他们都相信，这是他们的最后一晚。

当太阳从沙漠的一端再次升起的时候，其中一个朋友醒过来，他发现，朋友走了，而树上只剩下了一个干巴巴的小果子。他失望了，不是因为死亡，而是因为朋友的背叛。他悲愤地吃下了这个果子，继续向前方走去。大约走了半个多小时，他看见了倒在地上的朋友，朋友已经停止了呼吸，可是他的手里紧紧握着一个更小的果子。

把生的希望留给朋友，把死的恐惧留给自己，我们不能单单只用“伟大”这两个字来表达内心的感受，使朋友的生命得到延续，这种友情已经达到了一种极致。

人们常说“知音难遇”。真正的友谊非常难得，一旦被你遇到，请千万不要错过，友谊不仅能使人有心灵的寄托，更能化解心中的阴影。交友贵在交心、交人品。酒肉朋友不交，势利小人不交，阳奉阴违者不交，为富不仁者不交，倚权仗势者不交，欺小恶老者不交，口是心非者不交，无信无德者不交，恃强凌弱者不交。

如果能珍惜每一次与别人接触的机会，积极主动地关怀别人，那你一定会有一个和谐融洽的人际关系，你的生活也会因此而受益。

无论是谁，都会遇到与自己合得来和合不来的人。跟与自己合得来的人当然能很好地进行交流和沟通，即便不交流也能建立良好的人际关系，问题是如何与和自己性格合不来的人建立起和谐的人际关系。

为了与和自己性格合不来的人建立起良好的人际关系，自己平时多用心、多留神是非常必要的。在掌握了人际关系基本常识的基础上，当遇到什么事的时候，要试着改变一下自己的思维，改变一下自己的观点、看法。做这些努力对彼此之间关系的好转大有用处。

感恩朋友，因为他可能在我们人生道路上的关键之处起到推动作用，即使并非如此，朋友的言行也是我们的一面镜子，可以暴露我们的缺点，让我们认识自己的才能，反省自己的言行。感恩朋友，善待朋友，便是给自己架设一座通往未来的桥梁，同时也是为自己构筑一个幸福的平台。

我们常看到这样的人，不论遇到什么事情，他的周围总会站着很多朋友。但也有这样的人，他就像一个套中人，在他的身上总是有一层厚厚的隔膜，人们总是避而远之，这种人不要说做肝胆相照的知己朋友，就是一般的朋友也没有。

为什么有人能够生活在朋友的关怀和温暖之中，而有的人却不能？原因很简单，你以真诚待人，必定换来真诚，你对人毫无私心，别人对你也不会斤斤计较。相反，你若对朋友缺乏真诚，不能真心待人，你永远都不会有真正的朋友。所以，在生活当中，你如果想获得美好的友谊，就要常做“赠人玫瑰，手留余香”的事情，这包括朋友有难时的慷慨解囊，朋友困惑时的心灵帮助，朋友快乐时的共同分享。

辨清你周围的天使和魔鬼

“你应该做的是远离那些促使你做出仓促决定的环境。”

搞艺术的人，总有一点点的放荡不羁，彼得和他的音乐伙伴也不例外，他们喜欢一起开车出去玩，一起聚会什么的，有时候一群人常常玩到深夜。

巴菲特了解这些年轻人——谁年轻的时候不爱玩呢？但是，巴菲特依旧觉得给儿子得提一个醒，毕竟有时候冲动是魔鬼，巴菲特告诫儿子，一定不要碰毒品。

果然，有一天，彼得心事重重地回到了家，见到父亲就如卸重负地说：“爸爸，今天一个朋友让我吸点刺激的，被我立刻拒绝了，不过这次聚会显得有些尴尬了，我该怎么办？”

巴菲特告诉儿子，每个人其实一开始都是一匹白布，最初的时候都是纯白无瑕的，但随着年龄的增长，接触到的人和事越来越多，这匹白布上面的颜色也跟着越来越多，只有取其精华，去其糟粕，我们才能描绘出一幅真正美丽的图画。

人生在世，肯定有不少朋友，其中有损友，也有诤友。有些朋友不会带给你正面的效应，反而会让你染上一些不好的脾气或者行为，这样的友谊，不要也罢。

朋友之间本来就是以这种方式来互相教导与学习的，但归根究底友情的要素仍是感情的分享。有些有趣的朋友使我们无论在何时何地都开心不已，有些朋友则比较接近“同伴”型，我们和他们共同分享一些特别的活动——打球、工作或是参加研究会。与其他人共同分享感情诚然是一件有趣的事，但也有一些感情是必须通过合作才能具有的。如同一位总统候选人必须搭配另一位副总统候选人，彼此联手才可能赢得大选。恋爱也必须由二人共同分享才能称为恋爱。除了分享彼此能力之外，朋友还能鼓励你上进，支持你自我发展的决心，所有的益处都一点一滴地回馈于你的身上，并且制造出更多的快乐。

关于友谊，爱默生说过一句经典的话：“一个真挚的朋友胜于无数个狐朋狗友。”确实，除了自己的力量之外，再也没有别的力量能像真挚的朋友那样，帮助你去实现成功。一个思想与我接近、理解我的志趣、了解我的优势和弱点、能鼓励我全力以赴地干每一件正当的事、能消除我做任何坏事的不良意念的好友，不知道会增加我多少的能量、多少的勇气，他们常常能使我忍不住下更大的决心，不达成功绝不罢休。

那些不管在何种环境下都能与任何人交上朋友、能建立起真挚友谊的人，朋友对他生存竞争的帮助、对他事业发展的巨大价值往往是无可估量的。

好的朋友在精神上可以慰藉我们，让我们的身心可以得到更大的快乐，勉励我们道德上的提高。如果除去这些不谈，就单单从经营事业的角度考虑，好的朋友对一个人帮助的价值也是巨大的。

那么，我们怎样才能赢得让自己受益终生的友谊呢？

首先，应尽可能结交优于自己的人，并朝这一目标而努力。

结交卓越的人士，便能见贤思齐；反之，若结交程度远逊于自己的朋友，自己难免同流合污。一如前面所述，人往往是近朱者赤、近墨者黑。

当然，这里所谓的“卓越的人士”，并不是指家世显赫、地位超绝的人，而是指有内涵、让世人所称道的人物。“卓越的人士”大体上可分为以下两大类型：首先为立身于社会主导地位的人们，其次则是指那些有着特殊才华的人们，例如长袖善舞，对社会有着杰出的贡献，才能突出，或是学识渊博的学者，才华洋溢的艺术家等。此种杰出绝非凭一个人的喜好界定，而需经由社会的认同方可获得。当然，其间或许有些例外。总之，希望你能结识这些人才。

至于怎样与这些人结交，没有成形的办法，也许是厚着脸皮毛遂自荐，或是经由知名人士的大力引荐，当然也可以加入到群英聚会的团体里去寻觅朋友。居于其间，仔细去观察拥有不同人格、不同道德观的人们，不仅是件赏心悦目的乐事，更对你有所助益。

身份地位高的人们所聚集的团体，并不见得是人们所称道、喜爱的。因为，即使身份高高在上的人群里，也有脑袋不灵光、不懂得人情世故、一无可取的人。结集学识渊博者的团体，就不免有这种现象。这些人虽然已经获得人们衷心的尊敬，但称不上是交往的绝佳对象。这些人往往不知道快乐是什么，不清楚世界为何物，只是一味地埋头于学问的钻研中。若是你参加此种团体，就必须不时地警惕自己，经常探出头来看看圈外的世界。如此一来，你的判断能力也能日渐提高。然而，一旦你紧密地参与其间，成为不知世事的学者，那在你重新踏入鲜活的社会时，就很难步履轻快了！

其次，切莫仓促地一头栽进，使自己深陷其间，此为重要的交友之道。

几乎所有的年轻人，均渴望能和才华横溢的人物成为知己。总认为假使自己也小有才气，那更是如鱼得水。即使达不到此目的，也能满足自己与其共荣的心理。然而，即使是和这些才气纵横、魅力十足的人物交往，也不可不顾一切地全身心投入。不丧失判断力，才是最适当的交往方法。

并非每个人都能心悦诚服地接受才智这种东西。相反，它往往会令人产生恐惧心理。一般说来，在众目睽睽之下，人们往往对锋锐的才智感到惧怕。这就似女子一见着枪炮便会害怕的道理一样。害怕对方会突然扣动扳机，子弹便“咻”的一声朝自己飞了过来。但是，认识这些人，继而亲近、了解这些人，确实是件有意义、令人欢欣的事。只是，不论对方多有魅力，如果自己就此终止和其他人的交往，单和这群人往来，就会得不偿失。

再次，别亲近赞扬你的缺点的人们。

但是，巴菲特之所以要求你避免与程度低的人交往，乃是由于巴菲特觉得这些全是必须具备的观念。因为，巴菲特看过太多具有判断力，而且社会地位牢固的大人们，在结识了这种人后，信用扫地，沉沦堕落，最后身败名裂。

最让人头痛的问题，莫过于虚荣心的作祟。由于虚荣心的蒙蔽，有些人往往铤而走险、作奸犯科。因此，无论从何种角度来看，结交程度不如自己的友朋，便是虚荣心作祟的一种表现。人们总希望自己能独占鳌头于群体之中。急盼能获得同僚的称许、受人尊敬、领导群众。

为了求取这种名不副实的赞扬，他们甚至不惜与不如自己的人们结交。如此将导致何种结果呢？是的，不久你将变得与他们层次相当，从此再也不愿结交出色的朋友。人们往往会遭伙伴同化，不管这样做是使自己的层次提高或是降低了，其结果必然一样。你应该对交往的对象仔细加以判断。

在纷繁复杂的社会中，我们每个人都在与他人接触时，都应该像巴菲特教育儿子那样，时刻保持着清醒的头脑，懂得什么可以做，什么不可以做。笔者见过很多人，都是跟着所谓的朋友慢慢学坏的，刚开始是好奇，后来逐渐走上犯罪的道路。而同样有不少人，因为和那些有志向的朋友走得近，在他们精神的感召之下，认真学习，勤奋刻苦，考上了一个很好的大学，最后人生路也走得十分顺利，由此可见，朋友在我们生活中起了多么关键的作用！

取人之长，补己之短

“任何一位卷入复杂工作的人都需要同事。”

霍华德投入农场建设以后，深切地感受到自己知识和经验的双方面不足，如何规划好季节蔬菜，如何进行渠道销售，如何管理，这都让初出茅庐的霍华德感到焦头烂额。

正当他一筹莫展的时候，忽然想起了自己的一个好朋友大卫，大卫如今在联合国粮食及农业组织担任一位技术人员，为何不找他来给自己出点主意呢？

很快，霍华德给大卫打了一个电话，两个人在电话里相谈甚欢，大卫决定周末的时候来霍华德农场帮帮忙。

周末，大卫开着车来到霍华德的农场，他仔细分析了霍华德目前遇到的发展瓶颈，以及解决方案，并推荐自己的助手给霍华德，在大卫助手的协助下，霍华德的农场很快走入了正轨。

在成年人的世界中，流传着这样一个不成文的定律：你周围 6 个人的价值的平均水平，就是你的价值。这个规则说明的是，身边的朋友对我们而言，就是衡量自身价值的一个重要指标——你周围的朋友优秀，可想而知你也是不错的，你周围的朋友毫无理想和追求，那你可能在放纵自己。

谁都不是单独生活在社会中的个体。在生活中，我们难免会形成这样或者那样的关系，比如师生关系、父子关系、朋友关系、同事关系，这些关系的背后，就说明了我们的人生是和怎样的人度过的。亲人父母不能选择，但朋友都是我们自己选择的。选择朋友的眼光，就是你自己的人生标准。

但是不是因为朋友异乎寻常地重要，我们就不交朋友了呢？特别是那些认为自己的能力强，个性独特的人，认为自己是不需要拥有朋友的。其实这样的想法非常危险，社会的法则就是："只依靠个人的力量取得成功的人，一定会付出超乎常人的代价。"

每个人身上都有优点，如果身边的每一个人都能够将自己的优势利用在你的身上，那么你的力量将是无穷的。可是，生活中很多人并没有认识到这一点，他们紧紧地锁住自己，为的是能够全神贯注的拼搏。可是，他们不知道，当你他们集中了精神只守着自己的那一小块天地的时候，你已经失去了由人脉构建起来的更为广阔的沃土。

巴菲特举过这样一个例子：

有个女孩叫凯丽，她出生于贫穷的波兰难民家庭，在贫民区长大。她只上过 6 年学，只有小学文化程度。她从小就干杂工，命运十分坎坷。但是，她 13 岁时，看了《全美名人传记大成》后突发奇想，要直接和许多名人交往。她的主要办法就是写信，每写一封信都要提出一两个让收信人感兴趣的具体问题。许多名人纷纷给她回信。此外，还有另外一个方法，凡是有名人到她所在的城市来参加活动，她总要想办法与她所仰慕的名人见上一面，只说两三句话，不给人家更多的打扰。就这样，她认识了社会各界的许多名人。成年后，她经营自己的生意，因为认识很多名流，他们的光顾让她的店人气很旺。最后，她不仅成了富翁，还成了名人。

和有名的人成为朋友，凯丽也变得出名了。我们虽然不主张借别人的名气来提高自己，但你与优秀的人结交，至少你能知道什么是优秀，你与优秀的距离有多远。

个人大部分的成就总是蒙他人之赐、借他人之力，保持周围人的高水平，就是保持自己的高水平。

苏茜也碰到过同样的问题，苏茜曾经开过一个小商店，卖一些饰品、玩具等小玩意，可是，生意一直半红不火，这让苏茜着急起来，越来越少的客户让她感到异常焦急，她于是去问父亲，她该怎么办。

巴菲特笑了，他对女儿说："你是不是背着你的朋友开着这个商店？并没有告诉他们这个消息？"

女儿惊讶了，因为她的确没告诉她朋友她开店的事情，巴菲特告诉女儿，就算你做再好的生意，刚开始起步的时候，很难会有好的经济效益，在城市中不管是什么样的店面，刚刚开业的时候都应该靠自己的朋友给自己做一些宣传，而且朋友的意见和看法也是十分重要的，刚刚开业的时候你应该靠自己的朋友给自己做一些宣传，这样朋友才会带他的朋友来，这样发展下去，你的铺子不就盘活了？

有人说，朋友是最好的助手。因为他们了解你，知道你的优点和缺点，"当局者迷，旁观者清"，朋友们给你的帮助有时候会超出你的想象。

荀子说："假舆马者，非利足也，而至千里。假舟楫者，非能水也，而绝江河。”荀子有“君子性非异也，善假于物也”的东方智慧，牛顿也有“踩在巨人肩膀上”的西方智慧。

而朋友，就是我们最需要借鉴和依靠的“他人”。“利用”并不是完全丑恶的，它来源于人们在现实生活中各取所需的关系。一个人，无论在事业、爱情，还是生活等各个方面，都离不开人与人之间的相互帮助。借朋友之力，正是一个人高明的地方。

人人都渴望精彩的生活，人人都想有个尽情挥洒的舞台，但每个人都有自知之明，在这个巨大的舞台之中，“自我表演”并不是人人都可以一炮而红的。很多人雄心壮志，为自己定下了努力的目标。立志要出人头地，做事标新立异，然而结果却不尽如人意，没有你想要的那份惊喜；或许有些人根本就找不到出路，既心急又郁闷，活得很累。但是，也不乏成功的典范，他们并没有超人的能力，对于他们至关重要的就是，有着一生受益的财产——朋友！

朋友，是不会枯竭的资源；朋友，是永远创出效益的资本；朋友，是你一生受用的财产，在你忍冻受饿的时候，他总会热情无私地支助你，帮你渡过难关；在你因无资本扩大规模的时候，他也会无私借款给你，帮你走向辉煌。

当你看到这里，发现自己并没有几个优质朋友的时候，先不要忙着去给你的朋友找缺点。也许，是我们自己在选择的时候迷失了方向，交友不慎，重要的责任还在交友者自己没有坚持原则。虽然我们说三人行必有我师，但能与最优秀的三个人一起走路，岂不更好？

他山之石，可以攻玉。作为一名现代社会中的人，在拓展自己的人脉时，要能做到取长补短，广交朋友。我们不应过分计较他人身上的缺点，不应计较他人的身份、辈数、阅历等，而是应多看看别人的优点和专长，在需要时，把别人的优点和专长拿来为己所用，既弥补了自身能力的不足，又为自己事业的发展铺平了道路。

话说在东汉末年的乱世之中，刘备、关羽、张飞相遇，桃园结义，成就了千古美谈，也奠定了西蜀国的根基。以后三分天下，刘备始为皇帝，关羽、张飞也成开国元勋、西蜀重臣。回头看看，刘备、关羽、张飞结义之时，三人均是草民。刘备虽是汉室皇亲，却落得流浪街市，贩席为生。张飞只是一个屠夫，粗人。关羽杀人在逃，无处立身。三人结义后，彼此借势，相得益彰。董卓之乱时，吕布为枭雄。刘备、关羽、张飞大战吕布，却只打成平手，可见吕布何等英雄。但吕布匹夫无助，枉自豪勇，最终为曹操所杀。而刘备、关羽、张飞却在三国中彼此相仗，日益得势，最终立国树勋。

还有句俗话说“三个臭皮匠，抵得过一个诸葛亮”，几个好朋友聚在一起的力量，远远大于一个孤单英雄。用你的长处弥补我的短处，用我的优点修正你的缺点，相得益彰，共同进步，岂不快哉？

没人能一个人孤单成就霸业，比如吕布孤身一人，就算武力第一，最终也只能含恨沙场。任何时代，任何国家，独行侠都只会是人们津津乐道的一个传说。相反，真正在现实生活中取得一番成就的人，都是有很多人帮助和扶持的。你如果也想拥有自己的一片天空，那么，你就必须首先拥有一群优质的朋友。

有朋友的地方就有机会

“运气要通过媒介才会降临。”

机会这个东西，很难说明白如何获得，就如同彼得自己所说：“无论是好运还是厄运，它们都在每个人的生活中扮演者角色，虽然人们都认为好运是自己应得的，而厄运来自于外部的邪恶，但运气需要时间才能找到我们，如果我们已经为之付出努力，那么我们在发现并把握运气的过程中就会更加有优势”

1981 年的一天，是彼得好运降临的时刻，那时候彼得已经差不多独自生活了两年。彼得在积蓄上精打细算，可谓是苦苦求生存，因为这段时间他的收入少得可怜，而且是零零星星，完全没有保障。但彼得还是做得不错的，起码彼得私下感觉自己配得上“工作中的音乐家”或者至少“奋斗中的音乐家”的光荣称号！彼得之所以能够保持忙碌，其中一个原因是彼得几乎对任何音乐方面的工作都来者不拒——即使没有报酬。彼得写歌是为了学习歌曲创作的技巧。为电影短片作曲是为了探索音乐和图像结合的奥秘以及如何用音效为故事情节推波助澜。对彼得来说，这些都是有趣的挑战，更是一个羽翼未丰的作曲家所依赖的生存技能。

有一天，彼得站在旧金山的某个路边，洗着自己破旧的汽车。彼得的休息方式就是提一桶水，抓一些海绵，到外面去洗车，那天风和日丽，是难得的好天气，只见不少行人都在外面散步，或者晒太阳。

这个时候，彼得的一位邻居也出来溜达，看到彼得在洗车，于是两个人攀谈了起来，很快，两个人熟络了起来，在聊天过程中，这位新朋友得知彼得是一位自己奋斗的作曲家，于是他立刻建议彼得和他的女婿练习，因为他女婿是一个总需要音乐的动画制作人。

最终，彼得抓住了这次机会，原来这个机会就是后来被称之为“MTV”的东西，很多电视运营商都想在视觉和音效上向 MTV 看齐，广告商也希望他们的产品拥有类似 MTV 的图像和音效，甚至是电影界也受其影响，彼得终于不用无偿工作了！

聪明人都会注意到，在生活中，成功的人大多是有关系网的人。

这种关系网由各种不同的朋友组成，有过去的知己，有近交的新朋友；有地位高的，有地位低的；有不同行业的，有不同特长的，也有不同地方的，等等。

广泛交友是获得机遇的源泉。有许多机遇就是在与朋友的交往中出现的，朋友的一句话、朋友的朋友的帮助、朋友的关心，等等，都可能化作难得的机遇。所以，自己走百步，不如贵人扶你走一步，生活中我们要善于交朋友。

人并不能只靠专业去赚钱，专业只是你生存的基础，而拓展你的事业则需要广泛的人脉。在一家信息公司开展的关于“哪类因素对职业生涯影响最大”的一项调查中，“个人能力”被大家公认为第一要素；其次，有30.77%的受访者认为机遇起着决定性的作用；人际关系的因素被排在了第三位，有17.3%的受访者感受到了人际关系的重要性。其实，这三样并不矛盾，往往具有累积加倍的功效。如果你有能力，而且在能力之外还有良好的人际关系，那么结果一定会是一分耕耘，数倍收获。

调查中还发现，男性比女性更关注人际关系对职业生涯的影响。同时，随着工作时间的增加，人们对于人际关系在职场中的作用也愈加看重。

有一次，英国伦敦的一家报社悬赏征文对“朋友”一词的诠释，其中一个参赛者送去的解释是：“当所有人都离我而去时，仍然在我身边的那个人。”这个解释虽然不够典雅和严格，可谁还能说出一个更好的呢？

当一个商人经济上遇到困难，或遇到出人意料的重大变故，或遇到别的不幸，正当万分焦急、手足无措时，突然有位朋友过来帮助他、支持他，从而力挽狂澜，让那位商人有了喘息之机，得以重新振作，这样的朋友是多么感人、多么宝贵啊！

有些刚跨入社会的人，因为结交了很多朋友，而在工作和事业上得到了极大的帮助。但可惜的是，当今的人际关系好像完全陷于交易和金钱方式，结果使得真正的友谊越来越难以找到。

彼得一直坚信，友谊是人生不可获取的组成部分，一个朋友带给你的价值，会远远超乎你的想象，结交朋友是一件非常重要的事情，而绝不是随便玩玩就可以了，可大多数人并没有认识到这一点。

但是也有很多人，老的朋友常常任意失去，新朋友却又不去交结，那朋友就越来越少了。

彼得见过不少冷酷无情的人。一次，有一个人带着满腔热忱和喜悦去看望他一个多年不见的老同学，不想那同学正忙着做生意，只不过冷冷淡淡地和他敷衍了 10 分钟。原来，那人有一条坚定不移的原则："生意第一，友谊第二。"这种人也许可以发一点小财，可是以牺牲友谊为代价，未免太不值得了。

一个见识过人、能力很强也很聪明、比他现在的朋友发展得更快的人，假如交不到什么新朋友，那么他不管目前有多大的收入，都不能说有真正的进步，因为一个人是否成功很大程度上取决于他择友是否成功。

每一个伟大的成功者背后都有另外的成功者。没有人是靠自己一个人达到事业顶峰的，如果你决心成为出类拔萃的人，千万不能忽视人际关系。

一个人的力量是十分有限的，许多问题往往不是一个人能够独自解决的。当问题因无法解决而陷入僵局时，你就必须请教能为你指点迷津的人，请求他们的帮助，以便顺利解决问题。

美国石油大亨洛克菲勒在总结自己的成功经验时曾经表示："与太阳下的所有能力相比，我更关注与人交往的能力。"正是洛克菲勒的这种卓越的人脉沟通能力成就了他辉煌的事业。

有人说："成功的第一要素是懂得如何搞好人际关系。"的确如此，在美国，曾有人向2000多位雇主做过这样一个问卷调查："请查阅贵公司最近解雇的3名员工的资料，然后回答解雇的理由是什么。"结果，无论什么地区、什么行业的雇主，2/3的答复都是："他们是因为不会与别人相处而被解雇的。"

很多成功人士都深刻地意识到人脉资源对自己事业成功的重要性。曾任美国某大铁路公司总裁的A. H. 史密斯说："铁路的95%是人，5%是铁。"而巴菲特认为专业知识在一个人成功中的作用只占15%，而其余的85%则取决于人际关系。所以说，无论你从事什么职业，学会处理人际关系，你就在成功路上走了85%的路程，在个人幸福的路上走了99%的路程。无怪乎有这么一句名言在商界里流传："我愿意付出比天底下得到其他本领更大的代价来获取与人相处的本领。"

所以，要想成功，就一定要营造适于成功的人际关系，包括家庭关系和工作关系。中国有句古话，叫作"家和万事兴"。你与家人的关系如何，决定了你与父母、子女的关系，而家庭关系为我们与别人的关系定下一样的模式。同样，我们与同事、上司及下属的关系是决定我们事业成败的重要因素。一个没有良好人际关系的人，即使再有知识、再有技能，同样得不到施展的空间。对此，美国商界曾做过领导能力调查，结果显示：

1. 管理人员的时间平均有3/4花在处理人际关系上。

2. 大部分公司的最大开支用在人力资源上。

3. 管理者制订的计划能否执行与执行成败，关键在于人。

可见，任何公司最大、最重要的财富都是人。因此，如果你想获得事业的成功，就要尽早建立自己的人脉网。

在现实生活中，人们常会发现有些人很有才华和能力，却经常失败，其重要原因就是缺乏好人脉。所以，你一定要注意培植自己的人脉关系，千万别败在人脉手上。

每个人都将成功作为自己追求的人生目标，因为只有拥有事业的成功才是完美的人生。一个人的成长、发展、成功、成才都是在人际交往中完成的，甚至一个人的喜怒哀乐也都与他的人脉息息相关。没有人际交往，人们不知道会面临什么样的遭遇。没有人际交往，人们就组不成家庭、社会和国家，更谈不上个人的前途和发展。

心理学家曾从各个不同的角度做了大量研究，结果都证明：一个人若是懂得人脉关系的重要性，那么他与人交往就会越积极主动，其人际关系也会越融洽，就越能适应社会，其工作业绩也越大。

善待自己的朋友，因为善待你的朋友就如同善待你的未来。有些朋友似乎看起来是萍水相逢，或许你感觉以后都不会再遇见，其实这种观念是错误的，有一句话说得好，不可不信缘，缘分这个东西你能量化吗？也许，某一天你刚好需要一个工作或者平台，而可能你的朋友就能给你这个机会，这个时候相信你肯定会想到要珍惜这份难得的缘分。

这些朋友是你的贵人，而还有一些朋友则是你生活中的好伙伴，这种朋友可以带给你快乐，可以排除你生活上的困扰，他们可以让你更加热爱生活。

总之，珍惜你的朋友，关爱你身边的人吧！

有的时候要会说“不”

“我有一个内部得分牌，如果我做了某些其他人不喜欢但自我感觉良好的事，我会很高兴，如果其他人称赞我做过的事，但我自己却不满意，我会不高兴的，”

巴菲特投资有他自己的一套标准，他重仓锁定集中持有的股票基本上都集中在金融、消费品、传媒等日常生活中熟悉的领域，比如可口可乐、华盛顿邮报、吉列刀片、富国银行所经营的无不都是每日所见的熟悉产品。他的不少好朋友都是从事网络行业的大亨，比如盖茨，可是巴菲特却对这些股票不是很感兴趣，对不少这些朋友的请求，他都拒绝了，因为巴菲特通常只投资那些现在的经营方式与 5 年前甚至 10 年前几乎完全相同的企业。对于网络类的股票，巴菲特一直持谨慎和怀疑态度。

你可以说巴菲特老顽固，也可以说他看不到网络世界的前景，但是，面对这么多朋友的建议，他可以说不，坚持自己的原则，试问有几个人能办到?

说“好”和“不”是一个人在工作时必须做出的重要回应。这不仅是一种表明自我的重要方式，更可让别人了解我们生活的态度及能力，从而对我们自己有一个精准的评价。

拒绝是一门学问，有些时候我们本想拒绝，心里很不乐意却点了头，碍于一时的情面，却给自己留下长久的不快。所以，我们学好它至关重要，有利于提高我们的工作效率和生活质量。

巴菲特告诉孩子们，每个人都应该有自己的底线，不要因为朋友们的建议或者请求，而干扰了自己的判断。高尔基曾经说过，每个人都是自己的统帅和主宰，要清楚一个人的人生剧本，不是父母的续集，也不是子女的前传，更不是朋友的外篇，所有人生的主角只有一个，那就是我们自己。

朋友的确可以给你提供很多帮助，但是千万不要以为朋友就是帮自己承担任何事情的支柱，或者是你的主心骨，真正的意见必须还是自己来拿，朋友只是一种心灵倾诉的对象，是在你成功和失败时与你分享喜悦和悲伤的载体。

一位朋友因为经济拮据，向你张口借钱，尽管当时自己也很紧张，但你并没有勇气拒绝。等到自己需要钱的时候，却因为无法张口要回而异常烦恼，后来终于鼓足勇气去要时，却遭到了朋友的冷眼与责怪。这时候，你会怎样想？

其实，朋友的做法是可以理解的，人往往在极端情况下不会正常思考。造成这种局面的主要责任人，还是你自己。因为你的不会拒绝和别人的拒绝，你可能会失去朋友，失去快乐。同时因为不会拒绝，你失去了当时的宁静。

大部分人都认为拒绝是一种迫不得已的选择，实际上，拒绝更是一种主动的选择。

拒绝平庸的同时我们就选择了伟大；拒绝名利的同时我们选择了实干与奉献；拒绝卑微，就是选择高贵；拒绝虚荣，拒绝装模作样，就是选择了真实；拒绝冷酷，就选择了热情；拒绝无所事事、虚度时日，就选择了丰富的生活；拒绝责备，选择宽容与鼓励；拒绝懒惰，选择奋起奔跑；拒绝黑暗，选择阳光……

人的一生有多少次选择，就会有多少次的拒绝。拒绝是一种艺术，它让我们在善待自己的同时，也善待了别人。

很多人面对朋友的请求的时候，感到无法说出这个“不”字，而这些请求往往触碰了底线。当然，为朋友两肋插刀的义气也是必备的，面对朋友，牺牲一下自己的利益也是可以的，但是，如果他的请求是错误，是违反法律的呢？你是否还会为面子而帮助他呢？

是的，拒绝自己的朋友，是一件很尴尬的事情，但我们有时候不得不这么做。

其实，真正的朋友并不是为了索取，而是为了奉献和付出，不是为了要被爱，而是要去爱。就像我们很少会向真正的朋友借钱，很少让朋友帮忙找工作，很少让朋友出面去解决困境。我们找的往往都是与自己有利益关系的人，友谊，很多时候是那么的晶莹剔透，纯洁美丽，真不希望因为个人原因而让朋友承担起功利的作用。

1. 不要立刻就拒绝：立刻拒绝，会让人觉得你是一个冷漠无情的人，甚至觉得你对他有成见。

2. 不要轻易地拒绝：有时候轻易地拒绝别人，会失去许多帮助别人，获得友谊的机会。

3. 不要盛怒下拒绝：盛怒之下拒绝别人，容易在语言上伤害别人，让人觉得你一点同情心都没有。

4. 不要随便地拒绝：太随便地拒绝，别人会觉得你并不重视他，容易造成反感。

5. 不要无情地拒绝：无情地拒绝就是表情冷漠，语气严峻，毫无通融的余地，这会令人很难堪，甚至反目成仇。

6. 不要傲慢地拒绝：一个盛气凌人、态度傲慢不恭的人，任谁也不会喜欢亲近他。何况当他有求于你，而你以傲慢的态度拒绝，别人更是不能接受。

7. 要能婉转地拒绝：真正有不得已的苦衷时，如能委婉地说明，以婉转的态度拒绝，别人还是会感动于你的诚恳。

8. 要有笑容地拒绝：拒绝的时候，要能面带微笑，态度要庄重，让别人感受到你对他的尊重、礼貌，就算被你拒绝了，也能欣然接受。

9. 要有代替地拒绝：你跟我要求的这一点我帮不上忙，我用另外一个方法来帮助你，这样一来，他还是会很感谢你的。

10. 要有出路地拒绝：拒绝的同时，如果能提供其他的方法，帮他想出另外一条出路，实际上还是帮了他的忙。

11. 要有帮助地拒绝：也就是说你虽然拒绝了，却在其他方面给他一些帮助，这是一种慈悲而有智能的拒绝。

更多的时候，对朋友说“不”是对我们自己的一种保护，是维持我们自己人生价值观和道德底线的一种选择，朋友毕竟不可能完全代表你的想法，不能事事为你做主，他们很多时候也是出于自己的利益而对你发出请求和邀请。而你，必须为自己负责，朋友所要想的也许并不是期望，你必须清醒的明白，每个人面对的人生都不同，人生道路上所遇到的事物也不尽相同。这个世界上没有谁可以帮另外一个人一辈子，即便是自己的父母也有老去的时候，而我们的朋友也是一样，即使关系再亲密，能力再大也不可能事事替我们操心，时时刻刻陪着我们自己。

笔者见过很多人由于面子放不下，答应朋友一些违背自己意愿甚至是违背法律的事情，最后自己也被牵连，最后是朋友没帮上，自己也深受其害。其实我想，这样的仗义，这样所谓的友谊，不要也罢，试想真正的朋友，会让你如此以身犯险么？我们的心里必须有一杆秤，孰是孰非必须清清楚楚。

如何面对朋友的要求？是举手赞成，竭尽全力，还是有所保留，将信将疑？每个人都自己的选择，总之有一点是亘古不变的：你的路始终是自己在走。

第六章

像保养汽车那样对待自己的身体

健康是人生第一财富

“我超级健康……我虽然没有肌肉什么的，但我就是健康。”

巴菲特身体很健康，巴菲特不但不言退休，还告诉《华尔街日报》Deal Journal 栏目说：“我打算工作到超过 100 岁。”他仍然管理着财富杂志世界 500 强企业销售收入排名第 28 位、总资产 3492 亿美元的伯克希尔公司。

世人只关注巴菲特的投资成功之道，却没有注意到，巴菲特健康成功之道同样非常重要，现在巴菲特拥有 470 亿美元，按照过去 45 年平均 20%以上的投资收益率，巴菲特健康的一年就能多为他创造 100 亿美元的财富，这相当于他前 65 年人生创造的财富总和。

在伯克希尔—哈撒韦股东大会上，巴菲特连续工作一整天依然神采奕奕，巴菲特连续回答几个小时以后依然侃侃而谈，思维敏捷，让人惊叹。

而绝大部分投资大师和世界富豪早在80岁之前就退出日常经营管理，巴菲特却依然奋斗在第一线，而且可以说是伯克希尔公司唯一的管理人员。巴菲特一直十分重视健康，就算进入了人生的暮年，他都坚持健康的习惯。而反观现在一些拼命奋斗的年轻人，在为了自己的梦想努力拼搏的时候，往往忽略了一个人最重要的东西——健康。

如果把人生划分为拼搏、继续拼搏、享受阶段的话，通常情况下这样的人往往会发现，在自己想享受人生的时候，身体却已经不堪重负了。

巴菲特自己认为，投资买卖和投资自己的健康一样重要，后者可以说意义更大一些。

第一，态度决定一切，重视投资，更要重视健康。

很多人对股票投资根本不重视，简直是把股票当彩票。而巴菲特对投资非常重视，他认为买股票就是买公司，如同我们个人买房一样。

“我希望你不要仅仅认为自己不过是拥有一纸价格每天都在变动的股票凭证而已，一旦某种经济事件或政治事件使你紧张不安，伯克希尔的股票就会成为你抛售的候选对象之一。相反，我们希望你将自己想象成为公司的所有者之一，对这家企业的股票你愿意无限期地持有，就像你与家庭中的其他成员合伙拥有一个农场或一套公寓那样。”

巴菲特给大学生演讲时，经常用一个比喻：假如我只能拥有唯一一辆车，我要用上一辈子，那么我会如何对待这一辈子唯一的一辆车？

“我会把操作指南仔仔细细研究五六遍，我绝对会老老实实把这辆车停在车库里，绝不会随便把它停在外面风吹日晒。哪怕稍微碰了一点点小坑，或者稍微有一条细细地刮痕，我都会马上去修补好，因为我担心会进一步生锈腐蚀。我会像照顾婴儿一样细心照顾这辆车，因为这是我这辈子唯一的一辆车，我得用上一辈子。”

“对待你的身心，应该和对待这辆车一模一样。你只有唯一的一颗心，只有唯一的一个身体，你得用上一辈子。如果你好好对待自己的身心，很容易会用上很多年。但是如果你不好好照料自己的身心，过了 40 岁之后，你的身心就会成为破铜烂铁，就像一辆开了 40 年却没有好好保养的老爷车一样。”

态度不同，行为自然不同，结果肯定也不同。

第二，简单胜过复杂，投资要简单，饮食也要简单。

巴菲特说：“商学院非常重视复杂的模式，却忽视了简单的模式，但是，简单的模式却往往更有效。”

1984 年，在哥伦比亚大学纪念格雷厄姆的《证券分析》出版 50 周年的庆祝活动中，巴菲特在演讲中回顾 50 年来格雷厄姆的 9 个追随者们持续战胜市场的事实，证明价值投资很简单却很有效。巴菲特如此简单概括价值投资：用 4 毛钱购买价值 1 块钱的股票。他认为价值投资其实很简单，我总结归纳为三不：

一不需要高等数学。巴菲特说：“我从来没发现高等数学在投资中有什么作用，只要懂小学算术就足够了。”“如果高等数学是必需的，我就得回去送报纸了，我从来没发现在投资中高等数学有什么作用。”

二不需要高学历。巴菲特说：“要想成功地进行投资，你不需要懂得什么专业投资理论。事实上大家最好对这些东西一无所知。”巴菲特发现学校里讲的许多专业理论往往在实践中是行不通的，错误的知识越多反而越有害。

三不需要高智商。巴菲特说：“投资并非智力竞赛，智商高的人未必能击败智商低的人。”

巴菲特的投资策略简单得只有一句话：“我们的投资理念非常简单，真正伟大的投资理念常常用简单的一句话就能概括。我们寻找的是一个具有持续竞争优势，并且由一群既能干又全心全意为股东服务的人来管理的企业。当发现具备这些特征的企业而且我们又能以合理的价格购买时，我们几乎不可能出错。”

巴菲特的饮食也非常简单。他最喜欢吃汉堡，面包、肉、蔬菜三合一，营养全面。他经常受邀参加盛大的宴会，比如他的好友、《华盛顿邮报》女老板凯瑟琳经常举办晚宴，美国总统、政府部长、国会议员、大企业家等社会名流高朋满座，一道道世界各地的山珍海味依次上来，他却一口不动，原封退回。厨师长不解，亲自来询问原因。巴菲特说：“我只吃汉堡和薯条。饮食越简单，自然吃得越少。如果菜样很多，即使是每样只尝一小口，几十道菜加起来，总量也很多。”

投资成功之道和健康长寿之道，其实都非常简单，越复杂，越难懂，越难做到，越难坚持。不信你看看，国内外最长寿的老人很少是那些富翁高管，而是山野乡村那些农夫村妇，他们活得简单、吃得简单、想得简单。真正的健康长寿，一不需要山珍海味，二不需要名贵补药，三不需要高深功法。

曾经有位哲人这么说过：“你只有唯一的一颗心，只有唯一的一个身体，你得用上一辈子，如果你把自己的身体当作好朋友，从不伤害它，就能健康快乐，如果你不好好照料自己的身心，你的身体就会像一步老爷车一样，满目疮痍。

人生需要拼搏，但是我们在拼搏的同时，何不适当地放松一下？让自己的人生在每个阶段都能过得丰富多彩和快乐，幸福的人生由很多因素构成的，健康这个因素绝对是最重要的。没有健康，就算有再多的财富你也无心享受，再多的金钱，也无法买回健康带给你的快乐。

控制好你的体重

“应该像保养汽车那样对待自己的身体，这个回报是超出预期的。”

父亲总是额外疼爱女儿，而苏茜作为巴菲特家唯一的女儿，在她的人生路上，父亲格外关注她，当女儿成为家庭主妇，身为人母以后，巴菲特发现女儿越来越胖，发福得厉害。

巴菲特认为超过标准的体重是一个人的累赘，他真不希望苏茜的胳膊上挂满赘肉，那样的话，可真是有损她女儿的形象。

本来女儿有着齐肩的短发，精心雕琢的脸庞，但就是体重多了那么几磅，如何让女儿减肥呢？善于做买卖的巴菲特于是和女儿决定做一个买卖：如果苏茜能够减肥成功，她将获得一个月内购物免单的机会，这个支出将会由巴菲特全部支付，而且不设上限！但是如果苏茜的体重出现反弹，那么她必须把消费的金额全部返回给巴菲特。

减肥还能赚钱？苏茜不禁打起了自己的小九九，不过为了赢“吝啬”的老爸一把。于是苏茜开始运动加控制饮食，经过一段时间的努力以后，苏茜瘦了下去，于是她得意地伸手对父亲说：“哈哈，爸爸，钱拿来，我可是减肥成功了。”

巴菲特看到女儿的变化，笑着说，你去买你想要的东西吧！一切都由老爸买单！

刚开始的时候，苏茜还是小心翼翼地，她这个抠门的老爸如果一下子反悔，她岂不是亏了？但是很快她意识到，父亲是认真的！只要她体重不反弹，她就可以疯狂消费一个月！30 天后，苏茜消费了 4.7 万美元。

过重的体重会引起很多健康问题，在现代社会，肥胖的确是很多人关心的问题。但是大家对肥胖的认识，通常认为这只是一个“形象”的问题。其实，肥胖是一个健康的问题。肥胖本身不仅是一种慢性病，而且会引起一系列慢性疾病，如高血压、冠心病、脂肪肝、胆囊疾病、痛风等。

根据现在大量的研究证明，如果你肥胖的话，得上述疾病的机会比不肥胖者增加 2～3 倍以上。

事实上，肥胖是指肌体内脂肪组织过多，超过正常生理需要，影响身体健康和正常的机能活动。一般来说，如果女性身体脂肪比例高于 30％，男性超出 25％，则属于肥胖。如果你已经属于肥胖范围，则要通过调整饮食结构，加强运动，适当节食等手段进行减肥了。如果脂肪比例大大超出正常比例，就很有必要通过医生的指导接受减肥疗程了。

人体的体重由两大部分组成。一部分是相对不变的固定体重，包括骨骼等重量；另一部分是可变体重，包括水分、肌肉、脂肪等重量。减肥主要是减体内脂肪。错误的减肥最可怕的一点，在于在减肥时并非减少脂肪，而是大量减去了水分和肌肉，造成脱水现象或营养不良，导致活性组织减轻。所以，减肥不当的人往往会引起一些不适的症状，诸如：四肢无力、心情烦躁、讨厌工作、不想运动、吃东西吃个不停、对职业产生厌倦感，等等。这是因为人体已经处于慢性的营养不良状态，而这种营养不良会导致低血糖、贫血，身体会常觉得疲倦，甚至在精神上产生强烈的非减肥不可的意识，造成精神上的很大压力，使人身心俱疲。严重的会造成神经性厌食。

肥胖的形成是由很多因素造成的。除了由于某种疾病和药物引起的肥胖，人们在生活当中说到肥胖问题，主要是由于能量摄入大于能量消耗，多余的能量以脂肪的形式储存在体内而造成的。任何形式的能量摄入过量或能量消耗不足都可以引起肥胖。如膳食不平衡，肉类和脂肪吃得太多，蔬菜和水果不足；体力活动太少，缺乏运动或根本不运动等。现在很多人都是经常静坐，出门有车，上下楼有电梯，办公室有电脑，连写字都很少了，所以你的能量消耗少。当然，也有遗传因素，父母肥胖的其子女肥胖的也较多。但是，遗传基因问题不是绝对的，环境因素也很重要。

如果你要减肥，不是说为了有一个漂亮的外表，而是要为自己减少生病的危险。为了使自己健康减肥，而不是减一个局部，减脸上更不解决问题。对于亚洲人来说，肥胖多是中心型或向心型肥胖，脂肪常常集中在腹部、腰部，对于疾病的危险来说，这种肥胖比全身性肥胖要危险得多，因为这部分肥胖者脂肪主要堆积在内脏器官的周围，所以很容易引起疾病。

肥胖在医学上已被认为是一种疾病状态，对健康构成很大的威胁。减肥应当是全身的，通过全身减肥达到局部减肥的目的。通常容易发胖的地方，减肥时首先减掉的也是这部分脂肪。若是只想通过减肥使身体某一部位纤瘦的话，是不切实际的。这就需要通过科学的减肥法来正确安全地减肥瘦身。

巴菲特最后总结说，千万不要以为体重是自己一个人的事情，它关乎身边每一个能看见你的人。每个人都希望自己在外人眼里是完美的，是时尚的，是健康的，是靓丽的，但是如果一身赘肉的话，又怎么可能靓丽起来呢？

单纯为了减肥而节食意义不大，旁人应该改变饮食结构，并不一定非得少吃。科学的饮食方法是，少吃高脂类事物，多吃水果、鱼类以及新鲜蔬菜、面食和土豆。另外加大每天的运动量，久而久之达到减肥的目的。

锻炼需要持之以恒，不能三天打鱼两天晒网，苏茜每天坚持慢跑，慢跑能带动全身的肌肉，这比单纯的局部运动要好得多。另外节食也不现实，因为这会让人过得不快乐，因为正常人既想享受美味佳肴，又害怕发胖，因为减肥，而没有品尝美味的享乐感，看到任何一种自己喜欢的食物，总是在患得患失中对每一种事物都忧虑重重，时时刻刻提醒自己不要吃得太多，试问，这样的日子是不是很没有生活质量？

如今，随着生活水平的提高，劳动强度的降低，特别是很多热爱宅文化的男男女女出现，社会肥胖人群愈加扩大，由于肥胖所引发的疾病也在高速增长中，像高血压、糖尿病、脂肪肝等，这些都是生命的杀手。

年轻的父母必须重视子女的体重问题，这不仅关系到他们的形象，也关系到他们的健康。必须从饮食结构下手，然后带着孩子多运动，改变孩子们肥胖的现状。

工作与休息从不矛盾

“健康的价值，贵重无比。它是人类为了追求它而唯一值得付出时间、血汗、劳力、财富甚至付出生命的东西。”

巴菲特一家人都有着不服输的个性，他们在各自领域都扮演着先行者的角色，所以很多时候他们都把时间耗在了自己的事业上。

作为事业过来人的巴菲特，看在眼里，感到很心疼，他告诉孩子们一定不要忙于工作，而是一定要抽出时间来休息。他希望自己的儿女在事业上取得成功，但是他不希望他们为了事业，而不顾自己的身体和健康。

每个人都有自己的梦想，或者说拼搏的目标，它会随着年龄和自己所处的境遇有所不同，一个人如果此刻一无所有，他的梦想也许是吃上一顿饱饭和有一个能栖身的场所。而对于每天辛苦工作的人来说，他们的梦想又是拥有事业和金钱，也许他们想成为一个百万富翁，而对于一个百万富翁来说，千万富翁，或者更多的金钱又是他们的目标和梦想。

因此人们总是渴望那些自己没有得到的东西，所以人们才会在追求它们的时候，付出自己全部的精力甚至是沉重的代价。尤其是巴菲特家族的孩子，天生一股争强好胜不服输的精神，因此他们常常透支自己的身体来工作。

或许就像一句阿拉伯谚语说的那样，青春和健康只有在丧失以后才会发现它的价值，比如巴菲特的儿子彼得为了自己的音乐梦想，常常废寝忘食，挑灯夜战，势必要将每一个细节都做到最好。

巴菲特不反对她这种认真和执着的态度，但他也并不认同这样的做事方法，因为巴菲特认为，工作是永远做不完的，但是身体是会累垮的。当人上岁数以后，许多年轻时看重的事情已经变得不那么重要了，倒是年轻时候看不上的事情变得更加重要了。那就是活得快乐，身体健康，家庭幸福，能够吃得下，笑得出，睡得着。活到这个地步，才能说对得起自己，也对得起家人。

巴菲特深谙这个道理，他时常告诫孩子，无论如何都要以自己的身体为第一，然后才是专注于事业。其实，对芸芸众生来说，财富具有很大的诱惑，但不是无限诱惑。毕竟，一个人的需求是有限的，再多的房子，他也只能睡一间，再好的衣服，他能穿在身上的也就是这么几件。当人们满足基本生存的需要以后，过多的金钱和物质也就不那么重要了。

巴菲特给孩子们讲过这么一个故事来说明健康的重要性：

有一个青年，一直有着雄心壮志。他在刚踏入社会的时候，他告诉自己，一定要成为百万富翁，于是他天天刻苦工作，就为了这个目标而奋斗着，经过几年的奋斗以后，他终于实现了自己的目标。可是，当他迈进百万富翁这个阶级以后，他的追求又上了一个档次，他想要成为千万富翁，于是他每天疲于应酬，加班加点，不眠不休，最后终于达成了自己的心愿。

他终于舒了一口气，现在是享受的时候了，可是没想到，他却病倒了，当他想休息的时候却躺在了病床上。

其实人生的数字，“1”代表着我们的健康，这个“1”倒下了，那么后面的“0”也就没有任何意义了，只有健康才是最大的财富。

听完父亲的教诲，孩子们恍然醒悟，他们不再透支自己的健康，也不再过度消费自己的青春，而是经常走出自己工作的小圈子，走出钢筋水泥铸造的城市，回归到大自然。在接触自然的过程中得到精神的愉悦和身心的休憩，使得他们的事业非但没有退步，反而更上一层楼。

其实工作和休息两者并不是完全对立的，休息是为了舒缓我们的身体，放松我们的心情，让我们能更好地工作。但是工作过程中，我们必须提高效率，重视工作质量，而不是在标准的工作时间之后再去加班，这样只会让自己疲惫不堪。

巴菲特本人是在工作的时候，充分享受自己运筹帷幄的那种快乐，而一旦把自己计划的事情做完以后，就喜欢做一些有益身心的运动，或者找几个老友一起聊聊天，叙叙旧。劳逸结合，而不是像一个工作狂一样。其实，工作是做不完的，留着青山在，不怕没柴烧，如果由于大量的工作，而过度透支自己的精力，最终只会得不偿失。

记得以前老师最爱说的一句话就是："学习的最高境界就是劳逸结合。"那个时候不少同学为了看书，体育课、音乐课之类课程都选择不上，而是埋头做题，老师当然也知道。但是这样苦行僧般的学习方法是不值得提倡的。很多大企业家，比如王石，不光企业做得大，自己也过得舒心惬意，登山、游学，他的这些"休息"，让他能更好地总结自己的思维和方法，又能让他更好地管理企业。工作与休息，并不是硬币的两面，而可以很好地协调相处。

生病的时候你才会明白的道理

"我们没有必要比别人更聪明，但我们必须比别人更有自制力。"

"好的，我马上过来"苏茜挂完电话，匆匆地回到房间，准备出门。巴菲特看到这一幕，于是问道："苏茜，你是准备出门吗？"

原来，今天是苏茜的同事升职聚会，巴菲特叮嘱了一番，就看着苏茜走出了家门。到了晚上苏茜回来的时候，她是又吐又泻，糟糕得一塌糊涂。原来，在聚会上，苏茜控制不住自己的嘴巴，热冷食物混在一起吃个痛快，又加上喝酒，于是把肚子吃坏了。

一晚上的折腾，让苏茜遭罪不已，巴菲特又心疼又好气，心疼的是女儿难受得要命，气的是女儿都成年了还控制不住自己，乱吃一气。

给女儿吃药的时候，只见苏茜可怜巴巴地说："爸爸，这次，我有几个感慨。"巴菲特回答道："哦，有哪些感慨呢？"只见女儿回答道："第一，这次，让我明白，控制自己的欲望，了解自己能吃什么东西是多么的重要，如果不是我嘴馋，我也不会吃那么多海鲜；第二，就是，健康是福。您看，外面这么好的天气，我却只能躺在家里，哎！"

巴菲特笑了，摸了摸女儿的头，告诉女儿："苏茜，这些道理可是你生病的时候你才会想起来的道理，你以后可别忘记了！"

巴菲特从不放纵自己的欲望，在投资上，按我们中国老百姓常说的一句话："人贵有自知之明。"他总是做自己熟悉的行业，做你力所能及的事，做你擅长的事，做你熟悉了解的事，成功的把握肯定大多了。

看看巴菲特的投资组合，都是他非常熟悉的公司股票。有他从小送报送的《华盛顿邮报》，让他从 1000 万美元赚到 168 亿美元。有他从小到大天天喝的可口可乐，让他从 13 亿美元赚到 133 亿美元。有他刮胡子用的吉列，让他从 6 亿美元赚到 51 亿美元。巴菲特投资的基本原则是不熟不做，他投资成功的秘诀是越熟悉越能赚大钱。

相反，大多数人投资非常失败的第一大原因，就是违反了能力圈原则，买入了自己能力圈范围以外的公司股票。很多人只是因为看了新闻报道，听了股评，就选择了自己不怎么了解甚至根本不了解的所谓高科技股或者概念股，结果最后大亏。同样这些人，如果问他们会不会合伙做和买入股票的公司同样的生意，他们绝对不会。让我们遭受最大失败的敌人，不是别人，而是我们自己。当我们离开自己熟悉了解擅长的能力圈时，如同离开根据地孤军突进的部队，如同离水上岸的蛟龙，如同离开老巢下山进入平原的猛虎。

要做投资稳健长赢，就要做到抵抗各种热门股的诱惑，坚持只投资于能力圈范围之内的公司。1999 年美国网络股疯狂上涨，巴菲特却不为所动，一只网络股、高科技股也不买，继续坚决持有他熟悉的可口可乐等传统行业股票。他说：“如果说我们具备某种优势的话，那么优势应该在于我们能够认识到什么时候我们是在能力圈之内如鱼得水，而什么时候我们已经接近于能力圈的边界。在快速变化的产业中预测一个企业的长期经济前景，远远超出了我们的能力圈边界。如果其他人声称拥有高科技产业中的公司经济前景预测技巧，我们既不会嫉妒也不会模仿他们。相反，我们只是固守于我们所能理解的行业。如果我们偏离这些行业，我们一定是不小心走神了，而绝不会是因为我们急躁不安而用幻想代替了理智。”

有句名言是这么说的：“不打无把握之仗。”投资和打仗一样，都是高风险，都是在不确定中寻找确定性。巴菲特充分认识到了这一点，坚决不买没有把握的股票。他说：“我把确定性看得非常重……只要能够找到确定性，那些关于风险因素的所有考虑对我来说就无所谓了。承受重大风险的根本原因是你事先没有考虑好确定性。”投资长赢的第一原则是不熟不做，饮食健康的第一原则是不熟不吃。别和陌生人说话，以免上当。别买陌生的股票，以免受骗。别吃陌生的食物，以免生病，不熟悉的东西少吃甚至不吃。

而同样，巴菲特也深知健康是福这个道理。没有了健康，万事休提。

想一想让我们生病的饮食，大多数是吃了我们的胃不熟悉的食物，生猛海鲜、山珍海味。这些东西我们平时并不经常吃，结果突然大量吃进来，胃承担不了，要么拉肚子，要么胃痛，次数多了，还容易让你患上胃病。每次我和朋友去吃自助餐的时候，总是各种新奇的美食，都要尝个遍，一个一个吃下来，肚子胀得要命。当时嘴吃得很爽，但过上几天胃就很不爽了。

而巴菲特参加任何宴会，从不贪吃任何不熟悉的东西。我们不想放过任何品尝新奇美食的机会，巴菲特却执着于坚持只吃自己最熟悉的东西。即使是参加盛大的宴会，他也是只吃他最喜欢最熟悉的汉堡，其他不管是什么山珍海味一概不吃。

要做到身体健康，要有自制力，抵御那些美食的诱惑，光用意志力不行，还要用好的办法。

巴菲特的绝招是一物降一物，用金钱的诱惑对抗美食的诱惑。他会开一张面额一万美元的支票给他的女儿苏茜，说好在某一天可以兑付，除非他的体重有所下降。于是苏茜总是想方设法拿冰淇淋来引诱他，或是死活拽着他去麦当劳——但这些都没用，她的爸爸宁肯不吃美食，也不愿输掉那一万美元。

巴菲特有时参加各种人型宴会，但不管就餐时在座的人多么尊贵有名，穿得多么高雅庄重，巴菲特总是滴酒不沾，只喝可乐。

他的好朋友《华盛顿邮报》老板凯瑟琳·格雷厄姆60岁生日聚会那天，来了许多政界和商界的大人物。有位客人带来了一瓶上好的法国葡萄酒。这瓶酒在凯瑟琳出生那年装瓶入窖，至今已经窖藏60年。

当侍者挨个斟酒来到巴菲特身边时，巴菲特却摆了摆手："不用了，谢谢。"

侍者说："巴菲特先生，这可是难得的60年陈酿的名酒啊。"

巴菲特说："我看这样，我还是喝我的可乐，你把这杯酒折成钱给我吧。"因为他深知这么一点：如果自己病倒了，别说葡萄酒，就是可乐也喝不上了，精明的巴菲特怎么会这么蠢？

人们总是习惯自己已经拥有的东西，熟视无睹而不懂得珍惜，当生病以后，躺在病床上，看屋外阳光灿烂，凉风习习，大家都在享受着美好的大自然。这么好的景色却都不属于你，这个时候你会懊悔自己怎么平时不注意自己

的身体。

没有好身体，你就丧失了生活的绝大部分趣味，没有健康的身体，你只能看着别人挥洒汗水，打球、登山，而你只能像老人一样慢慢行走。没有好身体，你只能看着别人读书学习，勤奋上进，而你只能在病床上吃着药，虚度着一天一天的光阴。

失去了才懂得珍惜，在我们还拥有健康的身体的时候，多保养，多运动，多休息，让自己的身体永远跟得上我们思想的节奏，而不是拖后腿，成为我们的负担。

性格忠告

第七章

不要忽略细节的力量

生活需要一些调味品

“社交中，我总喜欢聪明的家伙。”

同学的生日聚会上，主人对你说：“我知道你喜欢葡萄汁，所以专门为你买了一瓶。”而且别人手里确实也都是橙汁；后来你发现他没有邀请他的另一个好朋友时，他解释：“我知道你不怎么喜欢他，所以我就没有邀请他今天来，我们玩得开心点。”这时候你感觉怎样？

你一定觉得今天的主角是自己，而不是你那个过生日的朋友。

看起来若无其事的呵护，必能打动对方的心。反之，若是明知是让对方讨厌的事物，却又在不经意间，触犯了禁忌，结果对方必然会认为你是故意藐视他，以至于永远耿耿于怀。尽管是件小事，却有可能从此中断你与他的关系。因此，如果连细枝末节都能特别地加以留意，必能让对方更愿意信赖你。

谁都希望别人认为自己比实际来得聪明、美丽，这种想法并不会伤害任何人。我们可以学一些无伤道德的交往技巧，帮助你成为社交中一个受欢迎的人。如果你特别喜欢某人，或者特别想成为某人的知交，可以探查此人的优、缺点，称赞此人希望被称赞的地方。人类都有真正优秀部分，以及希望被他人认定为优秀的部分。一个人优秀的部分被赞赏，着实能让人高兴，但是，若称赞他希望被称赞的部分，必然更能令他高兴。

一个喜欢下厨的人如果被别人称赞厨艺好，一定会喜出望外的。

另外，你也要学会对别人偶尔的虚荣一笑置之。如果你告诉这些人这种想法太幼稚、太不正确了，对方必然与你疏离，视你为仇敌。若是对方有优点，你就该迅速地赠予赞词。然而，有时也不得不面对自己并不十分赞同、却为社会所认同的事，此时只好睁一眼、闭一眼了。

每一个与罗斯福交谈过的人，都对他渊博的知识感到惊讶。哥马利尔·布雷佛这样写道："无论是一名牛仔或骑兵，纽约政客或外交官，罗斯福都知道该对他说什么话。"他是怎么办到的呢？原来。每当有人来访的前一天晚上，罗斯福就加夜班，翻读这位客人特别感兴趣的题目。因为罗斯福知道，打动人心的最佳方式是跟他谈论他最感兴趣的事物。

耶鲁大学的前任文学教授威廉·菲利浦在他那篇论人性的文章中写道：

"当我八岁的时候，有一次到姨妈家去度周末，正好一个中年人来访，跟我姨妈寒暄一阵之后，他把注意力放在了我身上。那段时间我正好对帆船非常热衷，而这位来访者就以一种使我非常感兴趣的方式讨论帆船。他走了之后，我对他大为称赞。多么棒的人！他对帆船多么了解！可我姨妈对我说，他是一名纽约的律师，对帆船一点也不感兴趣。”

“那他为什么一直都在谈帆船呢？”

“因为他觉得你对帆船感兴趣，就谈一些会使你感兴趣、使你高兴的事。他知道怎样使自己受人欢迎。”

巴菲特无疑是从自己年幼时的经历中学到了一些为人的经验，不要觉得这样做很伪善，如果你是真的希望和对方产生共鸣，自然要以对方为主角，谈论他感兴趣的事情了。如果你总是说自己小时候的故事，拿出自己的家庭相册给对方看，对方可能早就不耐烦了。

其实，说别人感兴趣的事情，本身对你来说也是一个挑战。如果你能做到如此，你在今后的交流中会体验到这样做的好处。

杜维诺先生是巴菲特的好朋友，他是一个推销商，他一直试着要把面包卖给纽约的某家饭店。然而，尽管他每天都要打电话给该饭店的经理，也去参加该经理的社交聚会。甚至还在该饭店订了个房间，住在那儿，以便成交这笔生意。但是他还是一无所获。

后来，他在向巴菲特诉苦的过程中，巴菲特建议他好好研究一下为人处世，之后杜维诺先生决心改变策略。他首先找出那个人最感兴趣的是什么，接着采取了以下措施：

“我发现他是一个叫作‘美国旅馆招待者’的旅馆人士组织的一员。他不只是该组织的一员，还被选为主席以及‘国际招待者’的主席。不论会议在什么地方举行，他一定会出席，即使路途遥远。

“因此，这次我见到他的时候，我开始谈论他的那个组织。我得到的反应真令人吃惊。他跟我谈了半个小时，都是有关他的组织的，语调充满热忱。可以轻易地看出来，那个组织是他的兴趣所在，他的生命火焰。

“虽然当时我一点也没提到面包的事，但是几天之后，他饭店的大厨师打电话给我，要我把面包样品和价目表送过去。

"'我不知道你对那个老先生做了什么手脚,'那位大厨师见到我的时候说,'但你真的把他说动了!'

"想想看吧!——如果我不是最后用心去找出他的兴趣所在,了解到他喜欢谈的是什么,那我可能至今还没成功。"

所以,打动人心的最佳方式是跟他谈论他最感兴趣的事物。因为,每个人都是他兴趣领域的专家,听他讲,你不仅会获得新知,还能赢得友谊。

如何成为一个大家都欢迎的人呢?奥秘就在于谈别人感兴趣的话题。笔者生活中就有不少"社交达人",他们无论和同学,还是师长,抑或是公司的同事都能和睦相处,这是因为他们掌握了社交的秘密——永远做一个有趣的人,能聊一些大家都感兴趣的话题。

话说知己难寻,其实知己就在你身边,只要你有一双发现的眼睛,把自己高傲的一面放下吧,多想想你周围人的想法。聆听下他们内心的声音,相信你也可以成为"社交达人"。

微笑是一种微妙的砝码

"世界上最无价的东西是人心,要想赢得别人的心,只有拿自己的心去交换。"

在纽约的一个高级宴会上,一位刚获得遗产的妇女急于给每一个人留下良好的印象，于是在黑貂皮大衣、钻石和珍珠上面浪费了好多金钱。但是她对自己的表情却没下什么工夫，表情冷漠尖酸、自私。她没有发现，事实上每一个人注意一个女子面部的表情要比她身上所穿戴的衣饰多得多。

微笑作为一种表情，它不仅是形象的外在表现，而且也往往反映着人的内在精神状态。一个奋发进取、乐观向上的人，一个对本职工作充满热情的人，总是微笑着走向生活、走向社会的。在交际中，微笑的魅力是无穷的。它就像巨大的磁铁吸片一样，吸引着你周围的人们。

关于微笑艺术，我们应该了解的是：首先，应具备正确的心理态度，要对这个世界和世人充满关切。要想取得巨大的成功，就必须如此。但是即使是例行公事般的微笑仍是有益的，因为那会在别人心中产生快乐，并且别人会等价地回报你。在别人心中创造快乐的感觉，会使你自己心中也感到快乐。久而久之，你就能学会真心地微笑了。

而且，在微笑时，任何的不愉快或不自然的感觉都在你心中趋向静止和平衡。向别人微笑时，你是在以一种巧妙而高尚的方式向别人袒露你喜欢他的心迹，他会理解你的意思而去加倍喜欢你；微笑的习惯，带给你的是完美的个人形象和愉快的生活环境。

你喜欢接触性情乖戾、忧郁、不快乐的人，还是喜欢接触快乐而活力四射的人？这些神情和态度在人群中是有感染性的。因此，你应该用灿烂的笑来影响你周围的人。

微笑的力量是巨大的，孩子们天真的微笑使我们想起了天使；父母的微笑让我们感到温馨；祖父的微笑让我们感到慈爱。拿最常见的事情来说，小狗见到主人时，那副欣喜若狂的样子就让人觉得小狗是最忠实的伙伴了。

所以在 2008 年的北京奥运会开幕式上，我们看到了来自世界各地的孩童笑脸的图片出现在大屏幕上；在奥斯维辛集中营的纪念馆内，也有大量受难儿童的照片——他们不是在哭泣，而是在微笑，而这微笑更加令你心痛。

加利福尼亚大学心理学教授詹姆斯说，微笑永远有魅力。这是有科学依据的：当你在微笑时，你的精神状态最为轻松，全身的肌肉处于松弛状态，而且，你的心理状态也就相对稳定，当你那充满笑意的眼光与别人的目光相遇时，你的笑意会通过这道“无形的眼桥”传递给他，他会被你的快乐情绪所感染。自然而然地，你们之间的气氛会变得和谐。你们相处得融洽，交流起来也容易多了。反过来如果你老是皱着眉头，挂着一副苦瓜脸，那没有人会欢迎你的：想获得交往的乐趣，首先就必须使对方和自己快乐才行。

巴菲特的朋友杰克有一段“微笑改变生活”的经历：

“我结婚已 18 年，以前在家中，从没有对妻子展露笑容，可说是世上最难伺候的丈夫了。为了完成关于笑的试验，我就试着笑一个礼拜看看。就在隔天的早上，我边整理头发，边对镜中板着脸孔的自己说：‘比尔，今天收起这种不愉快的表情吧，让我看看笑容，赶快去笑吧！’早餐的时候，我就一面对太太说早安，一面对她微微一笑。

“我太太非常吃惊。事实上，不但如此，她简直是深受震撼。从此我每天都那样做。到目前为止，已经持续了两个月。

“态度改变以来的这两个月，前所未有的那种幸福感，使我们的家庭生活十分愉快。

“现在，每天走入电梯我会对服务生微笑道早安，对守卫先生也以微笑招呼，在地铁窗口找零钱也是这么做的。即使在交易所，对那些没看过我笑脸的人，也都报以微笑。

“不久我发现，大家也都还我一笑，而对于那些有所不满、烦忧的人，我也以愉快的态度与其相处。在带着微笑倾听他们的牢骚后，问题的解决也变得容易多了。而且笑容也能使人增加很多财富。

“我也不再责备人，相反的懂得去褒扬别人；绝口不提自己所要的，而时时站在别人的立场体贴人。正因为如此，生活上也整个发生了变化。现在的我和以前的我完全不同，是一个收入增加、交友顺利的人了。我想，作为一个人，没有比这更幸福的了。”

出门时抬头挺胸，然后做个深呼吸，呼吸一下新鲜空气。笑脸迎人，诚心和人握手，即使被误会也别担心，且不要浪费时间去设想你的敌人，认真决定想做的事情，然后向目标勇往直前。并且把心放在那些伟大光明的工作上。心理的活动是微妙的。而正确的精神状态就是经常保持勇气、率直和明朗。正确的精神状态也具有优越的创造力。一切的事物都是由愿望所产生，而祈求者的愿望会得到回应。正确的思想就是创造，所有事情都来自欲望。昂起你的头，露出你的笑容吧！

如果你不善于微笑，那么，强迫自己露出微笑。如果你是单独一个人，强迫自己吹口哨，或哼一支小曲，表现出你似乎很愉快，这就容易使你愉快。按照巴菲特的说法，“行动似乎是跟随在感觉后面，但实际上行动和感觉是几乎平行的。而控制行动就能控制感觉。”因此，如果我们不愉快的话，要使自己愉快起来的积极方式是：愉快地行动起来，而且言行都好像是已经愉快起来。

有一则圣诞节的广告说微笑在圣诞节的价值是：它不花什么，但创造了很多成果。它使接受它的人满足，而又不会使给予它的人贫乏。它在一刹那间发生，却会给人永远的记忆。没有人富得不需要它，也没有人穷得不拥有它。它为家庭创造了快乐，在商业界建立了好感，并使朋友间感到了亲切。它使疲劳者得到休息，使沮丧者看到光明，给悲伤的人带来希望。但它却无处可买，无处可求，无处可偷，因为在你给予别人之前，它没有实用价值。

当你不知道自己和新朋友、新老师见面的时候带怎样的见面礼，就带上一个真诚的微笑，那将成为最好的语言。

面带微笑的人，他的敌人一定不会太多。而不少人却不懂得这个道理，而用冷峻的外表掩盖自己的内心，或者让生活的苦难遮盖了自己的笑容。俗话说：“全壶摇不响，半壶响叮当。”装了半壶水的人一直在喋喋不休地抱怨不公平，而那些懂得在生活中微笑的人，却默默不语地忍受着、前进着、努力着……在工作中一味地抱怨，只会让自己离优秀越来越远。

尝试着微笑吧，让笑容撕裂天空的荫翳，让你的内心不再乌云密布，让和煦的阳光也能照耀你的心底。

抱怨只会让事情越来越糟

“抱怨是一种恶习，越抱怨越退步。”

银行的信用卡广告中经常会有这样一句广告语：让你提前享受明天的生活。从经济学的角度看，合理的“预支”会让你的生活更加美好。在我们学习如何运用秘密的法则的过程中，“预支”就是其中的一个关键所在，只不过我们要学会预支的，不是我们的金钱和其他有形物质，而是我们“相信已经得到”时的那种快乐的感觉。

巴菲特认为：“快乐的脚步不会因为我们承受了太多的痛苦而到来。”当你学会预支快乐的时候，内心就会受到强烈的鼓舞，整个人散发出一种愉悦的状态，所有的痛苦和霉运就自然远离你的生活了。

“生年不满百，常怀千岁忧，昼短苦夜长，何不秉烛游？”我们的先人早在两千多年前其实就已经传递给了我们快乐的奥秘。但是我们常常缺乏的，正是预支快乐的勇气，我们不敢——就像我们不敢刷爆我们的信用卡，哪怕只有一次。我们总习惯于积谷防荒，这个道理当然没有错，问题是你需要积多少谷才能有效防止人生的灾年呢？

巴菲特曾经给孩子们讲过这样一个故事：

一个刚入寺院的小沙弥，心有旁骛，忍受不了寺院的冷清生活，甚至有了轻生的念头。这一天，他独自一人走上了寺院后面的悬崖，就在他紧闭双眼，准备纵身跳下时，一只大手按住了他的肩膀。他转身一看，原来是寺院的老方丈。

小沙弥的眼泪马上流了出来，他如实告诉方丈，自己已看破红尘，只想一死了之。

老方丈摇摇头，对小沙弥说：“不对，你拥有的东西还有很多很多，你先看看你的手背上有什么？”小沙弥抬手看了看，讷讷地说：“没什么呀！”“那不是眼泪吗？”老方丈语气沉重地说。小沙弥眨眨眼睛，又是热泪长流。老方丈又说：“再看看你的手心。”

小沙弥又摊开双手，对着自己的手心看了一阵，不无疑惑地说：“没什么呀！”

老方丈呵呵一笑，对小沙弥说：“你手上不是捧着一把阳光吗？”

小沙弥怔了一下，心有所悟，脸上也泛起丝丝笑容。

小沙弥心中的阴霾阻碍了阳光的渗入，于是他满心灰暗，但其实换个角度来看，即使手中空无一物，也可能是抓住一捧阳光。

巴菲特是这样告诉孩子们的：快乐是源于内心由自己所主宰的，没有人能够剥夺我们感受快乐的权利，即使现实生活里，一时之间没有值得快乐的事情，也不可以消极颓废，这个时候不妨预支一下将来的快乐，充分去感受那种梦想已经实现所带来的快乐的感觉。当你成功预支到来自未来的快乐的时候，你就可以在生命的轨迹上找到属于自己的轨道了。

当斯嘉丽的第一部电影席卷全球的时候，她还只有 20 岁，转眼二十多年过去，在这些年中，她患了脑出血，之后又离婚，并且还收养了一个孩子，真可谓一路坎坷。可正当她就快被世界遗忘的时候，她竟出人意料地再次站了起来。在接受美联社的采访时，斯嘉丽这样说道："起初我想，我的四十岁会是什么样的呢？人老珠黄，无人理睬，而且还是个单身妈妈！难道不是地狱吗？可事实并非如此。我对现在的生活很满意，对于过去的感情，即便不能共偕白首，但我仍然很快乐，至于将来，我不去猜测，我不要在我的快乐上施加那么多的压力和阴影。"

斯嘉丽懂得如何去感受和预支未来的快乐，所以她的人生还可以再次辉煌。相信自己已经得到，快乐的感觉就会加大你的磁场，从而更为有力的把你想要的东西吸引到你的面前。如果你还是苦于找不到"相信已经得到"这种感觉的话，不妨试着用一下"假装"的方法，告诉自己"这个已经摆在我的眼前了""我已经得到了我想要的东西"。当你成功地做到了"假装"以后，你就能充分感受到那种得来的愉悦，对未来也就充满了快乐的憧憬，最终做到以快乐的心态去做好眼前的一切。

不管走到哪里，我们都能发现许多才华横溢的失业者。当你和这些失业者交流时，你会发现，这些人对原有工作充满了抱怨、不满。要么就怪环境不够好，要么就怪老板有眼无珠，不识才，总之，牢骚一大堆，积怨满天飞。殊不知，这就是问题的关键所在——抱怨的恶习使他们丢失了责任感和使命感，只对寻找不利因素兴趣十足，从而使自己发展的道路越走越窄，在自己的抱怨声中不断退步。

我们可以发现，几乎在每一个公司里，都有"牢骚族"或"抱怨族”。他们每天把“枪口”指向公司里的任何一个角落，埋怨这个、批评那个，而且从上到下，很少有人能幸免。他们的眼中处处都能看到毛病，因而处处都能看到或听到他们的批评、发怒或生气。

他们可能只是想发泄一下，但后来一发不可收拾。他们理直气壮地数落别人如何对不起他们，自己如何受到不公平待遇，牢骚越讲越多，他们也越来越相信，自己是遭受别人践踏的牺牲品。他们的抱怨只会自乱阵脚，终究受害最大的还是自己。

事实上，你很难找到一个成功人士会经常大发牢骚、抱怨不停，因为成功人士都明白这样的道理：抱怨如同诅咒，越抱怨越退步。

彼得有一位同窗，是一个女孩，她在读书期间，数学差到不能再差，她的父亲总是吓唬她——你考不上大学就找不到工作，找不到工作就没有稳定的收入，没有稳定的收入你这辈子怎么办？这个女孩没有因此沮丧，反而理直气壮地对她的父亲说：“我就去嫁人！”数年以后，她依然数学不好，但是她嫁到了自己所爱的人并且从事着一份令人羡慕的工作——年薪百万，担任跨国广告公司的美术总监。有一次，当她和彼得谈起这个话题时，她大笑着说：“其实我并没有过人之处，只有一个简单的想法，那就是与其痛苦不如预支快乐——虽然数学是不好，可与其把自己的青春埋没在习题集里，不如快快乐乐地做自己喜欢的事情，我喜欢的事情就是画画，虽然为此也并不一帆风顺，但为自己喜欢的事情付出再多，心里也是喜欢的。”

当你每次忙到焦头烂额，或是遇到一件极难处理的麻烦事情的时候，都可以偷空想想：等这段时间过了以后，事情了结以后，我就可以想做什么就做什么，想怎么玩就怎么玩，想多开心就有多开心，不管结果如何。这样想着想着，不知不觉中就已经提前进入了以后的快乐世界，于是这种快乐的感觉就激发了你体内的潜能，更快地渡过眼前的难关。

宇宙就像一张快乐的信用卡，你可以无限制地从中提取快乐的感觉，而且当下预支的快乐并不会减少以后的快乐，这个快乐的信用卡是永远预支不完的，也不用事先预存。这世界就是有这么好的事儿！

抱怨的人很少积极想办法去解决问题，不认为主动独立完成工作是自己的责任，却将诉苦和抱怨视为理所当然。任何一个聪明的员工都应该明白这样的道理：一个人一旦被抱怨束缚，不尽心尽力，而是应付工作，这只会自毁前程。如果希望改变自己的处境，希望自己能够不断取得进步，那么从不抱怨开始吧。

愉快的心情下才能做出英明的决定

“微笑是打开布满尘埃大门的钥匙。”

让自己觉得幸福是一件简单的事情吧！因为人的脑袋有一种自动的筛选功能，当岁月过去，我们往往只会记得那些令我们感动和高兴的场景，尤其是当有人开始愉快地回忆过去曾经经历的故事时，大家会想到很多很多开心的事来补充。

有一本书叫作《回忆我们艰难的过去》，作者回忆了一个物资贫乏、缺少娱乐、没有任何现代的交通设备的年代，但他充满了愉快和感恩之心。后来有雪片般的回信飞向他，和他一起回忆那段过去：

“那时，吃五分的冰棍可以幸福一个下午，从年长的孩子那里赢回两个包子，可以酷一个星期；那时，特希望生病，因为可以吃到好吃的山楂罐头和苏打饼干；那时，特喜欢坐在爸爸自行车的后座上去钓鱼，然后，一个劲地往河里扔石子，最后换来爸爸的一顿责骂；那时，天总是很蓝，空气也特新鲜，厂区外边的小河里有捞不完的小鱼和小虾……”

在大家共同的回忆中，那段过去好像只有快乐，只有美好的瞬间。

如果作者是以一种忏悔、抱怨的口气去回忆，可能引发的又是另一种共鸣。在苏茜的报社，有一个美国记者约翰被派往一个发展中国家进行采访，临走的时候，苏茜告诉他要在异国呆三年，并且尽量客观地报道在那个国家发生的一切。

美国小伙子来到这个正在飞速发展的国家，但几乎没有认识什么新朋友。有一天，美国总部的编辑给他打电话，问他都在忙什么，他说：“你可以从我发回的稿件里看看，那上面都是我在这边的收获。”

苏茜从记者的文字里看到的都是有关这个国家资源紧张、环境破坏、社会潜在的危险、民族矛盾等的感悟。她给自己的好朋友回了一封信：

亲爱的约翰，你所写的每一篇文章我都看了，我完全相信这些都是你冒着危险采集到的信息。为此我向你表示敬意。但我要说，在这个发展的国家里，难道没有一件值得你停下来欣赏的事情吗？据我所知，这个国家中绝大部分的人们还是生活在希望和幸福当中的。你是否应该关注一下人们正在经历的好的一面，这也是我们需要看到的。

而且，作为朋友，我要劝告你，多往好的方面看看，这样也是在善待你自己。

多往好的方面看看，这样也是在善待你自己。苏茜的劝告很智慧，尽管记者有责任去报道社会上不公正的一面，同时也有责任去反映正在改变的事情。何况总是把目光放在不好的事情上，你的生活也不会快乐。

有一种人，和他生活在一起就是一种痛苦：要么整天默不作声，要么就只会说让人难受的话，弄得氛围尴尬。本来朋友们玩得很开心，他的话就能迅速“降温”，在别人看来很令人感动的比赛结果，在他的眼里必然是有黑幕和潜规则的。这些人往往不是穷人，就是显贵：穷人觉得本身应当抱怨，所以他们抱怨；显贵们觉得自身说的话应当烘托本身的位置，所以他们也抱怨。这样做究竟害了谁？还是他们自己。

如果你早上醒来，对人说的第一句话就是：“我昨天睡得糟糕透了，做了一个该死的噩梦，我梦见世界末日了，我们都得死。”肯定不会有人觉得这样的清晨是令人愉快的。但如果你抑制住说这样的话的冲动，对身边的人微笑着说一声：“早上好，亲爱的。你今天看起来真不错。”对方一定会觉得今天是一个好日子。

现实生活中，有些人好像从来就没有过顺心的事或顺利的时候，任何时候你与他在一起，都会听到他不停地抱怨。他们把每一件不顺心、不如意的小事都堆积在心里、挂在嘴边，搞得自己的心态和情绪都很糟。在这样一种状态下，自己很烦躁，别人也很厌烦。

“万事如意”不过是人们对生活的良好祝愿，人生不如意之事十有八九，现实生活中，人们所面对的总是一些不尽完美的事情。我们虽不可能保证事事顺遂，但应该做到坦然面对，该放则放，不要把一些“垃圾”堆积在心里，把乌云挂在脸上，把牢骚挂在嘴边，否则你就会变成不受欢迎的人。

要过好每一天，我们就要学会计算自己的幸福和计算自己做对的事情。在计算中懂得有舍有得，世界上的事情总是有“舍”才有“得”，而“一点都不肯舍”或“样样都想得到”必将事与愿违或一事无成。

巴菲特在谈到自己的生活时，说：“每天早晨我都是跳着下床，我跳着踢踏舞去工作。我正在享受美好的时光。”可以说，始终保持着快乐的工作心态，是巴菲特得以成为一代“股神”的重要因素。

如果窗外是一片阳光，你可以赞叹“啊，多么美好的早晨啊。”如果那天下雨的话，你就充满热忱地说：“啊，多好的雨啊。确定能滋润大地。”你要尽量让自己的声音传到周围人的耳朵里，因为这将是大家一天的心情基调。

不要觉得这样做是愚蠢，就算一开始有点奇怪，但毫无疑问是很值得的。让你解脱不良情绪最简略的方式就是说一些愉快的话。当一家团聚时，要多高兴地交谈，不要因为任何缘由在家庭聚餐时抱怨不停。更主要的是，不要让自身的低落情绪沾染别人，弄得他们什么话都不想说了，家庭中的愁云惨雾往往会导致日后更加不幸的生活。快乐情绪会带来更多的快乐，这是我们已经懂得的吸引力法则。

如果你觉得自己的人生中没有这么多值得想象的美好，那是因为你还没有看到这个世界的和谐和完美，一切都在正常有序地运转，一切都能不断地传承下去，我们与世界是和谐的一体，我们的生活中可以完全没有竞争……这些正是我们值得感激和幸福的理由。

社会日趋激烈，有一份工作，特别是自己喜欢的工作的机会弥足珍贵，工作是一种快乐，你要是在工作中找不到快乐，就绝不可能在其他地方找到它。如果工作是不可推卸的责任，那为什么不把工作当成一种乐趣呢？如果快乐也要工作，不快乐也要工作，那么为什么要不快乐地工作呢？

第八章 暴风雨才能使树木深深扎根

挫折只会磨砺勇者的心

“卓越的人的一大优点是：在不利和艰难的遭遇里百折不挠。”

在彼得的音乐事业初期，他遭受过很大的挫折。在失败和沮丧之中，他却从没有放弃过成功的希望。因为巴菲特从小就教育他，挫折只是成功前的甜点，只会让人越挫越勇。

在彼得小时候，巴菲特给他讲过这样一个故事：历史上最有名的死亡，除了受难的基督外，就是苏格拉底。相信千秋万世之后，人们还会欣赏柏拉图的不朽叙述——那是一篇绝妙动人的文章。那篇文章记述了雅典市内的一小撮人——羡慕与嫉妒苏格拉底的人，他们控告苏格拉底。苏格拉底受审之后被判了死刑，当和善的狱卒把毒药交给苏格拉底时，对他说：“请轻饮这必饮的一杯吧！”苏格拉底果然如此，什么也没说，平静地喝了下去。

面对死亡，他如此沉静而柔和，这显示了他高贵的一面。说这句话的时候，是耶稣诞生前的三百九十九年，但今天这个纷扰的世界似乎更需要这句话："请轻饮这必饮的一杯吧！"

而在我们的日常生活中，也许你常常会这样感慨自己：

"我从来就未曾真正有过一个奔向美好前程的机会。你知道，我的家庭环境很糟。"

"我是在农村长大的，从你的社会结构中绝对领会不到那种生活。"

"我只受过小学教育，我们家很穷。"

"我机遇不好。"

于是你想不明白为什么身边的人都如此一帆风顺，而你却遇到如此多的艰难险阻，你开始失望、迷惑，甚至沉沦，最终与没能到达成功的彼岸。

阳光明媚的早晨，你起床太晚，急急忙忙地收拾东西赶着去上学，可是出门的时候却不小心把牛奶撒了一地；快要迟到了，可是你却发现你的自行车胎漏气了。这时候，你可能烦躁无比，然后愤愤地想了一天，晚上回到家连吃饭的胃口也没有。

牛奶洒了可以收拾，自行车坏了你可以坐别的车去学校，迟到了可以和老师解释一下，这一天又是新的一天，何必因为那些坏事而忽略了灿烂的太阳或母亲丰盛的晚餐，这不值得，甚至有点愚蠢。

人们总是为不期而来的意外烦恼不已，他们悲观失望，结果让自己的生活变得更糟糕。这样做真的很愚蠢，我们既然不能改变既成事实，为什么不改变面对事实，尤其是坏事的态度呢？

心向着太阳，就能开花。

只有在风雨中走过的人们，才能在泥泞中留下自己的印迹，才能证明自己的价值。"梅花香自苦寒来，宝剑锋从磨砺出。"任何一种本领的获得都要经由艰苦的磨炼。

平静、安逸、舒适的生活，往往使人安于现状，耽于享受；而挫折和磨难，却能使人受到磨炼和考验，变得坚强起来。“自古雄才多磨难，从来纨绔少伟男。”痛苦和磨难，不仅会把我们磨炼得更坚强，而且能扩大我们对生活的认识范围和认识的深度，使我们更成熟。所以巴菲特说：“世界上的事情永远不是绝对的，结果完全因人而异。苦难对于天才是一块垫脚石……对于能干的人是一笔财富，对弱者是一个万丈深渊。”的确如此，感恩生活中的逆境，挫折让我们更加勇敢地前行。

中国有句古话：“天将降大任于斯人也，必先苦其心志，劳其筋骨，饿其体肤，空乏其身，行拂乱其所为，所以动心忍性，增益其所不能。”勇于面对工作和生活中的挫折，不怕失败，在磨难中永不屈服。

世界上没有人终生一帆风顺，任何一个人都会遇到逆境。得不到信任、无端遭受打击和排斥、经济拮据、事业不畅等种种的困难和不如意，使许多人心存抱怨。其实这些人忽视了一条真理：逆境是磨炼人的最高学府。纵观古今，逆境几乎是所有伟人成功的基石。

彼得知道，虽然人生可能并不公平，但它呈现出惊人的矛盾性，愿望落空，但是塞翁失马，焉知非福。

彼得曾经读过这么一个例子：

上帝把一个乐观却从不拜他的流浪汉关在很热的房间里，7 天后，上帝去看望这位乐观的流浪汉，看见他非常开心。上帝便问：“身处如此闷热的房间 7 天，难道你一点也不辛苦？”乐观的流浪汉说：“待在这间房子里，我便想起在公园里晒太阳，当然十分开心啦！”

上帝不开心，便把这位快乐的流浪汉关在一间寒冷的房间。7 天过去了，上帝看到这位快乐的流浪汉依然很开心，便问他：“这次你为什么开心呢？”这位流浪汉回答说：“待在这寒冷的房间，便让我联想起圣诞节快到了，这就可以收到很多圣诞礼物，能不开心吗?”

上帝又不开心，便把他关在一间阴暗又潮湿的房间。7 天又过去了，流浪汉仍然很高兴，这时上帝有点困惑不解，便说：“这次你能说出一个让我信服的理由，我便不为难你。”这个快乐的人说：“我是一个足球迷，但我喜欢的足球队很少有机会赢。但有一次赢了，当时就是这样的天气。所以每次遇到这样的天气，我都会很高兴，因为这会让我联想起我喜欢的足球队赢了。”

流浪汉没有温暖的家，但无论怎样，他也要度过漫长的一生，他选择了乐观；他知道无论怎样他面对的还是同一个房间，无论如何也改变不了，那么为什么要去思考“闷热”“寒冷”“阴暗又潮湿”，为什么不想想那些快乐的方面——在公园晒太阳、过圣诞节、赢足球的天气。

所以，当自己已经尽力，可因为个人无法控制的所谓“天命”而使事情变糟时，恐慌、着急、悔恨都无济于事，不如坦然面对——清除看似天经地义的坏心情，保持自己的轻松心态。

你不可能改变环境，你只能换一个角度来理解世界，同样，就算是一样的环境，但是可能造就两个完全不同的人，改变你的心态，换一种想法，很可能就会改变你的整个世界。所以，成功之路漫长，多少高山需要你去翻越，有多少荆棘需要你去跨越，此时你应该从容面对无可避免地艰难险阻，轻饮这苦涩的一杯。

笔者看过这样一个故事：一位名叫汤姆森的女士随军到丈夫的驻地。那实在是个可憎的地方，她简直没见过比那儿更糟糕的地方。她丈夫出外参加演习时，她就只好一个人待在那间小房子里。那里热得要命，没有一个可以谈话的人；风沙很大，到处都充满了沙子。

汤姆森太太觉得自己倒霉到了极点，于是她写信给她父母，告诉他们她放弃了，准备回家，她一分钟也不能再忍受了，她父亲的回信只有三句话，这三句话常常萦绕在她的心中，并改变了汤姆森太太的一生：“有两个人从铁窗朝外望去，一人看到的是满地的泥泞，另一个人却看到满天的繁星。”

后来她开始和当地的居民交朋友。他们都非常热心。她开始研究各式各样的仙人掌及当地的其他植物，试着认识土拨鼠，观赏沙漠的黄昏，寻找300万年以前的贝壳化石。

是什么给汤姆森太太带来了如此惊人的变化呢？沙漠没有改变，改变的只是她自己。因为她的心态变了，正是这种改变使她有了一段精彩的人生经历，她发现的新天地令她既兴奋又刺激。汤姆森太太的故事告诉我们这样一个朴素的道理：人可以通过改变自己的心境来改变自己所要面对的生活。

暴风雨后的彩虹最绚丽

“并非每一种灾难都是祸，早临的逆境往往是福。”

巴菲特认为：“人生布满了荆棘，我们知道的唯一办法是从那些荆棘上面迅速踏过。”的确，你只有笑对那些艰难困苦，感谢曾经折磨过自己的人或事，才能体会出那实际上短暂而有风险的生命意义；你只有懂得宽容自己不可能宽容的人，才能看见自己胸怀的广阔，才能重新认识自己……

苏西在慈善活动中，得知了有一个世界上最倒霉的人，50年的时间里，他经历了很多人的欺辱和磨难，而且每一次的经历都那么的悲惨，但也许正是这些，使他成为世界上最坚强的人。

从他出生开始，他的倒霉生涯也就开始了，他出生后 14 个月，摔伤了后背；之后又从楼梯上掉下来，摔残了一只脚；因为残疾，整个童年岁月，总有同龄人嘲笑他；再后来爬树时又摔伤了四肢；一次骑车时，忽然不知从何处刮来一阵大风，把他吹了个人仰车翻，膝盖又受了重伤，拒绝和他玩耍的人越来越多；13 岁时掉进了下水道，差点窒息；一次，一辆汽车失控，把他的头撞了一个大洞，血如泉涌；少年岁月里，他遇到的同学更多地把他当作了怪物，但他却仍然有几个知心的朋友；一直到老，他都一直在倒霉，一直被人们看成是怪物，但他的脸上从来没有乌云。

他一生遭遇无数灾祸，不同的人生阶段遇到不同的人，受到不同的取笑。令人惊奇的是，老人至今仍旧健康而快乐地活着，心中充满着自信。他总是说历经了那么多磨难的洗礼，还怕什么呢？经历了那么多人的取笑，意志怎能不坚强呢？应该感谢一切折磨他的人还有事，是他们让他愈发坚韧。

人们常常抱怨磨难，抱怨那些让我们的生活变得艰苦的事情，抱怨那些让我们的内心承受煎熬的经历。可是，人们在抱怨的时候并没有想到，这些磨难就像烈火，我们只有在经过锤炼之后，才会变得更加坚韧、更加刚强。

别人折磨你的时候，你会觉得很沮丧甚至很失望。可是，如果静下心来想一想：在你承受对方给你的压力之后，你是否成长了？你得到的仅仅是一顿谩骂或者凌辱吗？你只是受害者而全然没有从中受益？

巴菲特的好朋友，美国独立企业联盟主席杰克·弗雷斯从 13 岁起就开始在他父母的加油站工作。弗雷斯想学修车，但他父亲让他在前台接待顾客。当有汽车开进来时，弗雷斯必须在车子停稳前就站到司机门前，然后去检查油量、蓄电池、传动带、胶皮管和水箱。

弗雷斯注意到，如果他干得好的话，顾客大多还会再来。于是弗雷斯总是多干一些，帮助顾客擦去车身、挡风玻璃和车灯上的污渍。有一段时间，每周都有一位老太太开着她的车来清洗和打蜡。这个车的车内踏板凹陷得很深很难打扫，而且这位老太太极难打交道。每次当弗雷斯给她把车清洗好后，她都要再仔细检查一遍，让弗雷斯重新打扫，直到清除掉每一缕棉绒和灰尘，她才满意。

终于有一次，弗雷斯忍无可忍，不愿意再侍候她了。他的父亲告诫他说："孩子，记住，这就是你的工作！不管顾客说什么或做什么，你都要记住做好你的工作，并以应有的礼貌去对待顾客。"

父亲的话让弗雷斯深受震动，许多年以后他仍不能忘记。弗雷斯说："正是在加油站的工作使我学到了严格的职业道德和应该如何对待顾客，这些东西在我以后的职业生涯中起到了非常重要的作用。"

"吃一堑，长一智"，人不能总停留在原地，而是要努力向前，那些带给你磨难的人正是你成长的客观条件。其实对于弗雷德来说，顾客每"折磨"他一次，他就向前迈了一步。弗雷德的成功与他懂得感谢那些折磨自己的人有着莫大的关系。

有勇气面对一切令你困苦的人和事，淡然地面对别人的折磨，才能不断磨炼自己，才能够不断取得进步，同时这也显示了自己莫大的勇气和自信。相反，一个听到别人的批评就暴跳如雷、反唇相讥的人，往往都缺乏涵养、心胸狭窄、毫无远见。

彼得年轻的时候曾经打暑期工，做过服务生，他的老板常常很严厉地责骂他。每次挨骂，他心里总是很难过的，可是他发现自己每次挨了责骂后都会得到一些启示，学会一些事情。

人生是不平坦的，但同时也说明生命需要磨炼，铁石经历百般的烧冶和敲打才能愈来愈坚硬；燧石受到的敲打越厉害，发出的光就越灿烂；正是这种敲打才使它发出光来，因此，燧石需要感谢那些敲打。

人也一样，感谢折磨你的人，你就是在感恩命运。

那些折磨你的人，你为什么不对他心存感激呢？不管他们出于什么样的原因，它们都用了一种特殊的原因，也许他们放大了你的缺点和不足甚至无中生有，当然，正是这些“放大”和无中生有，才让你认识到自己的缺点并改变它，磨炼了你的意志，让你变得坚强。所以，批评和讽刺之下，不气馁，用自信做支撑，用实力说话，这样你注定会与成功结缘。

人在一生中，随时都会遇到困难和险境，如果我们仅仅盯着这些困难，看到的只会是绝望。在人生路途上，谁都会遭遇逆境，逆境是生活的一部分。逆境充满荆棘，却也蕴藏着成功的机遇。只要勇敢面对，就一定能从布满荆棘的路途中走出一条阳光大道。正如培根所说：“奇迹多是在厄运中出现的。”其实，我们不应该在逆境中抱怨，因为抱怨逆境无疑是在遗弃成功。想成为一名生活中的强者，就要勇敢地向逆境宣战，像一名真正的水手那样投入生命的浪潮。

跌倒是学会走路前的必修课

“顺境使我们的精力闲散无用，使我们感觉不到自己的力量，但是障碍却唤醒这种力量而加以运用。”

在人生的岔道口面前，若你选择了一条平坦的大道，你可能会拥有一个舒适而享乐的青春，但却会失去一个很好的历练机会；若你选择了坎坷的小路，你的青春也许会充满痛苦，但也许你会因此体会到人生的真谛。

生命是一次次的蜕变过程。唯有经历各种各样的苦难，才能拓展生命的宽度。通过一次又一次与各种苦难握手，历经反反复复的较量，人生的阅历就在这个过程中日积月累、不断丰富。

小时候彼得就是一个调皮鬼，常常在公园里抓蝴蝶，玩蚂蚁，巴菲特饶有兴趣地看着小彼得玩得不亦乐乎，当彼得抓住一只蝴蝶时，巴菲特抚摸着彼得的小脑袋："彼得，你知道蝴蝶的一生吗?"

蝴蝶的幼虫是在一个洞口极其狭小的茧中度过的。当它的生命要发生质的飞跃时，这个天定的狭小的通道对它来讲无疑成了"鬼门关"，那娇嫩的身躯必须竭尽全力才可以破茧而出。许多幼虫在往外冲杀的时候力竭身亡，不幸成了飞翔的悲壮祭品。

有人怀了悲悯恻隐之心，企图将那幼虫的生命通道修得宽阔一些。他们用剪刀把茧的洞口剪大，这样一来，所有受到帮助而见到天日的蝴蝶都不是真正的精灵——它们无论如何也飞不起来，只能拖着丧失了飞翔功能的双翅在地上笨拙地爬行！原来，那"鬼门关"般的狭小茧洞恰恰是帮助蝴蝶幼虫两翼成长的关键所在。穿越的时候，通过用力挤压，血液才能被顺利输送到蝶翼的组织中去；唯有两翼充血，蝴蝶才能振翅飞翔。人为地将茧洞剪大，蝴蝶的双翅就没有了充血的机会，爬出来的蝴蝶便永远与飞翔绝缘。

巴菲特告诉彼得，人成长的过程恰似蝴蝶的破茧过程，在痛苦的挣扎中，意志得到磨炼，力量得到加强，心智得到提高，生命在痛苦中得到升华。当你从痛苦中走出来时，就会发现，你已经拥有了飞翔的力量。如果你没有经受挫折，你就会像那些受到"帮助"的蝴蝶一样，萎缩了双翼，平庸一生。

巴菲特热爱钓鱼，在他最喜欢去的一个码头，有个渔夫有着一流的捕鱼技术，被人们尊称为“渔王”。依靠捕鱼所得的钱，“渔王”积累了一大笔财富。然而，年老的“渔王”却一点儿也不快活，因为他三个儿子的捕鱼技术都极其一般。

于是他经常向巴菲特倾诉心中的苦恼：“我真想不明白，我捕鱼的技术这么好，我的儿子们为什么这么差？我从他们懂事起就传授捕鱼技术给他们，从最基本的东西教起，告诉他们怎样织网最容易捕捉到鱼，怎样划船最不会惊动鱼，怎样下网最容易‘请鱼入瓮’。他们长大了，我又教他们怎样识潮汐、辨鱼汛……凡是我多年辛辛苦苦总结出来的经验，我都毫无保留地传授给他们，可是他们的捕鱼技术竟然赶不上技术比我差的其他渔民的儿子！”

巴菲特听了他的诉说后，问：“你一直手把手地教他们吗？”

“是的，为了让他们学会一流的捕鱼技术，我教得很仔细、很有耐心。”

“他们一直跟随着你吗？”

“是的，为了让他们少走弯路，我一直让他们跟着我学。”

巴菲特说：“这样说来，你的错误就很明显了。你只是传授给了他们技术，却没有传授给他们教训，对于才能来说，没有教训与没有经验一样，都不能使人成大器。”

人们往往把苦难看作人生中纯粹消极的、应该完全否定的东西。当然，苦难不同于主动冒险，冒险有一种挑战的快感，而我们忍受苦难总是迫不得已的。但是，人生中的苦难总是完全消极的吗？并非如此。那些苦难对人生不但不是消极的，还是一种促进你成长的积极因素。如果一路都是坦途，那只能像渔夫的儿子那样，沦为平庸之人。

如果你现在正在经历这样那样的折磨，你就该庆幸，因为命运给了你战胜自我、升华自我的机会。人不能总停留在原地，而要努力向前。感谢折磨你的人，你将得到更迅捷的发展。

对于生活中的各种折磨，我们应时时心存感激，只有这样，我们才会常常有一种幸福的感觉，纷繁芜杂的世界才会变得鲜活、温馨和动人。一朵美丽的花，如果你不能以一种美好的心情去欣赏它，它在你的心中和眼里也永远娇艳妩媚不起来，而是如你的心情一般灰暗、毫无生机。

只有心存感激，我们才会把折磨放在背后，珍视他人的爱心，才会享受生活的美好，才会发现世界原本有太多的温情。心存感激，是一种人格的升华，是一种美好的人性。只有心存感激，我们才会热爱生活、珍惜生命，以平和的心态去努力地工作与学习，使自己成为一个有益于社会的人。

在心中记住蝴蝶的故事，想象自己有一天，也能蜕变成轻盈的蝴蝶飞过苦难之海！

任何人都会或多或少遇到坎坷颠簸，这是正常的，无须悲伤，无须抱怨，更无须绝望。世上没有绝望的处境，只有对处境绝望的人。只要勇敢面对，世界上没有过不去的坎。

在我们陷入逆境时，一味地埋怨是无济于事的，那只会让我们变得更加沮丧而觉得无望。与其苦苦等待，不如点燃自己手中仅有的“火种”和希望，去战胜黑暗，摆脱困境，为自己创造一个光明的前程。

在灰色的逆境中，不要让冷酷的命运窃喜，我们应该处之泰然。命运从来不相信抱怨，只相信抗争命运的人。强者的生活就是面对和克服那些像潮流一样涌来的逆境，他们不会放过磨炼的机会。

稍微偏转航向，逆风就是顺风

“没有哪一个聪明人会否认痛苦与忧愁的锻炼价值。”

危机来临时，股票狂跌、市场疲软、无数企业倒闭、工人失业、大学生就业困难，人们的生活陷入了混乱之中。但是，当危机肆虐的时候，难道我们就没有应对它的法宝了吗？

让我们从语言学的角度来考虑“危机”这个词的含义。

从“危机”一词的组合中我们可以看出：危险中往往蕴藏着新的机会。那些善于思考的人，往往能变“危机”为“良机”。

巴菲特很神奇，在金融危机中他旗下的公司损失甚小。2001 年的互联网泡沫他置身事外，这次百年一遇的金融危机中，他旗下的金融公司和保险公司几乎没有受到实质性的冲击，富国银行 2008 年的业绩保持了稳定的增长，甚至还打算收购美联银行；其二，别人都在惶惶不安中度日如年，巴菲特却手持大量现金勇敢地在抄底华尔街。华尔街的经理人这个时候都在烈火中煎熬，都在期待着危机的结束，实在顶不住的都在抛售筹码避险，巴菲特再次保持了成熟稳定的作风。他陆续收购高盛，入股通用电气、比亚迪等。巴菲特称美国经济正在经历“心脏病发作”式的苦难，并预测当信贷紧缩状况缓和之时，通用电气和高盛集团等公司将会繁荣发展。他在 2007 年年中的高位出清中石油，2008 年年中抄底通用电气，入股高盛，这是对他的投资准则最有力的印证。

在我们看来是一桩坏事，但有的人却能从中看到机遇。不仅我们常常误解了好人与坏人的样子，我们也常常会误解机会与危险。

如果你的人生中没有任何的危机感，那你将面临的可能是一个潜在的人生危机。我们知道处于和平时期的人们偶尔也会进行军事演习来保证自己的战斗力。如果你想在出现危机、面对挑战的时候有一个好的状态，那就要在安定的时期给自己压力。

每次看到短跑运动员在田径场上飞奔的时候，人们忍不住会问一个问题：这些运动员在平时也会以这种速度跑步吗？这是一个看起来非常愚蠢的问题，但由此却可以引申出一个更有深意的问题：为什么这些运动员平时的速度跟比赛时的速度会有如此大的差异呢？

一个简单而合理的解释就是：他们在平时不会保持高度紧张。确实如此，对于比赛中的运动员来说，不停跳动的秒针、身边闪过的选手，以及前方不远处的终点线……都会给他们带来巨大的压力，使其无形之中产生一种强烈的紧迫感，从而使他们的精神也会因此保持高度紧张，速度自然也会加快。

在巴菲特的公司，曾经有个风传一时的故事，说是有一个一向为学生爱戴的经理，有一次问一个员工，为何他没把指定的作业做好。员工回答说："我觉得不太舒服。"

这位经理说："史密斯同学，我想，有一天你也许会发现，世界上大部分事，都是由觉得不太舒服的人做出来的。"

这个故事很短，可它却给压力管理做了一个最好的注解。

逆境是人生中一所最好的学校。每一次失败、每一次挫折，都孕育着成功的机会。逆境往往是通向真理的重要路径，它教会你在下一次的表现中更为出色。在每一次的痛苦过去之后，想方设法将失败变成好事，人生的机遇就在这一刻闪现，这苦涩的根脉必将迎来满园的花绿桃红。

巴菲特说："不经劫难磨炼的超脱是轻佻的。"树木受过伤的部位，往往会变得更坚硬。在工作中的成长也是如此，经历过逆境的人，才能磨砺出优秀的品质，成为一名优秀的员工。

在人生的旅途上，狂风暴雨总是难以避免，但绝不应成为我们退缩的理由。人生没有什么不可能，只要我们与希望同行，只要我们有坚定的信念并愿意为之不懈地努力追求。在逆境中需要我们为自己多多鼓掌，多一点自我激励，就一定能实现自己的梦想。

其实，只靠别人的赞扬和激励还不够——因为生活中不光有赞扬，你碰到更多的可能是责难、讥讽、嘲笑。在这个时候，你一定要学会从自我激励中激发信心，学会自己给自己鼓掌。

身处逆境时，给自己多多鼓掌。美国一位心理学家说过："不会赞美自己的成功，人就激发不起向上的愿望。"别小看这种"自我赞美"，它往往能给你带来欢乐和信心，信心增强了，又会鼓励你获得更大的成功。一个成功人士说："别在乎别人对你的评价；否则，反而会成为你的包袱，我从不害怕自己得不到别人的喝彩，因为我会记得随时为自己鼓掌。"

给自己鼓掌，赞美自己的一次次微小的成功，不断增强信心，从而获得成功。如果说为他人喝彩是一种鼓励、一次奖赏的话，那么为自己喝彩则是一种自信。

能为自己喝彩的人一定是强者，因为他敢于接受任何挑战，自强不息，正是这种喝彩给他们带来源源不断的动力，无悔地追求自己的理想，最终实现自己的目标。"天生我材必有用，千金散尽还复来。"坚信自己的价值，学会为自己喝彩，才会拥有一个精彩的有意义的人生。

面对逆境，怨天尤人只是徒增烦恼，只有自强不息，才能最终实现自己的梦想。"自知者明，自强者胜。"其实，要想在逆境中获得生机，首先要有一种积极的心态，不要畏惧磨难，而且要学会将逆境和磨难视为人生的财富。处在逆境中不要害怕，调整心态，勇于迎接挑战，运用智慧去积极地解决问题，相信任何困境都将成为你成功的一个机遇。

也许你现在的境况很糟糕，但这将只会是一个暂时的情况。可能你还没有认识到自己正处于一个重要的改变自我、突破自我的阶段，可能你对现在自己的一些困境有点难以承受，并且不愿意向人透露。不过，当你在了解秘密法则的时候，你要懂得：即使情况很糟，你也要学会从好的方面来看问题。如果这样想的话，你就会发现，对别人来说糟糕的事情，对你来说是好事情。

拿到一手好牌赢别人不一定是高手，真正的高手是不管拿到什么牌，都能最终用烂牌打败别人的好牌。

有这么一个故事：19 世纪美国加州发现金矿的消息使得数百万人涌向那里淘金。17 岁的小女孩雅木尔也加入了这个行列。一时间加州的淘金者面临着水源奇缺的威胁。人们大多数都没有淘到金，小雅木尔也未淘到金。

可细心的小雅木尔发现，远处的山上有水。她在山脚下挖开引渠，积水成塘，然后，她将水装进小桶里，每天跑几十里路卖水，不再去淘金，做没有成本的买卖，生意极好，可淘金者当中有不少人嘲笑她。许多年过去了，大部分淘金者空手而归，而雅木尔却获得了 6700 万美元，成为当时很富有的人。

塞翁失马，焉知非福。任何危机都蕴藏着新的机会，任何逆境换个角度说不定就是顺境，这是一条颠扑不破的人生真理。而能否有效地利用危机，从危机中发现机会，便是成功的一大关键。

第九章

拒绝逃避，直面挑战

既然已经发生了，你就得勇敢地面对

“艺术家的一切自由和轻快的东西，都是用极大的压迫而得到的，也就是伟大的努力的结果。”

巴菲特曾经说过：“面对挑战，应舒展愁眉，开颜欢笑。”生活中，别人随时有可能向你发出挑战。此时，你可能恼怒，可能愤慨，可能逃避，总之不能以平常心接受，更谈不上开心和快乐。可是你有没有想过，别人为什么会挑战你？如果你处处平庸，没有什么可以拿出来和别人一比高下，那么别人挑战你又有什么意义？所以，被挑战是一种存在的荣耀，证明你给别人造成了压力，你是优秀的，你有别人想要超越的地方。

一匹马如果没有另一匹马紧紧追赶并要超过它，就永远不会疾驰飞奔。马需要挑战，人更需要挑战。刘翔在跨栏比赛中破了世界纪录，成了体育界的焦点。与刘翔一起比赛的人，都是来自世界各地的跨栏高手，正因为面对这样强劲的对手，所以平时刘翔才会不断地提高自己，才会使他在比赛中有更出色的表现。菲尔普斯被对手一次又一次地挑战，才在北京奥运会上取得“八金”。试想一下，如果刘翔的对手只是一些普通的运动员，他在平时还会这样锻炼自己吗？那他还会成为世界瞩目的体育明星吗？菲尔普斯还能创造奇迹吗？

青松总是屹立在寒冷的冬天，雪越厚，它站得越直。面对挑战，可以看出人的气度和修养。很多时候，面对别人的挑战，别人的语气、眼神、手势等都可能搅扰我们的心，使我们丧失往前迈进的勇气，甚至让我们成天沉迷在愁烦中不得解脱，在前进的道路上迷失自我。面对人生，就让我们以闲看云卷云舒、花开花落的心境，以从容去选择，选择一种气度，选择一种风范，选择一种壮美。

巴菲特非常推崇爱迪生，他认为他身上具有企业家最宝贵的品质——百折不挠。

爱迪生研究电灯时，工作难度出乎意料的大，1600 种材料被他制作成各种形状，用作灯丝，效果都不理想，要么寿命太短，要么成本太高，要么太脆弱，工人难以把它装进灯泡。全世界都在等待他的成果。

半年后人们失去耐心了，《纽约先驱报》说：“爱迪生的失败现在已经完全证实，这个感情冲动的家伙从去年秋天就开始研究电灯，他以为这是一个完全新颖的问题，他自信已经获得别人没有想到的用电发光的办法。可是，纽约的著名电学家们都相信，爱迪生的路走错了。”

这时候，爱迪生什么意见都没发表，他不为所动，从容而淡定地继续着自己的实验。

英国皇家邮政部的电机师普利斯在公开演讲中质疑爱迪生，他认为把电流分到千家万户、还用电表来计量，是一种幻想。

爱迪生继续摸索，仍然什么也不说，对别人的恶言恶语没有表示一点不满。

人们还在用煤气灯照明，煤气公司竭力说服人们：爱迪生是个吹牛不上税的大骗子。就连很多正统的科学家都认为他在想入非非，有人说："不管爱迪生有多少电灯，只要有一只寿命超过 20 分钟，我情愿付 100 美元，有多少买多少。"有人说："这样的灯，即使弄出来，我们也点不起。"他毫不动摇。

在进行这项研究一年之后，他终于造出了能够持续照明 45 小时的电灯，完成了对自己的超越。经过自己的坚持和努力，爱迪生不但促成了自己的蜕变，牢牢树立了自己在世人心目中伟大发明家的地位，而且促成了人类生活方式的一次大变革。正是因为有了他的这项发明，人类才真正进入了电气时代。

他说："感谢你们把那么多的目光全部聚集到我身上，感到压力的同时我也感到了荣耀，正是你们的挑战让我有了今天的成功。"

人的一生不可能是一帆风顺的，当我们面对挫折和困难时，我们只要选择坚强，勇敢接受命运的挑战，经过不断的努力与磨炼，就能到达成功的彼岸。

在职场中打拼，难免会遭受挫折与不幸，甚至失败。例如，你的想法得不到上司的肯定，公司里其他人阻挠你的工作，当你试图主动提建议时总是遭到白眼。但是，即使这样，也不要忘记感恩。

失败算什么？在挫折和失败面前，我们必须有一种永不言败的心态。我们要感激失败的考验，从失败中走出一条新路，这样才有希望摘取成功的桂冠。

作为"股神"，巴菲特遭受过很多质疑，但是他从不妥协，他给股东们讲过这样一个故事：

龙虾与寄居蟹在深海中相遇，寄居蟹看见龙虾正把自己的硬壳脱掉，只露出娇嫩的身躯。寄居蟹非常紧张地说："龙虾，你怎可以把唯一保护自己身躯的硬壳也放弃呢？难道你不怕有大鱼一口把你吃掉吗？以你现在的情况来看，连急流也会把你冲到岩石上去，到时你不死才怪呢！"龙虾气定神闲地回答："谢谢你的关心。但是你不了解，我们龙虾每次成长，都必须先脱掉旧壳，才能生长出更坚固的外壳，现在面对危险，只是为了将来发展得更好而做出准备。"寄居蟹细心思量一下，自己整天只找可以避居的地方，而没有想过如何令自己成长得更强壮，整天只活在别人的荫庇之下，难怪自己永远都没有发展。

巴菲特就这样从容地应对挑战，一路上保持着灿烂的笑容和坚强的内心。因为他知道，每个人都是一道彩虹，他自己同样是一道别人永远无法再次演绎的彩虹。而正是在这一个又一个的挑战中，他愈发光彩鲜亮，他的果敢睿智、他的才华横溢越来越得到人们的认可，那些挑战他的人最后都成就了他的辉煌人生。

被挑战是一种荣耀，放开自己，挣脱别人的束缚，不要被别人的言论和行动所左右，找到属于自己的天空，你才能活得更洒脱，才能在充满坎坷的人生道路上走得更踏实。

人的一生不可能没有挑战，无论你是一贫如洗，还是家财万贯，你都不可避免地要面临挑战，与人抗争。

在曾风靡整个亚洲的韩国电视剧《大长今》里，作为一个被视为贱民的小女孩，长今一进宫就受到小宫女们的歧视，接下来就是一连串的挑战伴随着她。首先是小宫女们不准长今和她们睡同一个屋子，长今只好和连生在外面游荡。

后来她记起母亲对她说退膳间藏有母亲的饮食札记，就鼓起勇气和连生潜入退膳间，不料不小心打翻了皇上的夜宵驼酪粥。长今因此而受到训育尚宫的惩罚，她的苦苦哀求换来一个苛刻的条件：必须端起装满水的铜碗站着直到其他小宫女考试结束以后才可以放下。长今毅然地接受了这个挑战，从晚上站到早上，整整三四个时辰，没有放弃，后来终于感动了提调尚宫和训育尚宫，让她参加了考试。

在电视里，长今永远面对挑战，笑对人生，最终成了赢家。

每个人都是一样，只有面对挑战，方能有所突破，试问，又有哪个成功人士不是面对一次次挑战，才最终脱颖而出的呢？记住，小溪才会是涓涓细流，而大海永远是波涛汹涌，你愿意成小溪还是大海呢？

千万别说“我不行”

“后面就是悬崖，你退无可退。”

“那只狼始终跟在他后面，他不断地咳嗽和哮喘。他的膝盖已经和他的脚一样鲜血淋漓，尽管他撕下了身上的衬衫来垫膝盖，他背后的苔藓和岩石上仍然留下了一路血渍。有一次，他回头看见病狼正饿得发慌地舔着他的血渍，他清清楚楚地看出了自己可能遭遇的结局。除非，除非他干掉这只狼。于是，一幕从来没有演出过的残酷的求生悲剧开始了：病人一路爬着，病狼一路跛行着，两个生灵就这样在荒原里拖着垂死的躯壳，相互猎取着对方的生命……”靠着顽强的求生欲望，那个被同伴抛弃在荒野中的垂死的人最终用牙齿咬死了狼，喝了狼血，活了下来。

这是美国作家杰克·伦敦的著作《热爱生命》中一段关于人与狼搏斗的精彩片段，在他的另一篇小说《野性的呼唤》中，养尊处优的狗巴克被人偷偷卖到了寒冷的西北矿区，也爆发出了它野性、坚强的另一种潜质。生命的力量，在巨大的压力下能爆发出我们永远也想不到的潜能。

在不了解自己的情况下，人们通常会对自己产生怀疑，觉得自己没有办法突破自身的限制，发挥不出应有的作用。对于未知的环境，我们总是习惯于怀疑自己，总觉得自己不行。就是在这样自我怀疑的过程中，我们消磨了勇于突破的意志，也阻碍了自己爆发潜能的机会。其实，人们在通常情况下只发挥出了他个人能力的1/10，而在受到了严重的挫伤和刺激之后，才能将大部分或者全部隐藏的能力爆发出来。

有一位哲人说："束缚自己的枷锁往往是自己给自己戴上的"当自己开始怀疑自己，将自己的勇气和信心都锁进了冰冷的心门里的时候，我们就再也完不成心中积极向上的誓言了。所以，想要人生能够按照自己预定的方向走，想要发挥出自己的所有潜能，就要敢于打破自己强加给自己的枷锁、突破自我。

一天，一个喜欢冒险的男孩爬到父亲养鸡场附近的一座山上去，发现了一个鹰巢。

他从巢里拿了一只鹰蛋，带回养鸡场，把鹰蛋和鸡蛋混在一起，让一只母鸡来孵。孵出来的小鸡群里有了一只小鹰，小鹰和小鸡一起长大，因此它不知道自己除了是小鸡外还会是什么。

起初它很满足，过着和鸡一样的生活。但是，当它逐渐长大的时候，它内心里就有一种奇特不安的感觉。它不时想："我一定不只是一只鸡！"只是它一直没有采取什么行动。直到有一天，一只老鹰翱翔在养鸡场的上空，小鹰感觉到自己的双翼有一股奇特的力量，感觉胸膛里的心正猛烈地跳着。它抬头看着老鹰的时候，油然而生一种想法："养鸡场不是我待的地方，我要飞上蓝天，栖息在山岩之上。"它从来没有飞过，但是，它的内心有着飞翔的力量和天性。它展开双翅，飞到一座矮山顶上，极为兴奋之下，它再飞到更高的山顶上，最后冲上青天，到了高山的顶峰。它发现了伟大的自己。

也许有人会说："那不过是个很好的寓言而已。我不过是一个平凡的人。因此，我从来没有期望过自己能做什么了不起的事。"或许这正是问题所在——你从来没有期望过自己做出什么了不起的事来。这是事实，我们只把自己限制在自我期望的范围以内，我们压制了自己的潜能。但是人确实具有比表现出来的东西更多的才气、更多的能力、更有效的机能。

千万别说"我不行"！任何事情没做之前谁也不知道自己行不行。况且我们从尝试的利弊来考虑，尝试失败了，最多说明这条路确实行不通；而如果尝试成功了，岂不是让我们证明了自己可以做到？

如果别人能够静下心来饱读诗书，你也可以；如果别人能够和同学相处愉快、和父母相互理解，你也可以；如果别人能够站在众多的老师和同学面前说出自己的主张，你也可以。

巴菲特指出："失败不该成为颓丧、失志的原因，应该成为新鲜的刺激。"失败并不可怕，关键是要有从跌倒的地方站起来的勇气和心态。

人生的成功秘诀之一在于如何面对失败。有些人将失败看成打击，他的前一次失败就种下了下一次失败的种子，那是真正的失败者。另一些人将失败作为一种收获，每一次的失败就增加了下一次成功的机遇。屡败屡战，斗志便一次比一次强，愈战愈勇，最终胜利也就自然来临。

万事开头难，突破"我不能"最大的障碍，就是第一次挑战自己的极限。不过，一旦你有了这个好的开始，你就能相信自己有能力做好身边的每一件事，你的人生之路会越走越好。

任何成功者都不是天生的。无论遇到什么样的困难或危机，只要你突破自己的心理界限，相信自己，你就已经比过去更进步了。对你的实力抱着肯定的想法就能发挥出巨大的潜能，并且因此产生有效的行动，直至引导你走向成功。

检验一个人，最好是在他失败的时候，看失败能否唤起他更多的勇气；看失败能否使他更加努力；看失败能否使他发现新力量，挖掘潜力；看他失败了以后是更加坚强还是就此心灰意冷。

感谢失败吧！每一次失败，都是一次超越的机会，逃离失败、躲避失败，就会把一个人的活力与成长权利剥夺殆尽，使人变成行尸走肉。所以，失败是超越自我的重要推动力。每一次失败，都能磨炼你的技巧，增强你的勇气，考验你的耐心，培养你的能力。

站着死强过跪着生

“忍耐和坚持虽是痛苦的事情，却能渐渐地为你带来好处。”

在我们的生活中，嘲笑无时无刻不在窥视着你，嘲笑就像一把无形的剑，杀人于无形之中；嘲笑也像一支逼人的枪，让人于难堪中成名。正如鲁迅先生所言：沉默啊沉默！不在沉默中爆发，就在沉默中死亡。在嘲笑中也一样。

一只饥饿的鸭子在黑夜中的湖面里觅食，它忽然看见水中月光的倒影，它以为这是一条闪着银光的鱼。结果，它的举动遭到了几个同伴的嘲笑，这一笑使得鸭子极为难堪。从此，再也不敢潜水觅食了。从此，鸭子的身体起来越虚弱，最后死在了满是鱼儿的湖水里。嘲笑对于鸭子来说是一把致命的剑，最终落得了丧命的下场。

反观我们身边，其实也不乏这只鸭子一般的人，害怕失败，畏首畏尾，怕被人嘲笑。有些同学因为上课回答问题错误，被同学嘻笑了几声，从此便再也不敢回答问题了，这是很不应该的。孔子曰："知之为知之，不知为不知，是知也。"试想，如果不把自己的答案说出来，又怎知自己对错呢？

相反，对于有些人来说，他人的质疑和嘲笑正是他们前进的动力。只有能够在嘲笑中坚持、奋起的人，才能走到最后看到最美的风景。记得有一位老师曾经说过，对于有些学生，一般的鼓励是没有用的，关键要用锋利的刀子去做他们心灵的手术。很多时候，别人的嘲讽恰恰能够唤醒我们心底的那个巨人，引爆我们体内的无限潜能。

青年时代的巴菲特做投资的时候，因为自己来自于一个小城市，不少金融大亨根本看不起他，并常常嘲笑他。巴菲特认为，自己被这些所谓的专家看低，唯一的解决方法就是继续投资，并做出自己的成绩来。从此，他不分日夜地学习，终于让那些嘲笑他的专家心甘情愿地对他发出由衷的赞赏。

伟大的画家梵·高，曾做过无数次失败的行当：失败的画店学徒、失败的求学者、失败的传教士……但梵·高没有就此放弃，他坚定地选择了绘画作为自己的人生目标，虽然他还没有出发，嘲笑和打击便扑面而来，而相信自己的勇气把这一切都战胜了。随着时间的消逝，那些不可一世的嘲笑已经灰飞烟灭，真正留下来的是伟大的梵·高和他那炽烈美妙的画面万古长存。在真正的勇者面前，嘲笑是一支逼人的枪，让人在难堪中成名。

在人生的旅途上，我们必须以乐观的态度去面对失败，因为一帆风顺者少，曲折坎坷者多，成功是由无数次失败构成的。巴菲特对他的员工说："成功是一位贫乏的教师，它能教给你的东西很少；我们在失败的时候，学到的东西最多"，"跌倒了就要站起来，而且更要往前走。跌倒了站起来只是半个人，站起来后再往前走才是完整的人"。

在工作中，我们难免出现一些差错，难免遭遇失败。这时，我们要立即从跌倒的地方站起来，去战胜失败。如果不敢面对失败，在心理上产生畏缩情绪，就会给同事或者上司传达一种懦弱、无能的感觉，这样，领导也不会将重担交给你了。一个不能担当重任、害怕失败的人，怎么能在职场上取得成功呢？面对工作中的困难和挫败，只有始终保持昂扬的斗志，屡败屡战的人才能笑到最后，赢得机遇之神的垂青。

巴菲特认为，面对命运的打击，懦弱投降是无能的代名词，在强势面前不敢坚持自己，不敢争取他应该得到的，反而放弃能让人站立的自尊寻求妥协，这样的人，巴菲特不认为是值得尊敬，值得交往的朋友，他的身边根本就没有这样的朋友。

被嘲笑和谣言击倒的人很少有成功的机会，他们懦弱、卑微，没有坚持的目标，更没有奔向成功的毅力，在困难面前，没有打败它们的决心和勇气，没有战胜他们的豪情与壮志，这样的人怎么可能取得最后的胜利呢？

巴菲特的偶像，伟大的心灵导师，美国人戴尔·卡耐基利用大量普通人不断努力取得成功的故事，通过演讲和书唤起无数陷入迷惘的人们的斗志，激励他们取得辉煌的成功。每天都有大量的人在认真地探讨卡耐基的教学课程，但实际上，卡耐基自己的经历就是一部活生生的教材。

1880 年 11 月 24 日，戴尔・卡耐基诞生于密苏里州玛丽维尔附近的一个小市镇。父亲经营一个小小的农场。家里非常穷，吃不饱，穿不暖。由于营养不良，卡耐基非常瘦小，却长着一对与头部不很相称的大耳朵。

卡耐基上的小学校名很浪漫，叫玫瑰园，却非常简陋，只有一间教室。他在学校可不是一个听话的家伙。因为调皮捣蛋，搞恶作剧，他几次差点被学校开除。他那双又宽又大的耳朵是同学们嘲弄的对象。有一次，班上一名叫山姆・怀特的大男孩与卡耐基发生了争吵，卡耐基说了几句很刻薄的话，怀特被激怒了，便恐吓道：“总有一天，我要剪断你那双讨厌的大耳朵。”他吓坏了，几个晚上都不敢睡觉，害怕在自己进入梦乡以后被怀特剪掉了耳朵。

卡耐基 16 岁时，不得不在自家的农场里干更多的活。每天早晨，他骑马进城上学。放学后便急匆匆地骑马赶回家里，挤牛奶、修剪树木、收拾残汤剩饭……在学校里，瘦弱、苍白的卡耐基永远穿着一件破旧而不合身的夹克，一副失魂落魄的样子。有一次上数学课时，卡耐基被老师叫到黑板前解答问题。他刚走上讲台，就听见身后爆发出一阵哄堂大笑。下课后才明白同学们笑话他的原因。班上一名捣蛋鬼坐在他背后，在他的破夹克的裂缝处插了一朵玫瑰花，还在旁边贴了一张字条，写着：“我爱你，瑞德・杰克先生。”在英语中，瑞德・杰克与破夹克是谐音词。卡耐基非常难受，回家后他对母亲说：“同学们老是笑话我穿的破衣服，我不能集中精力听课。”妈妈说道：“你为什么不想办法让他们因佩服你而尊敬你呢？”

1904 年，卡耐基高中毕业后就读于密苏里州华伦斯堡州立师范学院。这时，家里已把农场卖掉，迁到学院附近。卡耐基负担不起市镇上的生活费用，就住在家里，每天骑马到学校去上课。他是全校 600 名学生中五六个住不起市镇的学生之一。他虽然得到全额奖学金，但还必须四处打工，以弥补学费的不足。

卡耐基发现，学院辩论会及演说赛非常吸引人，优胜者的名字不但广为人知，而且还被视为学院的英雄人物。这是一个成名和成功的最好机会。但他没有演说的天赋，参加了 12 次比赛，屡战屡败。三十年后，卡耐基谈及第一次演说失败时，还以半开玩笑的口吻说："是的，虽然我没有找出旧猎枪和与之相类似的致命东西来，但当时我的确想到过自杀……我那时才认识到自己是很差劲的……"经历失败后，卡耐基发奋振作，重新挑战自我。

1906 年，戴尔·卡耐基一篇以《童年的记忆》为题的演说，获得了勒伯第青年演说家奖。这是他第一次的成功尝试，这份讲稿至今还存在瓦伦斯堡州立师范学院的校志里。

年轻的卡耐基并没有因为同学们的嘲笑奚落而丧失斗志，从卡耐基身上我们可以看出，专心致志地向着一个准确的目标前进，所有的障碍就会不攻自破。要记住秘密的法则无时无刻不在我们的身边，它像一把利刃，帮助我们一路披荆斩棘；它像一盏明灯，带领我们走向美好的前方。

巴菲特曾经举过一个著名的例子：都说羊温顺老实，但是在狼的面前，绝对不会有心甘情愿地被吃掉的羊，它们会选择奔跑，至于奔跑以后的结果只是证明一种能力，成败自然不怨人，可是如果因为害怕，懦弱到连羊一样奔跑的本能都没有，未战而逃，这样的败局岂不是被人鄙夷？

不做懦弱的人其实很简单，自己想做的一定努力去做，别人强迫自己做的，可以选择不做。一个人在生活和工作中总有自己的一些原则，如果自己不喜欢，完全没有理由去迎合别人，而委屈自己做一些不喜欢做的事情，把握好这个度，我们为人就能更加光明磊落。

所以巴菲特教育子女，一定要成为一个敢做敢当，勇往直前的强者。巴菲特说：“不要别人说什么就做什么，听着就行了，做你自己觉得好的事情，总之，你的生活是你自己的，为什么要给别人机会支配我们的生活呢？最幸福的人不一定拥有所有最好的东西，他们只是享受人生中遇到的东西。

当逆境找上门来时你该如何应对呢？你是胡萝卜，是鸡蛋，还是咖啡豆？“咖啡豆”型的人之所以受到欢迎是因为：一方面，他们能够在困难和挫折面前保持自己的风格和理念，具有很强的坚韧性；另一方面，他们还能凭借自身的能力改变逆境。在他们身上，战胜困难的坚韧性得到了很好的体现，他们的职业能够得到和谐的发展。

我们要想做一个“咖啡豆”型的员工，需要我们在艰苦的、不利的情况下，仍能克服外部和自身的困难，坚持完成任务。当处于巨大压力或产生可能会影响工作的消极情绪时，能够运用某些方式消除压力或消极情绪，避免自己的悲观情绪影响他人。

努力一把，换来胜利的几率

“伟大变为可笑只有一步，但再走一步，可笑又会变为伟大。”

彼得最初从事音乐事业时候，可谓进入了一个人生的窘境，不仅自己的作品无人赏识，连自己租的房子的贷款都要还不上了。

其实在我们的人生中，也有很多时候需要面临这样的情况：成功的希望非常渺小，你甚至对它都不报任何的奢望，是收手还是继续努力，就在一念之间。

只要事情是正确、是应该做的，是为了你的人生理想而必不可少的，你就应该全力以赴。

彼得没有放弃，仍然继续创作，寻找着机会。彼得认为愿望载着我们驶向某个盼望已久的目的地，制定目标并为之全力以赴，常常能够提升自我尊重。

后来彼得始终坚持着自己的音乐之路，最终获得了别人的赏识，闯出一条属于自己的路。

有一个小伙子想在圣诞节之前赶到纽约，妻子去帮他买票，售票员却告诉她："很抱歉，没票了，而且有人退票的希望只有万分之一。"于是，妻子失望地回到家，告诉他所发生的一切，却没想到，听了妻子的话后，小伙子立即收拾好了自己的行李，准备出发。看到妻子很疑惑，小伙子这样说："我去碰碰运气，如果没有人退票，我就当是提着行李去散步了。"小伙子在车站里一直等待着，直到开车前的三分钟，终于等到了一位女士因为自己的孩子生病了不能出行而退票，他也因此踏上了去往纽约的列车。

这个小伙子就是美国百货业巨子甘布士。他回顾自己在创业上的成功经验时说："我之所以成功，是因为我抓住了万分之一的希望。别人以为我是傻瓜，其实这正是我与众不同的地方。"

生活中我们缺少的就是这种坚持。希望的事情没有做成后，就放弃了，伤心、失落，甚至抱怨，觉得老天对自己不公。甘布士之所以成功就在于他没有抱怨，而是怀着这万分之一的希望去努力，所以他不仅赢了得车票，还赢得了事业上的成功。

在职场中，处于类似的情境，有的人成功了，有的人却败得一塌糊涂，这并非二者的智力或运气有多大的差别，只不过有些人把找方法的时间用来寻找借口，而有的人把找借口的时间用来找方法。没有任何抱怨，没有任何借口，才是一个人高度负责、勇于战斗的表现。接到任务，果断地执行；碰到困难，充满智慧地解决，这是一个懂得感恩的员工应该做的事情。

一个 23 岁的女孩子，除了有着丰富的想象力之外，与别人相比没有什么不同，平常的父母，平常的相貌，上的也是平常的大学。

大学的宽松环境让她有了更多的时间去想象，她的脑海中常会出现童话中的情景：穿着白衣裙的美丽姑娘、蔚蓝的天空、绿绿的草地，当然，还有巫婆和魔鬼……他们之间有着许多离奇的故事。她常常动手把这些想法写下来，并且乐此不疲。

在大学里，她爱上了一个男孩儿，他的举止和言谈真的和童话里一样，他是她想象中的“白马王子”，她很爱他。但是，他却受不了她脑中那些荒唐的不切实际的想法。她会在约会的时候突然给他讲述一个刚刚想到的童话，他烦透了这样的远离人间烟火的故事。他对她说：“你已经 23 岁了，但你看来永远都长不大。”他弃她而去。

失恋的打击并没有停止她的梦想和写作。25 岁那年，她带着一些淡淡的忧伤和改变生活环境的想法，来到了她向往的具有浪漫色彩的葡萄牙。在那里，她很快找到了一份英语教师的工作，业余时间继续写她的童话。

一位青年记者很快走进了她的生活，青年记者幽默、风趣而且才华横溢。她爱上了他，并且很快步入了婚姻的殿堂。

但她的奇思异想同样让他苦不堪言，他开始和其他姑娘来往。不久，他们的婚姻走到了尽头，他留给她一个女儿。

她经受了生命中最沉重的一击。祸不单行的是，离婚不久，她又被学校解聘了。无法在葡萄牙立足的她只得回到了自己的故乡，靠领取社会救济金和亲友的资助生活。

但她还是没有停止她的写作。现在她的要求很低，只是把这些童话故事讲给女儿听。

有一次，她在英格兰乘地铁。她坐在冰冷的椅子上等晚点的地铁到来，一个人物造型突然涌上心头。回到家，她铺开稿纸，多年的生活阅历让她的灵感和创作热情一发不可收拾。

她的长篇童话《哈利·波特》问世了，并不看好这本书的出版商出版了这本书，没想到，一上市就畅销全国，达到了数百万之巨，所有人都为此感到吃惊。

她叫乔安娜·凯瑟琳·罗琳，荣登“英国在职妇女收入榜”之首，被美国著名的《福布斯》杂志列入“100 名全球最有权力名人”，名列第 25 位。

乔安娜·凯瑟琳·罗琳可能也曾幻想过自己有一天能得到读者的认可，不过这样的希望连万分之一也不到。不过她依然在坚持，从不放弃写作这个梦想，最后她做到了。我们在读《哈利·波特》的时候，更要读到的是这位了不起的作家身上具有的那种全力以赴追求梦想的精神。

坚持理想，只要你还在努力就有希望。为了那万分之一的希望，忽略来自外界的种种干扰，这只有伟大的人才能做到，做到的人，也必然伟大。

当我们面临逆境和挫折时，我们要像“咖啡豆”一样，保持自己的硬度，同时用自己的努力改变身处的逆境，使逆境发生质的变化。

当我们在逆境中不能自拔时，我们不妨想想“咖啡豆”是如何改变沸水的。让我们对挫折微笑，做一个坚毅与坚强的“咖啡豆”型的人，你会发现自己已经改变了逆境，正在迎来辉煌的事业！

在我们生活之中，只要有百分之一的机会，我们就应该继续争取，而不能束手就擒，望而却步。努力了而失败和放弃而失败虽然结果一样，但对于你的人生意义是迥然不同的。一个是开拓进取，永不放弃；一个是畏首畏尾，不战自溃。

事业忠告

第十章

让热情充满你的大脑

热情好似一把火

“要想在平凡中感受工作的伟大，在平凡单调的过程中享受工作的乐趣，就必定要以不平庸的态度去工作，让热情照亮阴暗的心境。”

巴菲特曾告诉过孩子们，做人可平凡不可平庸。年幼的霍华德问父亲，究竟平凡与平庸有何不同？巴菲特告诉他，平凡与平庸，是生活的两种状态，两种心境。所谓平庸，其实就是一种被动的工作态度。平庸者诸事平平，没有一事精通，这是平庸者的一种规律。平庸不但分散人的精力，而且永远不会把人们引向成功。一个人平庸与否并不在于薪金的高下，也不在于机遇的多少，而在于对工作有没有积极的热情和高度负责的精神。著名黑人领袖马丁·路德·金曾经说过：“如果一个人是清洁工，那么他就应该像米开朗琪罗绘画、像贝多芬谱曲、像莎士比亚写诗那样，以同样的心情来清扫街道。他的工作如此出色，以至于天空和大地的居民都会对他注目赞美：‘瞧，这儿有一位伟大的清洁工，他的活儿干得真漂亮！’”

一个人在工作时是否有巨大的热情，是巴菲特评价员工的重要标准。譬如，巴菲特曾表示过，银行企业并非他所喜欢的持股对象。银行业常见的资产与权益比率为20倍，因此很小比例的资产决策错误就可能造成股东权益大比例损失。所以巴菲特一直对银行企业敬而远之，但是他唯一感兴趣的就是以合理的价格买进管理非常优秀的富国银行。之所以做出这种有悖原则的事，是因为巴菲特认为一个优秀的企业应当有优秀的领导来带领其发展，而卡尔·赖卡德是银行业最优秀、最有工作热情的管理人。

还有一个例子是有关吉列的。按市场份额计算，吉列在全球刀片销售额中占了60%。吉列公司使用世界上最先进的成像、冶金和设计技术来开发最平常无奇的东西——不锈钢剃须刀片。大概许多人都想象不到这种简单产品背后却是如此不简单的故事。实际上，把平凡的东西做得不平凡，这也正是吉列能够凭剃须刀这种毫不起眼的小玩意历经百年而不倒的秘密之一。由于吉列不断创新并加强专利权保护，使公司一直处于市场领导地位直到现在。

巴菲特于1990年4月1日将吉列公司可转换优先股转换为普通股后，他在伯克希尔公司1990年的年报中再次对吉列的产品大加赞扬。巴菲特认为，这家公司在剃须刀产业的成功，不是由于其超级营销能力（虽然他们一再展示出这方面的能力），而是来自于其对于品质的无限追求，这种热情使得吉列持续不断地全力以赴推出更新更好的产品，尽管其现有产品已经是市场上的经典。

巴菲特对查克·哈金斯（时思CEO）的工作热情也颇为赞赏，认为正是他充满激情的工作让时思杰变得特别出色。他在1989年致股东的信中说：“时思杰出的表现好像变得很自然，但查克·哈金斯的管理却绝对不是侥幸，每天他都全心全意专注于生产与销售各个环节，将品质与服务的观念传达给公司上上下下几千位员工。每年销售超过2700万磅的糖果，在一家拥有225家店面，再加上一个邮购与电话中心，要让每个客户都能够满心欢喜地离去，实在不是一件简单的事，不过这差事到了查克的手上，总是让人感觉轻松自在。”

巴菲特还曾在1995年致股东的信中说：“52岁的托尼在政府雇员保险公司任职已有34年了，兼具智能、精力、品格与专注力，他是我心目中经营政府雇员保险部门的不二人选，如果我们够幸运的话，托尼应该还能再为我们经营政府雇员保险公司34年以上。”

从上面一系列的例子中，我们可以清楚地发现，巴菲特非常注重人的工作热情。巴菲特取得的惊人财富，与他自己对工作的热情也是分不开的。一直以来，巴菲特都专注于对完美的追求和对专业的精益求精。正是热情让他如一心要变大的雪球般裹紧自己所有能粘住的雪，疯狂地吸收。

在期待致富的热情驱使之下，他研究了大量股票，曾经在图书室和地下室认真研究别人动都不想再动的陈旧的股票记录；他每天早晨要认真阅读几份报纸，如饥似渴地阅读《华尔街日报》，甚至要求送报人等在他回家的路上，以便自己在午夜时分看到最新的报纸，而当第二天早上报纸开始发售的时候，巴菲特已经把当天报纸里面的内容全部吸收了。

巴菲特几乎不关注商业以外的任何事情——艺术、文学、科技、旅游、建筑——因此可以对自己的所爱倾注所有的热情，他有30年时间偶尔住在好友凯瑟琳·格雷厄姆的客房里，但是却从未注意到浴室中有一幅毕加索的真迹，他说：“我只知道那儿有免费的洗发水”。

在朋友的印象里，巴菲特是个非常有工作热情的人，不管做什么事情，他会排除干扰把自己全身心地投入在这件事情之上，无论是做生意还是和别人交谈，他都非常专注。有朋友曾说，他在华尔街工作过很久，从来没有看到任何一个人像他这般对工作有激情。当他买美国运通股票的时候，当他在投资于一个房地产股票的时候，当他在买韩国股票的时候，都很难描述他的热情程度。他早上来上班，然后晚上睡觉之前都在想这些东西。像他这么有热情的人，如果把这些热情用于唯一的任务再不成功是不可能的。

热情是卓越的助燃剂——巴菲特曾经这样告诉孩子们。他讲，你的热情不是为了获得财富、名声，如果你是碰运气，如果偶尔一次碰对那是有用的。但这是没有用的，你要变富，要成为行业里面的第一名，你要注入绝对的热情才可以完成。

生活中我们经常看到一些人抱怨自己的工作枯燥、卑微，轻视自己所从事的工作，无法全身心地投入工作。试想，如果他们总是以敷衍的态度对待工作，每天都或机械或糊弄地工作，同时不停地抱怨工作的劳碌辛苦，没有任何趣味，那他们的境况会自己变好吗？收入会增加吗？人会开心吗？

之所以会这样，只因为他们的工作热情不够。抱怨并不能改变现状，反而会将人拖进入平庸的旋涡。工作中，没有任何一个岗位，平凡到可以被忽略和被抛弃。无论我们从事的工作多么琐碎，都不要看不起它。因为所有正当合法的工作都值得尊敬，只要你诚实地劳动，没有人能够贬低你的价值。人生最大的挑战，不是突如其来的灾变和改变命运的选择，而是面对日复一日，年复一年，平淡而又极其平凡的工作生活。

在事业的舞台上，我们是以精彩的表演博得众人的喝彩和掌声，还是因蹩脚的表现而被迫退场，决定权在我们自己的手中。如果我们抱着做好做坏对我们意义不大的心态，又怎么会努力地工作，又怎么能将自己的水平发挥得淋漓尽致？如果我们对工作毫无热情，反映出来的就是对工作应付敷衍，业绩平平，毫无建树，甚至被淘汰。

无论你现在正从事着什么工作，都要将它视为你毕生的事业来对待。只有全情投入工作，视平凡的工作为终生的事业，充分焕发热情，你才能告别平庸的生活，实现自我价值。

其实，每个岗位都承担着一定的社会职能，都是从业人员在社会分工中获得的扮演角色的舞台。每个人不仅通过工作岗位获取生活来源，还能够履行社会职能，获得他人的认可和尊重。也许你的工作岗位并不如你所愿，也许你觉得大材小用，也许你觉得它是那么平淡无奇。但是，千万要记住，每一个岗位都是展示才华的舞台，大家从舞台上看到的是一个平庸的你，还是一个卓越的你，完全由你的演技决定，最根本是由你对工作的态度决定。

美国一家知名杂志曾进行过一项调查，他们分别采访了两组人，第一组是公司在职的高水平的人事经理和高级管理人员，第二组是商业学校的毕业生。他们询问这两组人，什么品质最能帮助一个人获得成功，两组人的共同回答是“热情”。

热情对于事业，就像火柴对于汽油。一桶再纯的汽油，如果没有一根小小的火柴将它点燃，无论它质量再怎么好，也不会发出半点光和热。而热情就像火柴，它能把你具备的多项能力和优势充分地发挥出来，给你的事业带来巨大的动力。

空谈不如实干

“行动是化目标为现实的关键步骤。”

彼得自小有极高的音乐天赋，他第一次弹钢琴就让已经学习了 7

年钢琴的姐姐自愧弗如。小小年纪的彼得并没有对自己的天赋有什么特殊的想法——弹琴这种技巧，对他来说与其他游戏没有什么不同。然而随着年龄的增长，彼得越来越被音乐的魅力所吸引。有一次他甚至豪情壮志地对家人说，将来要做音乐家，接着还绘声绘色地描述了自己的“未来规划”。巴菲特一边喝可乐一边微笑着倾听儿子的梦想。他对儿子的梦想表示支持，并且说万事说起来容易做起来难，与其坐在那里空谈，倒不如赶紧行动起来，做一些实事，早一日成功。

许多人习惯于做嘴皮子功夫，遇事总是说说而已，毫无行动，这种人最终会浑浑噩噩，一事无成。曾有人这样计算，人生如果以70年寿命来算，除去少不更事和老不方便的10年，也不过2万余天，再除去睡眠的1/4到1/3时间，剩下的时间真可说是一寸光阴一寸金。所以还是把那些有意义的事抓紧列出来，赶快去做，而不只是停留在嘴皮子上。

世上任何事情，如果不下决心去做，就永远没有成功的希望，要想获得成功，就非得打定主意专心致志地去做不可。

巴菲特走访过很多公司。在一个上午，巴菲特给奥马哈市某公司的推销人员做了一次励志性的谈话。当天晚上，巴菲特接到一个电话，是白天那家公司的推销员伊斯特打来的。伊斯特很激动地说：“我记住了你给我们的自我发动警句：不要空谈，想到就做！我就去看我的卡片记录，分析了10笔死账。我准备提前兑现这些账，这在先前可能是一件相当棘手的事。我重复了‘想做就做’这句话好几次，并用积极的心态去访问这10个客户。结果我做了笔大买卖！”

你或许也懂得“想做就做”的道理，但是你可能并没有把这个原则应用到你自己的经历中。伊斯特做到了这一点，不仅仅是伊斯特，我们都能做到。

天下最可悲的一句话就是：“我当时真应该那么做，但我没有。”

经常会听到有人说："如果我当年就开始做那笔生意，早就发财了！"一个好创意胎死腹中，真的会叫人叹息不已，永远不能忘怀。如果真的彻底施行，当然有可能带来收获。

你现在已经想到一个好创意了吗？如果有，马上行动。

你一定要制定一个人生的目标，并认真制定各个时期的目标。

苏西高中时有位朋友妮可，妮可一直想到巴黎旅游，于是她为自己设计了一个旅行计划。她花了几个月阅读能找到的各种资料——巴黎的艺术、历史、哲学、文化。她研究了巴黎地图，定了飞机票，并制定了详细的日程表。她标出要去观光的每一个地点，连每个小时去哪里都定好了。

苏西知道了妮可对这次旅游的安排，暑假过后到她家做客时问她："巴黎怎么样？"

"我想，"妮可回答，"巴黎是不错的，可我没去。"

苏西惊讶地问道："什么？你花了那么多时间做准备，出什么事啦？"

"我是喜欢定旅行计划，但我不愿坐飞机，受不了，所以待在家里没去。"

妮可的说法让苏西大跌眼镜。

心中有好的想法却不愿或不敢行动起来，类似的事情在你身上也可能发生。想想你是不是常常渴望实现某个目标，却没有为这个目标做出过一丝一毫的努力？我们应该懂得，要成功，光有梦想是不够的，还必须拥有一定要成功的决心，配合确切的行动，并且要坚持到底。行动，是通往成功的清幽小路。只有下定决心，历经学习、奋斗、成长这些不断的行动，才有资格摘下成功的甜美果实。而大多数的人，如同妮可一般，开始时都拥有很远大的梦想，却缺乏决心与实际行动，面对梦想不住退缩。种种消极与不可能的思想也随之衍生，甚至就此不敢再存任何梦想，甘于去过随遇而安、乐于知命的平庸生活。

冥思苦想，认真谋划，都不能代替实践。没有行动的人只是在做白日梦。安东尼·罗宾说过，行动是化目标为现实的关键步骤。在一次面对学子的演讲中，提到实干问题，巴菲特引用了诗人约翰·弥尔顿的句子：“只是站立等待的人不会有所得。”他认为弥尔顿这句话说得相当诚恳，完全能表达他的看法，值得深思。生命中真正的财富往往属于那些能以积极行动寻求成功的人。成功不会由挂着皇家徽章的铜管乐队伴随着行军而来，它往往属于长期艰苦奋斗的人。英国前首相本杰明亦曾指出，虽然行动不一定能带来令人满意的结果，但不采取行动就绝无满意的结果可言。

因此，如果你想取得成功，就必须先从行动开始。对我们而言，无论做什么事情，都要记住自己的使命，用行动来证明自己的能力，特别是梦想创造财富的年轻人，行动高于一切空谈，因为空谈只会让财富离你而去。记住，不要用任何借口来为自己开脱或搪塞，完美的行动是不需要任何借口的。

你工作的能力加上你工作的态度，决定了你的报酬和职位。只有那些想好了就立即行动的人，他们的工作效率才会惊人的高，往往也只有这样的人，才能担任公司最重要的职务。因此，要想获得成功的果实，光有想法是不够的，想好了你得去做，只有将想法付诸行动，并全力以赴地去做，才有可能获得成功的锦标。

对于我们大多数人来说，实干精神能够让你实现自己的愿望，从芸芸众生中脱颖而出。如果人们都能全身心投入到自己的工作中去，即便是能力一般的人，也能取得很好的成绩；即使那些令人厌烦的人，也会使人改变对他的看法。每一个上司自然而然地觉得，勤勤恳恳、全神贯注、充满热情的员工更有价值，每一次提升对他们都是莫大的鼓励。这些员工的积极心态也常常感染上司，上司也知道，这样的下属在尽力帮助自己，并且对那些喜欢逃避责任的员工也是一种激励。

在我们的工作生活中，也有一些人，对于领导安排的工作不是想方设法地把工作做好，更没有想到做好工作是自己的本分，而应付领导的安排甚至敷衍了事，还自以为聪明，还往往去笑话其他认真工作的同事，却没有想到最终被淘汰的是自己。

生活中那些充满乐观精神、积极向上的人，他们总有一股使不完的劲，神情专注，心情愉快，并且主动找事做，期望事业越做越大。

很多人心存这样的想法：人人都在命运之神的掌握之中，所以，只要等待好运降临就行了。这是一个可怕的念头，对人的天赋、智慧、品格祸害最大的莫过于此。要鼓起勇气，拿出力量，采取行动，要经常对自己说："我要完成它！"以这种态度做事，没有不成功的道理。在职场中，你要想提升自己，让自己脱颖而出，最重要的就是实干。如果你缺乏勇气、忍耐力、决断力，那就磨炼自己具备实干的能力，应该深信，你唯一神奇的力量就是实干。的确，没有人能够随随便便成功，除非他勤奋工作、努力奋斗、不懈追求。

光说不做，或者说得多、做得少，不注重落实和结果，是当今职场人士的通病。大多数人都是知之多于行之，没有主动去运用自己所拥有的丰富知识和经验，没有把知识和经验当作一部分工具来使用。正如彼得·德鲁克所说的那样："我们大多数人都只关注把我们知道的东西划分到不同的专业领域去，而非竭尽全力去运用知识的力量来应付各种不同的问题。"

方案再完美，如果不去执行，就一点价值也没有。成功的企业实际上和它们的顾客靠得很近，即其他的企业在谈论，而成功的企业则在行动。这就是成功企业与一般企业的不同之处，同样的，也是优秀员工与平庸员工的区别。

那些失败的员工之所以失败，最重要的一个原因就是只设定了一个远大的目标，却很少关心如何实现这一目标。仅仅是对问题做出界定还远远不够，更主要的是行动，是马上实施解决问题的方案和措施。然而在现实中，“说”代替了“做”的现象存在于许多企业中，这也是敬业心缺乏的表现。

在企业中，管理人员常常将讨论、撰写作为企业工作的重心，重视制订计划、会议研讨、准备书面材料等案头工作，都忽略了将纸上的演示变为执行的落实；另一种现象是把企业信条或价值观以某种方式表达出来（如印刷小册子给员工、客户，或是印在海报上），但是这样做的只是表面，希望得到的结果并不会自动变成现实。用企业的信条代替行动是战略目标得不到落实的最普遍的一种形式。

事实上，停留在分析和规划阶段，不拿出行动，就永远达不到目标。尽管规划和分析有时也很有用，但对我们想达到的结果并不能产生任何直接的影响，最好的落实就是运用现有的时间、资金和资源，竭尽全力去完成使命，从今天开始就做力所能及的事情。要想摆脱没有结果的困境，你必须遵循以下原则：

1. 切忌把问题复杂化。

2. 做了再说。

3. 主动帮助别人。

4. 与同事精诚合作。

5. 不找任何借口。

6. 切忌空谈，任何时候都关注落实和结果。

巴菲特在谈到员工素质时讲过，一个敬业的员工不会只把工作动力与目标规划停留在纸上，他会利用一切有利条件，去践行自己的理想。对一名员工而言，虽然过程可能会很艰难，但取得的成绩肯定也是巨大的。所以，无论是生活还是职场，有一条永远需要被铭记的信条就是：少说多做，注重落实和结果。

缺乏决心与实际行动使梦想开始萎缩，种种消极与不可能的思想随之衍生，甚至于就此不敢再存任何梦想，过着随遇而安、乐天知命的平庸生活。这也是为何成功者总是占少数的原因。

梦想是成功的起跑线，决心则是起跑时的枪声。行动犹如跑步者全力的奔驰，唯有坚持到最后一秒的人，方能获得成功的锦标。如果此刻你已经拥有了梦想，还是少说几句，把精力用在行动上，这样你就会早日成功。

用激情带动整个集体

“激情是具有感染力的。”

成功的人总是不缺乏激情，大家印象中的巴菲特似乎总是一个睿智、理性，并能时刻保持冷静的人。其实并不完全这样，不管是对待生活还是工作，巴菲特总是充满活力与激情。

在生活中，大多数夜晚，巴菲特都在家和阿斯特丽德（他的第二任妻子）共进晚餐，吃的是猪排汉堡之类。几个小时后，他开始上网玩桥牌游戏，这是他每晚热衷的项目，一星期要占用他 12 个小时。他似乎毫不介意屏幕的背景噪音，阿斯特丽德任由他玩游戏，偶尔他会喊她：“阿斯特丽德，给我拿罐可乐!”在厄尼斯特（巴菲特的祖父）家，那有一个书架，收藏了《进杂货店老板》杂志的每一期，巴菲特总是读得津津有味，“怎样为一个肉店进货”之类的话题令他着迷。巴菲特非常喜欢《华尔街日报》，于是他和当地的报纸经销商做了个特殊的交易。每天晚上《华尔街日报》一到奥马哈，就会有一份报纸被拿出，在午夜前放在巴菲特的车道上，他喜欢坐等第二天的报纸，在大家都还没有拿到报纸前先睹为快。微软总裁的比尔·盖茨被初次与巴菲特见面，巴菲特跳过了无谓的寒暄，直接问比尔 IBM 的将来会怎样，是否会成为微软的竞争对手……盖茨悉心解释……两分钟后，二人聊得非常投机……他们继续聊着，无视周围西雅图的社会名流……他们在卵石海滩上散步，他们开始彼此欣赏。

在投资上，巴菲特同样如此。在 1987 年，解决完所罗门投资案后巴菲特品尝了一些可口可乐，这也多少弥补了他在所罗门投资案中所遭遇的不快。之前在白宫的一次晚宴，他遇到了老朋友唐·基奥——当时可口可乐公司的总裁。巴菲特当时喜欢樱桃糖浆配方的百事可乐，基奥劝说他尝试新出品的樱桃可口可乐，巴菲特尝了尝，从此爱上了那种味道，并于 1988 年投资 5.93 亿美元买入可口可乐股票。

他周身洋溢的激情感染了身边每一个人。芒格这样评价搭档巴菲特："在过去近 50 年的投资长跑中，他始终表现出超人的聪颖和年轻人般且与日俱增的活力。"巴菲特对于投资领域的激情是常人难以想象的，也正是这股激情，让使他的团队也受到感染充满活力，他们共同努力，在金融领域所向披靡。巴菲特曾经对大儿子霍华德讲，对工作充满激情并让这激情影响到你身边的人，是一个领导者应该具备的良好素质。

之所以巴菲特会这样讲，是因为一个高层管理者情绪的好坏，甚至可以影响整个企业的气氛。如果他经常由于一些事无法控制自己的情绪，有可能会影响到整个企业的效率。对此，霍华德有亲身经历。

霍华德一次因急于赶时间去公司，结果闯了两个红灯，被警察扣了驾驶执照。他感到十分沮丧和愤怒。他抱怨说：“今天活该倒霉!”

到了办公室，他把秘书叫进来问道：“我给你的那五封信打好了没有?”她回答说：“没有，我……”霍华德立刻火冒三丈，指责秘书说：“不要找任何借口！我要你赶快打好这些信。如果你办不到，我就交给别人，虽然你在这儿干了3年，但并不表示你将终生受雇!”

秘书用力关上老板的门出来，抱怨说：“真是糟透了！3年来，我一直尽力做好这份工作，经常加班加点，现在就因为我无法同时做好两件事，就恐吓要辞退我。岂有此理!”秘书回到自己的办公室仍然在发怒。她进了屋，看到一个员工正在用她的打印机打印文件，在极其愤怒之下，她嚷道：“我告诉你多少次了，不要私自动我办公室里的物品，你就是不听!”

霍华德的愤怒在公司扩散开来。中午他走出办公室和大家一起用餐，发现大家的情绪都很糟糕。“真是个倒霉日子，大家都这么郁闷。”霍华德心想。他没有像往常一样跟大家吃饭，一个人端着餐盘来到窗边的位子。无意中，霍华德看到窗玻璃上反射出的自己阴沉的脸，想起父亲说过的话，他恍然大悟。

当一个管理者情绪很糟的时候，会产生连锁反应，所以一个成熟的管理者应该有很强的情绪控制能力。

当你成为一个管理者的时候，你的情绪已经不单单是自己私人的事情了，它会影响到你的下属及其他部门的员工，而随着职务的升高这种影响力也不断扩大。一个高层管理者情绪的好坏，甚至可以影响整个公司的气氛。如果他经常由于一些事无法控制自己的情绪，有可能会影响到整个公司的效率。

因此，领导者必须具有控制情绪的能力，要做到即便是在生气时也尽量避免让员工感到对他的不满。为了避免在批评员工时情绪失控，那些大企业的人力资源主管会在心平气和的时候再找员工谈话。另外，有些优秀的领导者善于使用生气来进行批评，这种批评方式可能言语不多，但效果十分明显，特别适用于屡教不改的员工。这种生气与情绪失控不同，它是有意的，故而不会失控。

虽然控制情绪如此重要，但真正能很好地控制自己情绪的管理者并不多，特别是对于性情急躁和追求完美的管理者而言，这更是一种很难培养出来的能力。同样的事由于说法不同，甚至会伤及感情。人们都曾有过这样的经验，由于措辞的方式不同，有时好事也成了坏事。因此，当下属员工向自己汇报工作时，领导者要慎重地措辞，尽可能表现温和，不要搅乱了对方的心情，让对方能不排斥地接纳自己的主张。

情绪对他人的影响分为正面和负面的。如果我们能将其正面影响加以利用，就能改善整个团队的精神状态。爱默生说：“有史以来，没有任何一项伟大的事业不是因为热忱而成功的。如果一个人以精益求精的态度、火热的激情，充分发挥自己的特长来工作，那他做什么都不会觉得辛苦。”热忱的态度是我们工作成功的重要因素，而情绪的动力是推动我们向前进的力量。将二者综合起来利用，是一种高妙的领导艺术。

巴克是伯克希尔公司一家软件公司的业务主管，现在这家公司的生意非常好，公司的每一个员工对待自己的工作都充满了热情。

每天，巴克第一个到公司，并微笑着与后到的每一个同事打招呼。开始工作时，他便容光焕发。在工作的过程中，他调动自己和同事的积极性，开发新的工作方法。在他的影响下，公司的员工也都早来晚走，斗志昂扬，即使有时候肚子饿了，也舍不得离开自己的工作岗位。正因为他经常保持这种激情四射的工作状态，在很短的时间内，便被经理提拔到业务主管的位置。

在他的带动和感染下，员工们也一个个充满了激情和活力，公司的业务量也不断上升。

一支正在执行作战任务的舰队，有了正确的战略和船长的合理指挥，船员们在斗志昂扬的状态下，就一定能打胜仗。现代公司里的团队也是如此，如果公司里工作氛围融洽、员工工作积极性高，就能提高工作效率，工作成果也会稳步提高。用你的激情感染所有的人，让快乐的情绪充满公司的每一个角落，那么整个企业就会是一个充满激情和战斗力的团队。

一个领导者可以做到这点，一个普通的员工也可以做到这点。对工作充满热情就能够产生强大的动力，不仅可以使自己提高工作效率，还能够带动周围的人更好地完成工作。这种员工是任何一个公司都迫切需要的。卡耐基也曾说过，一个年轻人最让人无法抵御的魅力，就在于他满腔的热忱。

许多人对自己的工作一直未能产生足够的激情与动力，主要的问题就出在他根本不知道自己为何需要这份工作。其实，能拥有工作是幸福的，巴菲特曾经说过，工作是你可以依靠的东西，是个可以终生信赖且永远不会背弃你的朋友。连拥有亿万资财的商界巨子都如此热爱工作，那我们似乎也难以找出不喜爱工作的理由了。

如果你是一个乐观积极、充满激情的人，那么周围所有的人都会感受到你的热情，他们也会因此而变得充满热情起来。相反，如果你整天郁郁寡欢、毫无活力，那么你周围的人也会受到这种负面情绪的“污染”而变得缺乏活力。

好的情绪给团队带来正面影响，不好的情绪让整个团队战斗力下降。所以，我们应该特别注意自己的“感染力”，力争让自己给大家带来好的影响。

从不厌倦的秘密

“做工作充满了热情，拿出100%的热情来对待1%的事情，就永远不会对工作产生厌倦。”

巴菲特对金融行业抱有极大的热情。巴菲特在哥伦比亚大学读书时，由于对老师格雷厄姆的崇拜，亲自拜访了格雷厄姆当时担任董事的政府雇员保险公司，并与值班经理进行了5个小时的交谈，以了解该公司的有关情况和业务操作过程。后来返回家乡后，他在父亲的经纪公司担任股票经纪人时，热情地向客户力荐政府雇员保险公司的股票，但由于人们对该公司股票不太了解，也就没多少愿意持有这只股票，甚至很多顾客还向其父亲抱怨巴菲特向他们推荐烂股。为了消除大家的疑虑，巴菲特自己动用了自己当时资金的三分之二（1万美元）购买了这只股票。通过购买和拥有这些保险公司的股票，巴菲特进一步了解到了保险公司是如何运作与赚钱的。这种由点到面的深入了解，反过来又大大增强了他继续购买的信心。

他年少时即有的对金融业的热情让人惊叹，而这种让人惊叹的热情，贯穿了他的一生。在金融领域，他仿佛永远不知厌倦。显然，他与绝大多数人不同。

有很多公司的员工做起事来都显得心浮气躁，小事不愿做，大事做不了。人们常常听见他们抱怨自己的工作：

“我的工作真是无聊透顶！”

“每天面对重复的工作，我简直要疯了!”

“工作做完就行了，哪还管得了那么多?!”

抱怨工作乏味；抱怨公司的老板；抱怨工作时间过长；抱怨公司管理制度过严……其实，当我们对工作感到厌倦而提不起精神时，当我们对公司的制度产生怀疑时，与其抱怨，不如直面现实，正视自己的工作，或者以一种对公司负责的精神质问自己为公司做了什么，或者自己能为公司做些什么。

经常可以听到人们抱怨自己的职位、待遇不尽如人意，却很少有人从自己入手，分析情况，挖掘自己的内在潜力，让自己集中精力，专心致志地投入到自己的工作当中去。

霍华德离开学校后进了一家公司工作，一晃一年多过去了，一直都没有什么太大的变化，他对自己的工作很不满意，甚至都考虑过要辞职。但是，又害怕辞职后一旦找不到合适的工作，就面临失业的问题，犹豫再三后，最终还是自我安慰一番，打消了这个念头，决定就这样混下去。

有一天，他回家参加家庭聚会，在餐桌上开始抱怨自己的工作环境。巴菲特一脸严肃地说：“造成目前这种状况，你思考过原因吗？你尝试过了解你的工作，让自己从内心深处对这份工作真正产生兴趣，并喜爱它吗？你是否在工作中真正地把它当成一项伟大的事业而认真努力过？如果你仅仅是因为对目前的工作职位、薪水感到不满而辞去工作，你也不会有更好的选择。稍微忍耐一下，转变你的态度，试着从现在的工作中去发现价值和乐趣，你将会有意外的收获。如果你真正这样努力尝试过之后，依然没有什么改观，再辞职也不迟。”

父亲的一番话对霍华德的触动很大，他开始尝试着以积极的态度去处理自己的工作。结果，感觉和效果与以前相比大相径庭，不满情绪也渐渐消失了，对工作也渐渐产生了一种让他留恋的感觉。因此，他的工作才能得到极大地展示，也很快得到了上司的提拔和重用。

如果你不清楚自己的工作，不知道或完全忘记自己应负的责任，就不要抱怨老板不给你机会。很难想象，人们为什么如此善于抱怨，能够把工作中的不利因素观察得如此透彻，却无法将工作做好。这的确是一件非常奇怪的事。如果那些一天到晚想着如何抱怨工作的人，能将这些精力及创意的一半，用到工作上，他们就有可能取得巨大的成就。

最好的劳动成果总是由头脑聪明并富有工作激情的人完成的。

激情是鞭策和鼓励我们奋进向上的不竭的动力，只有对工作充满激情，才能使自己对现实中所有的困难和阻碍毫无畏惧。激情，是一种能把全身的每一个细胞都调动起来的力量。在所有伟大成就的取得过程中，激情是最具有活力的因素。每一项改变人类生活的发明、每一幅精美的书画、每一尊震撼人心的雕塑、每一首伟大的诗篇以及每一部让世人惊叹的小说，无不是激情之人创造出来的奇迹。最好的劳动成果总是由头脑聪明，勤奋富有工作激情的人完成的。

在职场上，激情创造成功的范例有许多许多。我们的生命，一半是给工作的，如果我们缺乏对工作的激情，工作就会变成无休无止的苦役，这是一件非常可怕的事情。正如加缪描写的古希腊神话中的西西弗的境遇：他不停地把一块巨石推上山顶，而石头由于自身的重量又滚下山去，再也没有比进行这种无效无望的劳动更严厉的惩罚了。然而，倘若我们真的处在这样的命运摆布之中，尽管可以找到怨天尤人的理由，但是，有一点必须注意的是，我们自己应对困境负主要的责任。我们往往把工作当成赚钱的手段，很少把它与实现快乐的途径联系在一起，而对待工作的态度是以金钱的多少为转移的。

很多人的致命伤在于丧失了上进的动力和兴趣，从而阻碍了自己的发展。其实工作的成就感绝不只是靠金钱得到的，把收入看淡一点，从工作中发现兴趣，远比盲目地另找一份工作要实际。对自己的工作充满激情的人，不论工作有多少困难，或需要多少的努力，始终会用不急不躁的态度去进行，而且一定能够出色地完成任务。

乐业，是一名称职员工必须具备的一种职业精神。即使你的处境再不尽如人意，也不应该厌恶自己的工作，世界上再也找不出比这更糟糕的事情了。如果环境迫使你不得不做一些令人乏味的工作，你应该想方设法使之充满乐趣。用这种积极的态度投入工作，无论做什么，都很容易取得良好的效果。

受到父亲的熏陶，苏茜总能保持对工作的热情。苏茜做过《美国新闻与世界报道》栏目编辑的行政助理，每天要处理大量的文件和资料，难免遇到许多操作性的事务重复再重复。每到这时，她都会为自己泡一杯清茶，用五分钟时间静气凝神，而后集中精力来处理这段工作，在最短的时间内结束战斗。交完工作后，才信步回到自己的小世界里，开始思如泉涌、充满热情地继续那部分自认为可以充分发挥创造力和显露个性特色的工作，从中找到自信并感觉到“自我”的存在。同时她也喜欢当上司批改完她的文件时，那满意而赞赏的目光。

每个人都应该学会热爱自己所从事的工作，即使做的是一份不太喜欢的工作，也要心甘情愿地去做，凭借对工作的热爱去发掘每个人内心蕴藏的活力、热情和巨大的创造力。

国外一家报纸曾举办了一次有奖征答，题目是“在这个世界上谁最快乐”。主办方从数以万计的答案中评选出的四个最佳答案是：作品刚完成，自己吹着口哨欣赏的艺术家；正在筑沙堡的儿童；忙碌了一天，为婴儿洗澡的妈妈；千辛万苦开刀之后，终于挽救了危急患者生命的外科医生。看来，工作着的人才是最快乐的。确切地说应该是：把工作当作人生乐趣的人才是最快乐的。而从另一个角度来说，不快乐的人，往往是生活中那些不会从工作中寻找乐趣的人。

人们常常认为只要准时上班，按点工作，不迟到，不早退就是完成工作了，就可以心安理得地去领自己的那份工资了。可是，你的工作很可能是死气沉沉的、被动的。这样下去，你迟早会对工作产生厌倦。你需要做的是用一种新的目光来看待自己的工作，从中找到新的兴奋点，从而点燃工作的激情。

工作在现代人生活中的分量愈来愈重，甚至成为衡量成功的重要准则。不管你为哪家公司、哪个老板工作，最好的方法就是把工作当成自己人生的乐趣。科学家、运动员、音乐家或演员等等之所以能取得成功，很大程度上是因为他们以工作为乐，为之奋斗不知厌倦。要对工作永不厌倦，最好的方法，就是将它视为一种终生的成长历程。

态度决定一切，一个人工作态度的优劣直接决定了他工作成就的高低。你可以选择积极地做完一天的工作，也可以任由自己陷于被动和消极的情绪中。既然你无法逃避自己的工作，为什么不积极地对待它，满腔热忱地去工作，让自己的生活充满热情和骄傲呢？想让自己工作起来不知厌倦，其实就这么简单！

每一天都是新的

“逆境要么使人变得更加伟大，要么使人变得非常渺小。困难从来不会让人保持原样。世上只有一个人可以开创快乐、富有、健康的人生——那就是你自己。”

人生总免不了要遭遇这样或者那样的挫折，确切地说，我们几乎每天都在经受和体验各种挫折。有时候，我们甚至会在毫不经意和不知不觉之间与挫折不期而遇。面对挫折，我们又往往会采取习惯的对待挫折的措施和办法——或以紧急救火的方式扑救挫折，或以被动补漏的办法延缓挫折，或以收拾残局的方法打扫挫折，或以引以为戒的思维总结挫折……虽然这些都是遭遇挫折之后十分需要甚至必不可少的，但毕竟是在眼睁睁看着挫折发生而又无法抢救的情况下采取的无奈之举。任凭困境无限扩大而无力改变，实在是更大的失败和遗憾。面临坎坷与困惑时，我们不妨换一个角度去思考，也许就能走出所谓的失败，走向成功。每一天都是崭新的，没有什么倒霉事能困住我们一生。很多时候，问题的关键不是我们遇到的事情有多糟糕，而是我们看待失败的角度与心态。

巴菲特对股市洞若神明，号称“股神”。可是即便是他也有重大失误，在2008年的信中巴菲特称：

“2008年本公司的净值减少了115亿美元，这使得公司A股及B股的每股账面净值下跌9.6％。过去44年以来（也就是现有管理层接手公司以来），每股账面净值由最初的19美元增长至现在的70530美元，年复合增长率为20.3％。

“前一页的表格记录了巴郡的每股净值与标准普尔500指数的绩效表现，2008年对两者来说都是最糟糕的年份。这期间，对于公司债、市政债、房地产和大宗商品，也是极具破坏力的。到年底，所有各类投资者都流血不止且倍感困惑，如同误入羽毛球比赛的迷路小鸟一般。

“随着时间推移，全球许多大型金融机构隐含的致命性问题逐渐暴露，这导致运转失灵的信贷市场问题很快蔓延至其他领域。如今举国上下的口号，变成了我年轻时在饭店墙上看到的格言——‘我们信仰

上帝，交易一概现金!'

“到了第四季度，信贷危机加上房价和股价下跌造成了全国陷入一片恐慌。商业活动如自由落体直线下降，其速度之快是我前所未见的。美国和世界大部分地区消极反馈的恶性循环困境，恐慌造成商业活动萎缩，而萎缩又反过来导致更大的恐慌。”

人都不可避免地会犯下错误，尤其在情况瞬息万变的股市，对投资者更不能求全责备，出现几个投资失误是再正常不过的了，也许以后巴菲特还会出现失误。我们举出这些“不光彩”的事例只是想说明一个问题——成功的道路上总有一段失败的路要走。

对于失败，很多人认为是不光彩的事情，都避而不谈。如果对失败的经历视而不见的话，那么就意味着失去了一次让自己变强的机会。因为研究错误比研究成功更有价值。

巴菲特说：“我总觉得研究公司失败要比研究公司成功能让我学到更多的东西。商学院通常研究公司的成功，但我的合伙人查理·芒格却说他希望知道哪里是自己的死穴，这样他就不会犯下致命错误。”

失败并不意味着永远失败，在善于自我反省和总结经验教训的人面前，失败只是成功路上的基石。因为害怕出错、害怕失败而裹足，失去前进的信心才是最大的失败。

巴菲特曾回忆说：“我以前特别不敢在公众场合讲话，不敢表达自己，我一直觉得这是个问题。高中毕业后，我曾经去卡耐基的 Public Speaking 训练班，我都已经写好了一个 100 美金的缴费单，但到门口时又害怕，没有去成。后来我回家左思右想，觉得如果我不能克服的话，这将成为我人生中的一大障碍。后来，我就又去把这个班报了。

“我想，人不要怕犯错。我人生中犯过的错，没有任何一个失败或错误，最后没有成为一个实际上好的东西的。比如，当时我不敢在公众场合讲话，反倒让我自己能对这个事特别重视，我就真的去报班，并刻意训练自己。现在，这反倒成了我的一个长项。

“要是我没有在这个方面训练好的话，我想，我都不敢去向我的妻子求婚，让她嫁给我。所以，所有所谓坏的或失败的事背后其实都有一些好的东西在里面。你一定要相信，信仰是很重要的，你要相信某个东西，到时候，这些坏的事情或暂时失败的事最后都会自己化解，变成一个好事。”

所以巴菲特总结说：“在投资中，不会出现类似于棒球比赛中打击手未挥棒却被主审判定为好球这样的好事，即主审认为你可以站在那儿一动不动，而投手恰好会把球投到正中。但在投资中，如果通用汽车合适的买进价位是 47 美元，而你由于对该公司了解不足，没有在这个价位买进，便错失了投资良机，没有人会判定这是一个好球。你唯一获得好球的机会就是不断地挥棒、不断地失误。”

彼得曾有一段时间陷入失业的低潮，巴菲特给他讲述了他的一个员工的故事。

伯克希尔下辖的保险公司有一位名叫艾伦的推销员，他很想当公司的明星推销员。因此他不断通过读励志书籍和杂志来培养自我激励的心态。有一次，他陷入了困境，这是对他平时进行积极心态训练的一次考验。

那是一个寒冷的冬天，艾伦在城市的某个街区推销保险单，但一个也没推销出去。他自己觉得很不满意，但当时他这种不满是积极心态下的不满。他想起了过去读过的一些保持自我激励的法则。那天晚上，他回想了这一天的拜访过程，查找自己的漏洞。第二天，他在出发之前对同事讲了自己昨天的失败，并且对他们说：“你们等着瞧吧，今天我会再次拜访那些顾客，我会售出比你们售出的总和还多的保险单。”基于这种心态，艾伦回到那个街区，又访问了前一天同他谈过话的每个人，结果售出了 66 张新的事故保险单。

巴菲特告诉彼得，当你遭遇挫折、困难而沮丧，正想放弃你之前所要达到的目标，这时要热情地鼓励自己，给自己打气，让自己重新焕发出热情，就像打开一个能量的开关，继续保持前进的信心和毅力。

有这样一句话，说的是“过去的成功是我们的财富，过去的失败也是我们的财富”。失败本身并不是财富，失败能不能成为财富，在于你能不能在失败中反思。人生之路不可能一帆风顺。在事业当中，无论付出多大的代价，做出多少努力，如何坚持不懈、拥有激情，失败和挫折都会降临到我们的头上，这似乎难以避免。

任何时候，即使是获得成功的刹那，失败的恐惧依然如影随形，它变化莫测，既是想象的又是现实的，既是模糊的又是清晰的。巴菲特也曾经不知道该如何对抗逆境，失败的创伤使希望的天空布满阴云，使梦想变成泡影。但是，他渐渐领悟到，逆境是一所最好的学校。每一次失败，每一次打击，每一次损失，都孕育着成功的萌芽。这一切都教会他在下一次的表现中更为出色。随着年龄的成长，巴菲特愈发地不会对失败耿耿于怀，不会逃避现实，不会拒绝从以往的错误中吸取教训。

教训是来自苦难的精华，生活中最可怕的事情是不断重复同样的错误。每一天都是崭新的，我们应勇敢地抬起头来，来完成未竟之事。

巴菲特每次失败后，不会灰心丧气，而都会主动担起责任，积极主动地反思。这次失败的程度达到多少？为什么会失败？如何才能防止以后再发生类似的错误……面对失败，他并不失望沮丧。对巴菲特来讲，每一天都是崭新的，他会积极为即将到来的下一次“战斗”做好准备。这种理性、冷静、坚韧的乐观心态，也成为大师人生中的一个耀眼的标志。

第十一章

管理的最高境界是管理自己

事必躬亲的优与劣

“领导者应将主要精力集中在统筹全局上，应该以结果为导向，而不是浪费自己的精力去做一些没有长远价值的事。”

在正式开始讨论这个话题之前，我们先来看看巴菲特在大量购买股票之前通常都会做些什么。“你可以选择一些尽管你对其财务状况并非十分了解但你对其产品非常熟悉的公司。然后找到这家公司的大量年报，以及最近5到10年间所有关于这家公司的文章，深入钻研，让你自己沉浸于其中。当你读完这些材料之后，问问自己：我还有什么地方不知道却必须知道的东西？很多年前，我经常四处奔走，对这家公司的竞争对手、雇员等相关方面进行访谈。……我一直不停地打听询问有关情况。这是一个调查的过程，就像一个新闻记者采访那样。最后你想写出一个故事。一些公司故事容易写出来，但一些公司的故事很难写出来，我们在投资中寻找的是那些故事容易写出来的公司。”

在投资与经营决策的过程中，巴菲特总是能够做出正确的分析判断，很少犯错，这与他善于亲自调查、凡事亲力亲为的投资习惯是分不开的。巴菲特一直有收集年报的习惯。在他的办公室里没有报价机，但档案间很多抽屉里装满了年报，所以，在巴菲特的脑海里，存有许多人想象不到的关于美国大企业的信息，并且他还用最新的年报一直更新着这些信息。

1985 年巴菲特致股东的信中写道：“我和芒格都对世界百科全书非常感兴趣。事实上，我读他们的书已有 25 年历史，现在连我的孙子也拥有一套。所有的老师、图书馆与读者都称赞它为最有用的百科全书，而且它比同类型的其他书卖得便宜。这种质优价廉的产品，促使我们愿意以按照该公司提出的价格进行收购，即使近几年直销业的表现并不太好。”

巴菲特向来都是亲自考察所投资的企业。既然已决定对斯科特公司投资，那么他就会全面地了解斯科特公司的经营状况。

在进行收购之前，巴菲特认真了解了斯科特公司的业务。斯科特公司最主要的业务就是世界百科全书。而世界百科全书对于巴菲特和芒格来说，再熟悉不过了。因为他和搭档芒格平常就对世界百科全书特别感兴趣。在阅读世界百科全书的过程中，他发现世界百科全书的的内容和编排的质量非常高。当然也不仅仅他这么认为，这本世界百科全书被所有的读者评选为最有用的百科全书。由此可见，这本书的声誉很好。而且难能可贵的是，这本书卖的价格比其他同类书的价格还低。高质又低价的产品，自然人人都喜欢。世界百科全书的销售额比其他 4 家同行加起来总的销售额还要多，大约占斯科特公司总销售额的 40%。

当然，巴菲特也没有忽视斯科特公司的其他业务。除了世界百科全书外，斯科特公司还经营着克比家护系统、空气压缩机、瓦斯炉等16项业务。而这些业务在其行业中也大多处于佼佼者的地位，能够获得很高的投资回报率。这些业务年销售额在7亿美元。

另外巴菲特也没有忘记考察斯科特公司的管理层。毕竟，巴菲特是想收购一家企业加一个优秀的管理层。虽然在决定收购前，巴菲特并没有见过斯科特的总裁拉尔夫舒伊。但是拉尔夫舒伊已经在该公司当了9年的总裁。巴菲特从斯科特的9年经营业绩中就慢慢了解到拉尔夫舒伊是个非常出色的管理者。

正因为巴菲特对斯科特公司的一切都非常满意，所以他按照斯科特公司提出的价格3.2亿美元收购了斯科特公司。事实证明巴菲特的投资眼光没有错。斯科特公司后来屡创佳绩，为巴菲特赚取了丰厚的利润。

巴菲特在作股票分析、投资决策时，从来不会不加证实就全盘接受，一切投资策略都要经过自己的调查后才做出决定。作为专业投资者，每天都有人向他推荐各种各样的股票，他收到的材料更是应有尽有，可是他基本上对此置之不理，婉言拒绝这些材料。通过亲自调查，巴菲特能够了解到一些只有该企业内部才清楚的信息，这也是巴菲特每次能够充满信心地投资于自己选中的公司的原因。

巴菲特这种凡事亲力亲为的态度习惯，使得他能够获得别人难以知晓的信息，也能够清晰正确地解释那些他能看见的东西，这是每个投资者都应该学习的。不相信任何股评、不受外来信息的干扰、不迷信理论，因为在巴菲特看来，任何股票操作的理论，都不可能十全十美，在它的优点背后一定有其缺点。迷信内幕消息，容易吃亏上当。股票市场相关消息，每天都会有很多，有实也有虚，有影响深远的也有作用甚微的。因此，他认为作为一个成功的投资人，重要的一点就是去深刻了解“市场情报”。

巴菲特说：“你必须做到亲自调查并且认真思考，但令我惊讶的是高智商的人总是倾向于盲目地听从别人的意见，而我从未从和别人的交谈中获得好的投资想法。如果联邦储备委员会的前主席艾伦·格林斯潘私底下对我说未来两年里他的货币政策将会是怎样的，即便如此，也不会改变我所要做的事情。”巴菲特只相信自己的调查研究。

然而大多数的投资人对投资对象的了解不多，也无法评估其价值，经常受到别人的意见影响而抢进杀出，没有经过亲自调查和独立的思考判断。这种盲目的投资方式是极容易失败的，“一个百万富翁破产的最好的方法之一，就是听小道消息并据此买卖股票。”

“投资方法和投资策略是很相似的，因为你要尽可能多地去收集信息，接下来，随着事态的发展，在原来信息的基础上，不断添加新的信息。不论什么事情，只要根据当时你所拥有的信息，你认为自己有可能成功的机会，就去做它，但是当你获得新的信息后，你应随时调整你的行为方式。”巴菲特认为，亲自调查掌握大量的信息并合理地调整运用才是投资取胜的关键。

显然，在投资方面事必躬亲是巴菲特的原则。不过，在公司管理方面他却不会这么做。他收购了新公司之后，极少干涉公司的运营管理，而是把管理大权交到合格的领导团队手中。之所以这么做，是因为凡事具有两面性，“事必躬亲”也是如此。

在收购这种公司重大决策方面，他绝对事必躬亲；但是涉及琐碎的管理问题，他会毫不犹豫地放权。在很多人眼中，巴菲特是悠闲的，他很少发号施令。在企业中，管理者在授权后就应退居幕后，尽量减少干扰。这样才能充分发挥出员工的能力，以此拓展业务。

彼得曾经向父亲请教如何以高效率管理员工，巴菲特回答，管理就是借助别人的手去完成任务。管理者要想提高工作效率，就必须学会将日常的事务交给下属去完成。如果一个领导者总是对下属的能力持怀疑态度，迟迟不肯把任务交给他们，那么他就永远也无法证明自己的工作能力。”

在现实中，我们经常看到许多忙忙碌碌的领导，就和热锅上的蚂蚁一样，每天忙得团团转，可是却不见成效。其实，他们已经陷入了一种不可自拔的旋涡：干得越多，就越是有更多的工作需要自己亲手去做；忙得越厉害，就感觉越来越忙。因为，他们总是担心自己下属做不好工作，总是担心失去对下属的控制，总是认为只有自己才知道如何干，所以不得不一次又一次地去亲自做。相反，如果能给予下属足够的信任，把任务交给下属去完成，并且为下属提供自由的空间，就可以使自己摆脱那些烦琐的日常事务。

领导者在用人时，要做到既然给了下属职务，就应该同时给予其职务相称的权力，放手让下属去干，不能大搞“扶上马，不撒缰”，处处干预，只给职位不给权力。

领导者用人只给职不给权，事无巨细都由自己定调、拍板，实际上是对下属的不尊重、不信任。这样，不仅使下属失去独立负责的责任心，还会严重挫伤他们的积极性，难以使其尽职尽力。所以，放手让你的下属去施展才华，只有当他确实违背你的工作主旨之时，你再出手干预，将他引上正轨。只有这样才能充分调动起下属的积极性，提升他们的工作业绩，而你最终也将赢得下属的真心拥护。

成功领导者要明确自己应该做什么。要不断地思考“我应该为组织做什么”，而不是“我能做什么”。领导者应该做自己最擅长的事，成功领导者要认清自己的优势，要相信自己的判断，千万不要轻易改变自己的决策，更不要邯郸学步、东施效颦。每个领导者都有自己的风格和特色，不要改变自己的做事风格，不要轻易尝试自己根本不相信的事，应该学会用自己现有的主观能力，来努力确保任务完成、目标实现。

疑人不用，用人不疑

“当一位领导懂得充分信任自己的下属时，下属们做起工作来就能最大限度地发挥自己的潜力。”

猎头为彼得的公司物色了一个音乐人。此人非常有才华，能让彼得的公司在业务水平上更上一层楼。但是在是否雇用他的问题上，彼得犹豫了。这个人因为才华横溢而过于自傲，曾经因为各种原因连续从几家公司跳槽。

彼得在与父亲聊天时提及此事，征求父亲的意见。巴菲特告诉他，如果对他抱有怀疑，那就重新物色一个更合适的人选吧。彼得认为父亲的话有道理，想照着去做。没想到，此时公司突然涌入一大批业务，现有人手根本无法完成，彼得只好先雇用了这个人。

这时问题又出现了，其中有一个重要项目需要经验丰富的人带领团队完成，彼得认为这个人很合适，但是鉴于他之前的“劣迹”，他不想轻易把任务交给这个人。巴菲特听说了这件事，说应该让这个人试试。

彼得有些吃惊：“之前建议我不要雇用他的人是您，为什么现在您还要我将这么重要的任务交给他呢?”巴菲特笑答，疑人不用，用人不疑。

“疑人不用，用人不疑”是巴菲特一贯的用人原则。熟悉他的人都知道，他非常重视人才，而且是一位知道如何使用人才的“伯乐”。他认为，如何用人在公司管理中有重大意义。他说过："在进行控股收购和股票买入时，我们要像购买目标公司，不仅需要该公司的业务要优秀，还要有非凡出众、聪明能干并且是受人敬爱的管理者。"

巴菲特多年的投资经历，所得的经验是：他只选择那些他喜欢、信任和他敬佩的经理人管理的优秀企业，他觉得这样才有机会获得良好的投资回报，巴菲特把这称为与伟人一起才能成就伟业。

1989 年巴菲特公开宣布他已持有可口可乐公司 6.3％的股份。当被问道为什么没有更早的持有该公司的股票时，巴菲特回答是因为过去他对可口可乐的长期发展前景缺乏信心。

至于为什么后来又买进可口可乐公司的股票，巴菲特给出的解释是他看到了可口可乐公司在 20 世纪 80 年代在罗伯托·郭思达和唐·基奥领导下所发生的巨大变化。并且自 1962 年起一直担任公司总裁的保罗·奥斯汀 1971 年被任命为董事长，他被任命为董事长后，就开始了大规模的进行多元化经营，比如投资于众多与可乐无关的项目，包括水净化、白酒、养虾、塑料、农场等。

巴菲特认为这些举措是在浪费宝贵的资金。在股东的压力下，奥斯汀被迫辞职，1981 年可口可乐公司第一位外籍总裁罗伯托·郭思达上任。郭思达上任后全力以赴转向美国可乐市场上与百事可乐的竞争。1985 年，可口可乐放弃了已使用 100 多年的老配方，推出了新的可乐配方。这一惊人的失误付出了惊人的代价。在无数可口可乐忠诚消费者的压力下，老配方不得不又恢复了。郭思达渐渐放弃了与可乐无关的业务。从 1984～1987 年，即巴菲特投资前，可口可乐在全世界的销量增加了 34％，每加仑边际利润也从 22％上升到 27％，国外的总利润从 6.66 亿美元涨到了几十亿美元。报告中更吸引人的是重新调整后的公司本身。1984 年可口可乐公司的国外利润只勉强占总利润的一半多一点（52％），到 1987 年，它的利润的 3/4 来自于美国本土以外。

是在他领导下可口可乐公司的巨大变化吸引了巴菲特的注意。

罗伯托·郭思达是非常难得的天才，将市场销售与公司财务两方面的高超技巧整合在一起，不但使公司产品销售增长最大化，而且也使这种增长带给股东的回报最大化。

1997年罗伯托·郭思达在被诊断出肺癌且消息对外公布后不到两个月不幸去世。罗伯托显示出卓越且清晰的战略远见，他总是将公司目标定位于促进可口可乐股东价值不断增长，罗伯托很清楚他要将公司引向何方、如何到达目的地、为什么这是适合所有股东的最佳路径。而罗伯托这种领导者，正是巴菲特所需要的。

巴菲特看重公司的管理者更甚于公司的眼前效益。当他认为一个人有能力完成管理大任时，会毫不犹豫地将公司交给他，所谓用人不疑即是如此。

聪明的管理者最擅长充分授权——既然将权力下放给了员工，就要对员工充分信任，让员工在其职权范围之内，拥有足够的自主权，这样才能充分发挥其主观能动性。实现授权的一个重要平衡点就是相互信任。这里所指的信任，就是中国传统中的“用人不疑，疑人不用”之道。

不可否认，有效的授权必须是以领导者与员工之间相互信任为基础的，你一旦已经决定把某项职权授给某个员工，就应该充分信任他，不得处处干预其决定；而员工在接受职权之后，也必须尽可能做好分内的工作，不必再事事向上级请示。相反，若是你不信任被授权者，在工作中不断地去询问其进度、方法、措施，如果下属没有给出满意的答案，就在未通知下属时，独自去将事情处理完毕，你的授权还有什么意义？还不如你自己做了。而且你这样做，必然会造成自己与下属间的隔阂和矛盾，久而久之，就会在部门内养成一种不良风气，以后不管遇到什么任务，都不会有下属主动参与了。这种企业领导会累死自己，部门绩效也一定不会彰显。

互信才能合作，分享才能共赢。任何成功都是建立在互信合作的基础上，任何成功都是团队智慧的结晶，是共同劳动的结果。为了打造优质团队，为了成就常青企业，我们必须学会信任和分享。

信任他人是团队合作的前提。如果团队成员之间对彼此的个人品质产生怀疑，很难想象他们能够为了某个团队的共同目标而毫无猜忌地竭诚合作。当然，我们对这种组织中的信任应做广义的理解，不仅包括对个人品质的信任，而且包含对专业能力的信任。

如果团队成员对彼此的个人品质产生怀疑，他们之间就很难建立坦诚、互信的合作关系；同样，如对彼此的专业能力不放心，他们也势必不敢全身心地投入到所合作的事业上。要赢得他人信任必须具备优秀的个人品质及过硬的专业技能。作为团队成员，必须诚信、负责，对自己所经手或承办的事诚信、负责，也对团队其他成员诚信、负责。时刻牢记自己是团队的一员，时刻牢记自己所从事的工作关系到整个团队目标的实现与否，关系到其他成员事业的成功与否。

在一个企业中，随着知识型员工的增加，每个成员的专长可能都不一样，每个人都可能是某个领域的专家。所以，任何成员都不能自恃过高，都应该保持足够的谦虚，并时常检查自己的缺点，不断完善自我。一个狂妄自大的员工很难获得他人的认可，难以融入整个团队中去。诚信、负责、谦虚的个人品质或许足以赢得他人对你人品的信任，但不足以获得他人对你工作的信任。要获得他人对你工作的信任，还必须具备优秀的专业技能，故团队成员除了应修身养性外，还必须不断学习，提高工作技能，以便更好更快地实现团队目标。

信任是相互的，对于企业中的每个人来说，在赢得他人信任的同时也要信任他人。每个人都应具备豁达的胸襟，充分信任他人，认可他人的个人品质及专业素养。或许你认为他人在某些方面不如你，但你更应该看到他人的强项和优点，并对他人寄予希望。每个人都有被别人重视的需要，特别是那些具有创造性思维的知识型员工更是如此。有时一句小小的鼓励和赞许就可以使他释放出无限的工作热情。

除了要信任别人之外，身为组织的一员，你还应当养成与别人形成互惠互助，一起分享胜利果实的好习惯，只有这样，才能够形成通力合作的组织氛围。我们都不是孤立地存在于社会之中的，人与人之间有着各种各样的密切联系，都需要直接或间接的给予和接受，无论少了哪个环节，都必将影响到不可分割的整体，而自己也必然受到一定的影响。只有当自己能够信任别人并能够与别人分享时，不仅自己获得了财富，也帮助别人获得了财富，取得了双赢的成果。

权力的下放可以使员工相信，他们正处在企业的中心而不是外围，他们会觉得自己在为企业的成功做出贡献，积极性会达到空前的高涨。得到授权的员工知道，他们所做的一切都是有意义、有价值的。这样会激发员工的潜能，使他们表现出决断力，勇于承担责任并在一种积极向上的氛围中工作。在这样愉悦、上进的氛围中，员工不需要通过层层的审批就可以采取行动，参与的主动性就增强了，企业的目标也会更快得以实现。

让公司成为大家的公司

“作为企业的一员，首先要有‘公司是我家，发展靠大家’的思想，只有让自己的企业不断壮大了，你的个人价值才能得以充分的体现。”

当孩子们长大成人、有自己的事业后，巴菲特不时会向他们传授一个理念：公司不是某个人的，而是大家的。举例来讲，公司就是你的船，当你加盟了一家公司，你就是这条船的一员。这条船是满载而归抑或触礁搁浅，取决于船上的每一个人能否齐心协力、同舟共济。在船上，所有的人都肩负着进退存亡的重任。而领导者所担负的使命，就是让大家凝聚在一起，为了同一个目标而努力。

大儿子霍华德在这方面没少向他的朋友乔丹取经。霍华德曾经花了 18 个月的时间筹备，请迈克尔·乔丹到奥马哈进行为期两天的比赛。他安排了很多活动，看到那条长长的表单乔丹说：“老兄，我不会做这么多事的。”霍华德惊呼：“你要逼我跳河呀！”乔丹哈哈大笑——这是一个玩笑。乔丹卖力地配合霍华德的团队活动，高质量地完成了两天的活动安排，为青少年机构筹款 4.7 万美元。

通过这次与乔丹合作，霍华德见识到了乔丹传闻中卓越的团队配合能力，对其赞不绝口。

NBA 那些优秀的球员，之所以能在球队里安身立命，能够带领球队在国际篮球领域独领风骚，正是因为他们以优秀的技能和卓越的职业精神，带动自己的队友向着同一个方向共同努力，不但使自己具有了独特的竞争力，更打造了组织的核心竞争力。

乔丹可以成为篮球界的“精英”，如果他仅凭天生的身体素质，或许会成为一流球星，但绝不会成为一个伟大的可以象征人类一种极致的人物。乔丹能征服人心的是他那出神入化、令人叹为观止的球技。他打起球来是那么流畅、那么自然，又是那么活跃、那么富于变化，你永远无法预期他下一个动作会是什么。他的每一场球，都在争取发挥出自己最佳的实力，打出最漂亮的球。

虽然乔丹自己的优势很明显，他也总会巧妙地配合自己的队员，帮队友助攻，也给他们创造投篮得分的机会。他的职业道德在整个球队里也是有口皆碑的。乔丹有一句名言："一名伟大的球星最突出的能力就是让周围的队友变得更好。"同样，在企业里，一名优秀的员工最突出的能力就是把团队置于自己之上，让同事变得更好，让团队变得更好——团队是他人的，也是你的，你有必要为它付出。需要特别指出的是，能够协调配合好其他人并不是全部，还要有一种积极主动参与公司各项事务的主人翁精神。

无论你是一名普通员工，还是一名高层主管，一旦加入了公司，就应当把自己看成公司的主人。你必须以主人的心态来管理、照料公司，而不是以一种看客的心态袖手旁观。作为公司的一员，不管你是司机，还是库管员；也不管你是技术开发人员，还是部门经理；哪怕你仅仅是一名清洁工，只要你在这个公司里，你就必须和公司共命运。你必须和所有的员工同舟共济，乘风破浪，驶向共同的目的地。公司之所以与你息息相关，是因为它承载着你的光荣与梦想，它是你的工作，它是你的公司！事实上，从你加入公司的那一天起，公司的发展就和你息息相关了。

2001年年底，伯克希尔公司下属一个电脑公司推出了新的产品，需要宣传这一子品牌，那时候，公司所有员工都在为更换品牌的事情忙得不亦乐乎，而更换品牌的花费也非常高。其中有一段小插曲，公司在全国的路牌都要更换，一共有七八十块路牌全部要更换刷新。所有计划都在进行当中。有一天，品牌更换计划的负责人苏茜跑来跟总经理说，她认为有一笔3万元的经费可以省下来，因为这七十几块路牌大小都不一样，本来是要找广告公司来帮公司设计七十多种图案，要花3万元，但其实只要找公司内部的美工同仁加班加点做一两天，就可以做完，那这笔钱就可以省下来了。

其实在这个品牌更换的过程当中，这笔钱早就是在预算内的，可是苏茜以一种“把钱花在刀刃上”的态度，提出这样的建议。她觉得这件事情好像是她自己的事情，本来就应该帮公司把最少的资源用在价值最大的地方。

当时她还主管了一个电脑显示器促销方案，原来的预算是 100 万元，后来追加到 300 万元，这个方案做了以后，销售额增长很快。所以，不管是省下 3 万元，或者是花出去 300 万元，这同样是出于一种主人翁精神。

在这个社会里，绝大多数的人都必须从一个普通员工做起，在公司中奠定自己职业生涯的基础。只要你是公司里的一员，你就应抛开任何借口，投入自己的忠诚和责任，将身心彻底融入公司，尽职尽责，处处为公司着想。倘若如此，那么任何一个老板都会助你成为公司的支柱。

苏茜所表现出来的主人翁精神，正是巴菲特一贯赞赏的。众所周知，伯克希尔公司给予员工的待遇非常优厚，而巴菲特之所以如此大手笔，也正是为员工的主人翁精神制造硬件条件：公司的效益好，我的收入就高，我为公司努力工作，实际是在为我自己工作。

主人翁精神对于一个企业的竞争力来讲，是非常重要的。如果每一个员工都有主人翁精神，都把公司的事当作自己的事来做的话，公司无形当中会产生强大的竞争力。大家会把所有可能降低的成本，包括信息的成本、合约的成本、监督的成本、实施的成本，实现大幅度地下降；对于公司的发展，大家也能够献计献策，对自己的工作，也能够尽职尽责，这一切，都保证了企业的竞争力。

在同一个公司里，每个人还都肩负着排除任何潜在危险的责任。原因显而易见，在激烈的市场竞争中，小差错都可能酿成灾难。一旦我们赖以生存的公司发生危机，那么公司的每个人都会受到影响。同样，在公司中，每个人的岗位都是至关重要的，任何一个地方出了疏漏，都可能导致整个企业的问题。作为公司的一员，我们应该努力对自己的工作认真地负起责任，不疏忽每一个可能在工作中出现的错误。

此外，合理化建议是员工参与企业经营的一个积极的表现，它不只起到“好产品、好主意”的作用，而且还是发动员工参与管理、促进上下沟通的良好形式。现在很多企业把合理化建议活动的开展和企业的兴衰联系在一起。一个企业要兴旺发达，单靠自上而下的指导是不够的，必须要与自下而上的建议相结合。企业应尽力启发、引导和组织员工提合理化建议。通过合理化建议运动，企业能调动广大员工参与企业管理的积极性和主动性，增强了企业员工对企业的感情，增强了企业的向心力和凝聚力。

长久以来，职业经理人们一直在提倡主人翁精神、事业心、忠诚、责任、激情、团队意识等现代企业所必需的职业精神和职业素养。任何一个人都有责任为公司的发展积极行动、献计献策，把自己当作公司发展的参与者和推动者，从而让自己成为公司发展的重要推动力量。

家庭是靠亲情来维护的，有了亲情人们才会去关注它、爱护它，公司也应该是员工的另一个家。把公司当作家应当是领导者和员工共同追求的目标，这也是一种最好理解的职业精神。家让我们可以毫无保留地为之付出。假如一个员工没有把公司当作自己的家，那是因为他只是为了养家糊口，只是为了自己的生存，才迫不得已到公司里去的。如果是这样的话，员工和领导者、其他同事之间就会存在隔阂，和公司的关系就像旅客寄居一样，没有丝毫的感情联系。领导者应该让员工在工作中找到归属感，把公司当作自己的家，这样员工才能对工作产生无限热爱，迸发更多的激情，从而能为公司的发展创造更多的价值。

作为公司的一员，公司的命运就是你的未来，公司的方向亦是你的人生。

公司的发展与每个员工的行动息息相关，任何一个员工的辛勤努力都要为公司的进步与发展增添一分力量。作为企业的一员，每个员工都有责任和义务去用自己的实际行动来推进公司的发展。

给予你的团队最大的自由

“能不能随时离开这个部门，是你是否已经管理好这个部门的唯一标准；能不能随时离开这个公司，是你是否已经管好这个公司的唯一标准。”

投资者要投资公司必然选择优秀的公司，这毋庸置疑。但是优秀的标准是什么，很多人都持有不同的观点。熟悉巴菲特的人都知道，他特别看重公司的管理团队。

巴菲特在 1994 年致股东信里写道：“我们的投资组合持续保持集中、简单的风格，真正重要的投资概念通常可以用简单的话语来做说明，我们偏爱具有持续竞争优势并且由才能兼备、以股东利益为导向的经理人所经营的优秀企业。只要它们确实拥有这些特质，而且我们也能够以合理的价格买进，那么投资出错的几率可说是微乎其微。”

巴菲特认为，优秀的管理层对公司的发展至关重要。在他的投资生涯中，非常注重公司管理层的素质。如果公司的管理层足够优秀，哪怕对方提出的价格稍微高了点，只要管理层愿意留下来继续工作，巴菲特也会愿意收购。如果公司的管理层不愿意留下来继续工作，通常巴菲特就会放弃这项收购。在伯克希尔下属的子公司中，有很多非常优秀的经理人。巴菲特常说，正因为有这些优秀的经理人存在，公司的业绩才会如此出色。

当他收购了这些公司之后，会给经理人最大的自由度，不会对他们的决策横加干涉。由此我们也可以理解，为何伯克希尔公司麾下能聚集如此多的优秀经理人。在巴菲特手下，能完全施展自己的才华，没有人掣肘，这些精英们有什么理由不为他工作呢？

不论在哪个公司、哪个团队，给员工以足够的自由度都是十分重要的。

现代企业作为社会经济生活中最具活力的领域和组织形式，往往被员工视为展示自我、实现自身价值的最佳平台。企业管理者要在人事安排上多费心思，力求做到尽善尽美；要充分考虑员工个人的兴趣和追求，帮助他们实现职业梦想。管理者必须营造出某种合适的氛围，让所有员工了解到，他们可以从同事身上学到很多东西，与强者在一起只会让自己更强，以此来帮助他们充满激情地投入工作——而不是停在那里，对他们的际遇自怨自艾。

爱因斯坦说过：“通常，与应有的成就相比，我们只能算是‘半醒者’，大家往往只用了自己原有智慧的一小部分。”因此，对于领导者来说，最好的管理之道就是鼓励和激励下属，让他们了解自己所拥有的宝藏，善加利用，发挥它最大的神奇功效。其实，从某种意义上来说，下属的成功就是领导者的成功，帮助下属成功也是领导者赢得下属追随的最好办法。巴菲特为何总能如此地潇洒，手中掌控着多家公司还有空闲时间去打桥牌？因为他给了他的经理人们足够的自主权。因为他敢于放权，才能从具体烦琐的事务性劳动中解脱出来，有足够的时间去考虑更为宏观的事情。

只有当事情没法分派给别人做的时候，巴菲特才亲自做。彼得有了自己的公司之后，巴菲特告诉他，要对自己的长短认识清楚，承认自己的能力缺陷。如果自己并不是一个最好的领导者，就应该找寻找能力互补的人建立职业管理团队。巴菲特自己就是这样做的，他善于找到每项业务的最佳管理者并使该项业务达到极致。

人们都喜欢完成工作的过程没有受他人强制的感觉，这是人们的本性使然。人有趋利避害的本性；有被习惯左右行为的本性；有依靠共通的文化习俗求生存的本性；有创新，适时改变自己的习惯和习俗以适应外界环境的本性。顺着这些本性去完成工作，人们会觉得原本就如此，很顺当，不会有牵强和被强迫的感觉和不满，完成工作也就自然而然。他们会觉得自己是企业的一分子，积极性会达到空前的高涨。巴菲特恰恰善于在这方面做文章。

很多人对管理的认识非常浅显，流行的管理观点有两种：一种认为管理是上层人的事，好像管理只和老板有关；另一种则认为管理就是指挥别人工作。第一种观点其实只告诉我们谁属于管理层，而并没有说明管理是什么。管理不仅仅是投资者的事，随着现代管理的深入发展，投资者和管理层在逐渐分离。企业一旦建立，那就不仅仅属于投资者，而是属于社会。第二种观点只看到了现象，并没有认识到管理的实质，管理是个互动的过程，管理是“人”的工作，管理的使命是为了实现企业的使命和宗旨。

而在巴菲特看来，管理是一门艺术，并且是一门宽泛的艺术。管理是管理者和管理对象之间的一种交流，管理者的精神面貌、气质乃至处世的方式等都会对管理对象产生影响。同样，管理双方能够进行互动，就需要在知识层次、价值观、自觉性、处世的经验等各个方面产生一种平衡。如果管理者对他的下级采取蛮横蔑视的态度，那么这种交流的平衡和契合点就不存在了，管理对象会因为失去自尊而抱怨甚至产生抵触情绪，这种情况长期持续下去，就会大大削弱组织的向心力，进而影响到组织的绩效，以及组织目标的实现、使命的完成。

之所以说管理是“宽泛的”，因为它涉及知识、自觉性、智慧，亦即领导等有关人的各个基本方面；之所以说它是“艺术”，因为它需要各种实践与运用。作为管理者，必须掌握各种知识，充分激发人的主观能动性，使管理对象能充分开掘自己的潜能并且乐于工作。但有一点需要注意，管理所需要的那些知识必须集中到管理的成效上去，不能为了艺术而艺术，因为对企业而言，管理是为了有更好的成效，如果不能提供更好的产品或者服务，那么这种艺术便没有任何意义。

在管理方面，巴菲特做得很成功。他通过给予自主权的方式让员工知道，任何员工的努力都是有价值的。员工的潜能得到激发，他们表现出决断力，敢于担当责任并在一种积极向上的氛围中工作。在这样愉悦、上进的氛围中，员工不需要通过繁文缛节的审批就可以采取行动，参与的主动性就增强了，企业的目标也会更快得以实现。

巴菲特一直主张授权要坚持信任原则的，他让公司的经理人在职权范围内自主处理问题。有一次，运输公司为加收一笔 3 万美元的运输费，打电话找到伯克希尔公司一个子公司的部门经理，这位年轻的经理当即拍板同意，运输公司的人听了大吃一惊，一再问是不是要请示一下你们的总经理。得到的回答是：“在我职权范围内的业务，我说了算！”结果，这件事很快办成了。假如巴菲特在授权中不坚持信任原则，被授权者不敢这么干，恐怕这件事就很难办成了。或者即使办了，效率也不会这么高。

其实，不管从事什么行业，想要成功，管理者都必须创造出一种使员工能有效工作的环境。作为一名管理者，要正确地利用员工的力量，充分地相信自己的员工，给予他们充分的创造性条件，让员工感觉到领导对他的信任。士为知己者死，一个员工一旦被委以重任，必定会产生责任感，为了让领导相信自己的才干和能力去努力达到目标。

巴菲特非常愿意给予员工充分的空间，发挥他们的最大作用和潜能。他采取的领导方式就是放权，不用任何规章去束缚经理人，让他们在无拘无束的信任氛围中，发挥每个人的创意和潜能。他喜欢把复杂的事情简单化，因为他相信自己的经理人有足够的经验和智慧，他很信任经理人，让他们自行作决策，如果有经理人不守法，他会单独针对这个经理人处理，而不是把所有经理人都一视同仁。

伯克希尔公司在人才引进时标准很高，因此伯克希尔的经理人素质都非常高，员工在自主状态下彼此激发，使得整个团体的表现都极其出色。伯克希尔的经理人有权对他们进行的工作作任何决定，因此他们的决策和行动非常迅速，工作非常有效率。信任员工，让员工放手去做，这也是伯克希尔始终保持成功的原因之一。

管理者应借力而行，放手让员工自己去干，为下属搭建“舞台”，给员工以充分实现个人价值的发展空间。

管理者必须有这样一种胸怀，为别人的成就打上聚光灯，而不是为自己的成就打灯。他们应让别人成为组织里人人皆知的英雄。正如一位成功企业家所说的，“如果最高领导者从来都不让他的员工分享权力、分享成功荣誉，而是把功劳全往自己身上堆，那谁还会跟着他干呢？除非是傻瓜。”

第十二章

培养高效完成任务的习惯

拒绝拖延，果断的人才能把握住机会

“要是不能把握时机，就要终身蹭蹬，一事无成。”

巴菲特在股票买卖中，以出手果断著称。

众所周知，巴菲特注重长期持有股票的策略，如果一家公司持续拥有竞争优势，那么就不应该减持手中的股票。道理很简单，对于一家效益优秀的公司股票，持有的时间越长，得到的回报也就越多。但是在三种情况下，卖出手中股票是更为明智的做法。第一种情况是，当你需要更充足的资金用于投资一个更优秀、价格更便宜的公司；第二种情况是，当你所持有的公司股票，其公司持续竞争优势地位逐渐消失；第三种情况则是，在牛市期间股价远远高于其长期的内在价值。

对于前两种情况，也许普通投资者能够容易做到。但是第三种情况，许多投资者往往因为恐惧或是担心错过更大利益的心理，而丧失了对出售时机的把握，这也是许多投资者在牛市过后遭受严重损失甚至是一贫如洗的苦果。许多人都害怕自己在出售股票后会迎来新的高点，以致造成利益损失。

巴菲特认为，一个简单的原则可以判断什么时候是出手的好时机：当优秀公司达到 40 倍甚至更高的市盈率时，这就是应该出手的时机了。

1999 年巴菲特在《财富》杂志撰文道："投资者不要被股市飙涨冲昏了头，股市整体水平偏离内在价值太远了。"巴菲特在文中预测，美国股市不久就将大幅下跌，重新向价值回归。他提醒投资者，在股市处于全盛时期，一定要保持清醒的头脑，看清楚市场的状态。在股价上涨的同时，市场的风险性也越来越高，当市场膨胀到一定的程度，股价势必急转下跌。一旦股市大幅下跌，其下跌至什么程度也不好预测，而等到股市回升需要一段调整时间，并存在潜在的风险。所以，当投资者手中持有的股票无法体现出它的内在价值时，与其长期持有，倒不如立即出售。

1969 年，随着 20 世纪 60 年代美国股市的狂飙突进，巴菲特解散了合伙人企业。1972 年，伯克希尔的保险公司的证券组合价值 1 亿 1 百万，其中只有 1700 万用于投资股票。1987 年，道·琼斯指数飙升到令人吃惊的 2258 点，股市正值全盛时期。就在这时，巴菲特判断当前的股市是个危险地带，所以立即将手中大部分股票予以抛售。

在很多投资者看来，这种举动是疯狂的，是在将美金拒于门外。当时公司其他领导者劝巴菲特不要抛售，即使是缓一缓抛售也是好的。巴菲特断然拒绝了他们的建议，果断地将股票售出了。

事实证明，巴菲特的果断是正确的。

巴菲特经手的另一个著名案例发生在 1987 年。那一年 10 月 18 日清晨，美国财政部长在全国电视节目中说的话让人震惊：如果联邦德国不降低利率以刺激经济扩展，美国将考虑让美元继续下跌。结果，就在第二天，华尔街掀起了一场震惊西方世界的经济风暴：纽约股票交易所的道·琼斯工业平均指数狂跌508点，6个半小时之内，5000亿美元的财富烟消云散！第三天，美国各类报纸上那黑压压的通栏标题压得人喘不过气来：《10月大屠杀》《血染华尔街》《黑色星期一》《道·琼斯大崩溃》……华尔街笼罩在阴霾之中。

投资人们疯狂抛售持股，这时巴菲特却毫不迟疑地做出一个令人吃惊的举动：大量购入股票。他以极低的价格买进他中意的股票，并以一个理想的价位吃进10多亿美元的可口可乐公司的股票。不久，股市回升，巴菲特又抓住机会抛售手中的股票，其获得的巨大利润让人咋舌。

这一役，巴菲特做得干净利索，获利极丰。

股市中流传着这样一句话：会买是徒弟，会卖是师傅，要保住胜利果实，应该选准卖出的关键时机。在股市中，不但要出手快，而且收手要更快。拖拉与犹豫，只会使人错失良机。一旦看准机会，就要毫不犹豫地出手。

从孩子们小的时候开始，巴菲特就告诉他们做事要果断，不犹疑。

霍华德小时候发生过这样一件事。霍华德有次跟着巴菲特和一些朋友去树林中野餐。这片树林中有山鸡，一位朋友专门带来了捕山鸡的工具。他们把木箱子用木棍支起，在木棍上系上绳子一直接到藏身的草丛之中。山鸡飞下来去啄食撒在箱子下面的谷粒，只要一拉绳子就可以把山鸡罩起来了。

霍华德和几个小孩隐藏起来，观察动静。一会儿，飞来了一群山鸡，共有11只。大概是山鸡太饿了，不一会儿就有8只山鸡走到了箱子下面。一个小朋友让霍华德拉绳，可他犹豫地说："再等一会儿，这样更稳妥一些。"他们等了一会儿，非但那3只没有进去，反而又走出了4只。其他孩子劝他拉绳子，霍华德说再有一只走进去才拉绳子。但是接着却又走出来两只。如果这时候拉绳子，还能套住一只，但是霍华德担心剩下了一只，拉绳子也未必能罩住它。不幸的是，最后一只山鸡好像也感到不妙，也走出来了。

霍华德那一次，一只山鸡也没捕到。霍华德非常沮丧。巴菲特宽慰他，虽然没能捕到山鸡，但是他至少从这次教训中得出一个道理：优柔寡断，只会使机会稍纵即逝。

犹豫不决的人，在机遇面前，没有果断力、没有信心，他们的一生也就注定要平庸。成功的人能迅速地做出决定，并且不会经常变更；而失败的人作决定时往往很慢，且经常变更决定的内容。

凡事都要果断。一切的失败，都可以从拖延、犹豫不决和恐惧中找到一些答案。果断二字，看似容易，做起来很难。在没有想好对策之前犹豫不决还可以理解，想清楚了还在犹豫，这就是失败的一大诱因。五心不定，输得干干净净。任何莫名的踌躇、犹豫和毫无主见、优柔寡断，都将使你的才干和智慧受到莫大的损失。

而那些意志坚定的人，任何困难挫折，都不能稍稍改变他的立场和决定，他宁愿做一只寂寞的鸵鸟，一个人在沙漠孤独地奔跑。外来的风吹雨打，对他来说，只是一种暂时的困苦，一种磨炼，在与之抗争的过程中，他由衷地感到了生命的乐趣。对他的讥讽，也丝毫不能使他发生动摇。犹豫不决，只能使我们的行动受到无限期地拖延，最终使我们什么都做不了，根本谈不上成功，结果是只能望洋兴叹。

机遇的产生和利用都与主、客观条件有关，而主观条件则更为重要。一个能当机立断的人，一个有主见、善决断的人，在面对重大事件时，他绝不会方寸大乱，落伍于时代，绝不会为任何事物所阻碍。他们具有高超的判断力和坚强的决心，他们生来就是要做高尚事业的，他们明察善断，使他们能轻易获得成功。他们总是言出必行，事情做完还有余裕。他们对自己的运气很有把握，所以能以更大的信心去创造辉煌。

要做一个果断的人，培养良好的决策能力，可以从以下几个方面入手：

1. 不怕做错决定。一个人要想好好运用决定的力量铲除一个个障碍，就得克服对“做错决定”的恐惧。在一些必须做出决定的紧急时刻，果断决策者会集中全部心智来做一个决定，尽管他当时意识到这个决定也许不太成熟。在那样的情况下，他必须把自己所有的理解力和想象力激发出来，立即投入紧张的思考中，并使自己坚信这是在当时的情况下所能做出的最有利的决定，然后马上付诸行动。对于成功者来说，有许多重要决定都是在未经充分考虑的情况下迅速做出的。

2. 先策划再决定。作决定永远比以后的行动困难得多，所以在作决定的时候要多动动脑子，不过也不能太花时间，更不要一味担心怎么去作或作了之后会有什么后果。对于比较复杂的局面需要从各方面权衡和考虑，一旦打定主意，就不要怀疑，不要更改。

3. 保持决定弹性。作好决定不表示不能变更，不要死守一个做法。万事都在变，那未必是最佳方法。做事不要太死板，要学习怎样保持弹性，听听其他人善意的建议。

4. 实施决定行动。世界顶尖潜能大师安东尼·罗宾认为，是我们的决定而不是我们的遭遇，主宰着我们的人生。唯有真正的决定才能发挥改变人生的力量，这种力量任何时间都可支取，只要我们真正去实施。

如果你发现了已经来临的机会，那么千万不要犹豫，该出手时就出手，果断出击抓住它，那么收获就会伴随而来。

果断这种良好的意志品质，并非与生俱来，更非一日之功，它是与聪明、学识、勇敢、机智有机结合起来的，与个体思维的敏捷性、灵活性密不可分。谁都知道机会对人的意义。在生命中许多重要的转折点，如果我们有果断的决策和行动，我们还会缺少机会吗？

与其勤奋工作，不如高效率工作

“对于一个渴望成功的人，提高工作效率是通往成功的捷径。”

成功需要的不仅仅是勤奋，也不单纯与花费的时间、精力成正比，同样需要方法。只有正确的方法才能提高解决问题的效率，才能保证成功。

在追求效率的年代，越来越多的人都认可了一个新的观念，那就是做任何事情都要讲究效率和效益。如何来获得效率和效益？如何能有好的结果？这就需要方法。一旦方法对路，一个人的工作效率就会凸显出来，其工作能力也会得到大家的认同。可是许多人在工作中并不懂得这个道理，他们可能并不缺少工作的热情，也是绝对的勤奋，但工作成效却不尽如人意。这样的情况并不少见。

巴菲特认为，之所以会出现这种情况，是因为他们在工作开始时并没有仔细地思考过，或者说是盲目地开始了工作，这一点在具体的工作中会表现得极其明显。有的员工做事盲目无头绪，只注重宏观的效果，缺少对微观的把握，尽管从表面看来，他们也很勤奋，几乎天天在加班的行列里都能看到他们的身影，但结果总无法令人满意。

在伯克希尔公司工作的丹尼尔，毕业于康奈尔大学，有着令人羡慕的教育经历，人生的天平似乎早早地倾斜在他这一边，他也是公司公认的勤奋员工，但是两年年过去了，他仍然只是一名普通的职员，这是为什么呢？问题就在其工作方法上。

每一次主管布置一项任务时，丹尼尔都会以百分之百的热情投入工作，他会找到所有需要的数据进行分析，然后进行大量的统计工作。每天他都在不停地进行统计与分析，每当遇到一项复杂的数据时，他都非要弄个明白不可。这种勤奋刻苦的精神是难能可贵的，可是效果如何呢？他似乎陷入了一种“分析陷阱”，不能自拔。随着时间一天天地过去，他并没有拿出一个切实可行的办法。

工作不同于学术研究，勤奋笃实的作风固然没错，但探究“为什么”远不如“什么对目前的工作有益”更重要。以错误的方法工作，直接导致了丹尼尔工作效率的低下，虽然消耗了大量精力，也花去了大把的时间，却没有形成应该的正比关系产出。

在我们身边经常有这样的情况发生：有的人工作很勤奋，每天都忙个不停，但是由于工作方法不正确，效率很低，还常常加班加点来完成工作，工作绩效平平；有的人平时很少加班，工作方法正确，能用较少的时间来完成工作，绩效相当好。对于前者，或许最初上司会因为你的刻苦努力而欣赏你，但是长期下来，由于工作结果始终不佳，你的努力几乎都是白费。这是一个重视过程，更重视结果的年代，我们不仅要勤奋，但更要用合理的方法做事。

巴菲特教育孩子的时候会鼓励他们勤奋做事，但是他也告诉孩子，很多时候方法比勤奋更重要。当孩子们在不断努力、不断失败之后，他会让他们停下来想想，寻找一个更好的解决问题的方法。他甚至觉得，这比拥有勤奋的态度更有用。

现代社会是一个讲究效能的时代。在我们的工作中，要提高工作效率、提高解决问题的效能，都必须找出最简单、省力的方法。事实证明，很多成功者具有提高效能的科学工作方法，这才是他们出类拔萃、真正成功的秘诀。要想提高工作效率，可参考以下方法：

1. 清晰的计划和明晰的条理。制定一个明确的工作进度表，才能高效率地办事，在短期内出色地完成工作。你用于计划的时间越长，你完成工作所需要的时间就越短。这两个时间存在着极大的相关性和互补性，就看你怎么做，你是愿意多花一些时间在计划细节上，还是愿意多花一些时间去调整因为盲目工作而导致的错误。根据自己制订的计划和安排，依照先后顺序来学习和工作，不要让其他的事情或自己其他方面的兴趣使自己偏离当前的目标。

2. 培养重点思维，一次做好一件事。富兰克林将自己一生的成就归功于“在一定时期内不遗余力地做一件事”这一信条的实践。博恩·崔西博士认为：“如果你能够将自己的努力始终集中在你的目标和最重要的事情上面，坚持在一定时期内做好一件事，就没有什么东西能够阻止你了。”重点问题重点突破，是高效能人士思考的习惯之一，如果一个人没有进行重点思考，就等于无主攻目标，做事的效率必然会十分低下。相反，如果他抓住了主要矛盾，解决问题就变得容易多了。

3. 及时改正错误，分辨事物的好坏。一名高效能人士要善于从批评中获得进步的动力。批评通常分为两类，有价值的评价或是无理的责难。不管怎样，坦然面对批评，并且从中找寻有价值、可参考的成分，进而学习、改进，你将获得意想不到的成功。善于分辨事物的好坏，哪些是有利于工作的，哪些是不利于的，并很快摆脱不利因素的影响，朝着正确的目标前进。

4. 时间管理和要事第一。创设遍及全美的市务公司的亨瑞·杜哈提说，不论他出多少钱的薪水，都不可能找到一个具有两种能力的人。这两种能力是：第一，能思想；第二，能按事情的重要程度来做事。因此，在工作中，如果我们不能选择正确的事情去做，那么唯一正确的事情就是停止手头上的事情，直到发现正确的事情为止。处理问题的顺序：重要工作→优先处理，一般工作→随时处理，可办可不办→暂缓处理，紧急事情→立即处理。

5. 运用80/20法则。研究二八法则的专家理查德·科克认为，凡是洞悉了二八法则的人，都会从中受益，有的甚至会因此改变命运。彼得在斯坦福大学读书时，学长告诉他千万不要上课，“要尽可能做得快，没有必要把一本书从头到尾全部读完，除非你是为了享受读书本身的乐趣。在你读书时，应该领悟这本书的精髓，这比读完整本书有价值得多”。这位学长想表达的意思实际上是：一本书80％的价值，已经在20％的页数中就已经阐明了，所以只要看完整书的20％就可以了。这就是为什么专精于一小部分内容的学生，可以给主考人留下深刻的印象，而那些什么都知道一点但没有一门精通的学生却不让考官满意的原因。这个窍门让他花了3个学期把大约20门基础课全部修了一遍，而别人只是选修其中一部分。

6. 专注工作，善于自我管理。一心一意地专注于自己的工作，是每一位职业人士获取成功不可或缺的品质。当你能够专注地做每一件事时，成功也就指日可待了。杰克·韦尔奇认为，一名高效能人士应该具备出色的自我管理能力，一个连自己都管理不了的人，是无法胜任任何工作职位的，当然，最终他也不会成为高效率的工作者。

7. 重视细节，臻于完美。精细化管理时代已经到来，细节决定成败。一个人要成为一名高效能人士，必须养成重视细节的习惯。做好小事情既是一种认真的工作态度，也是一种科学的工作精神。一个连小事都做不好的人，是绝不可能成为一名高效能人士的。完美是对工作质量的严格要求，只有一件完美的产品才能受到消费者的青睐。

8. 注重准备工作，告别瞎忙。凡事预则立，不预则废。一个善于做准备的人，是距离成功最近的人。一个缺乏准备的员工，一定是一个差错不断的人，纵然有超强的能力，千载难逢的机会，也不能保证自己获得成功，这样的人自然无法成为一名高效能人士。只靠忙，并不能直接给我们带来想要的结果，也不能给我们带来良好的业绩。只有善于掌控时间，能够时刻忙于要事的人才能成为辛勤劳作的真正受益者。

据瑞士联合银行集团（USB）对世界71个城市做过的一项调查显示：亚洲人最忙碌，欧洲人最悠闲。但众所周知，欧洲的经济实力比亚洲强，欧洲人的工作效率和收入也明显高于亚洲人。有的外资企业，特别是欧美企业，一周仅上四天半班。但是，外资企业的人均利润却是国内同类国企或民营企业的10倍以上。

9. 随时做记录，及时进行总结。同一批新人，在最初的几年里，他们所做的事情可能没有什么太大的区别，他们的经历有着很多相似之处，但是为什么在后来的日子里他们具有不同的能力呢？这就是——他们从相同或相近的经历中总结出了不同的东西。那些能够从自己的经历、经验中总结出富有价值的规律的人，将有更多成功的机会。

10. 责任重于一切。著名管理大师德鲁克认为，责任是一名高效能工作者的工作宣言。在这份工作宣言里，你首先表明的是你的工作态度：你要以高度的责任感对待你的工作，不懈怠你的工作，对于工作中出现的问题敢于承担。这是保证你的任务能够有效完成的基本条件。

在职场中，很多人每天忙忙碌碌，却总是忙而无功；感觉自己付出了很多，却还总是不能获得老板的满意；没有一刻空闲，到总结时却说不出自己做出的成绩。

如果你正处于这样的状态，这时的你就需要提高警惕了，也许你不是工作不努力，而是需要掌握正确的方法提高工作效率。因为，如今可不是讲求“慢工出细活”的时代，效率总是与工作业绩、奖金，甚至晋升挂钩，因此每天费尽心思琢磨的应该是如何提高工作效率。

培养删繁就简的做事风格

“人性中总是有某种不良成分，它喜欢将简单的事情复杂化。”

人们常常把简单思维理解为幼稚的、简陋的、不动脑子的思维方式。实际上，简单思维并不是一种低级的思维方式，它能帮助人们在观察问题和解决问题时，删繁就简，化繁为简。这种思维方式有着特殊的思维功效，能够帮助人们提高思维效率。

工作中的许多问题都是如此，看似很复杂，实际上可以用很简单的方法将其解决，关键就看你是否能够跳出复杂的思维陷阱。如果不能摆脱种种思维的束缚，是很难找到简单的方法的。作为企业家，更应该学会简单思维。

1985 年，有一家非常大的投资银行受委托负责出售史考特·飞兹公司，然而在经过多方的推销后却仍无功而返。在得知这样的情况后，巴菲特立即写信给史考特·飞兹当时的总裁拉尔夫·斯切表达买下该公司的意愿。在这之前巴菲特从来没有与拉尔夫见过面，不过在一个礼拜之内他们便达成协议，可令人遗憾的是，在该公司与投资银行所签订的意向书中注明，一旦公司顺利找到买主便须支付 250 万美元给银行，即便最后的买主与该银行无关也要照付。事后巴菲特猜想，或许是该银行认为既然拿了钱，多少都应该办点事，所以他们好心地将先前准备的财务资料提供一份给他。收到这样的礼物时，搭档查理冷冷地响应说："我宁愿再多付 250 万美元也不要看这些垃圾。"他们最后采取的策略就是等待电话铃响，就这么简单。可喜的是，这还真管用。

霍华德少年时曾梦想成为父亲那样出色的企业家，但是他觉得像父亲一样管理庞大的公司、处理各种复杂的事务是很难的事，他忧心忡忡地问父亲："做生意是不是很难？"父亲给出了一个很意外的答案：其实做生意很简单。巴菲特曾经发表过这样的观点："真正的投资策略就像生活常识一样非常简单，简单得不能再简单。要想成功地进行投资，你不需要懂得什么贝塔值、有效市场、现代投资组合理论、期权定价或是新兴市场。事实上大家最好对这些东西一无所知。当然我的这种看法与大多数商学院的主流观点有着根本的不同，这些商学院的金融课程主要就是那些东西。我们认为，学习投资的学生们只需要接受两门课程的良好教育就足够了，一门是如何评估企业的价值，另一门是如何思考市场价格。"

巴菲特始终寻找的是那些业务清晰易懂、业绩持续优异、能力非凡并且为股东着想的大企业。要充分保证投资赢利，巴菲特不仅要在合理的价格上买入，而且该企业的未来业绩还要与巴菲特的估计相符。一个具有持续竞争优势并且由一群既能干又全心全意为股东服务的人来管理的企业，当发现具备这些特征的企业而且又能以合理的价格购买时，这样的投资几乎不可能出现失误。这种投资方式看起来似乎不易，但是巴菲特却找到了他的途径，那就是寻找超级明星企业。

我们不难发现，巴菲特的投资始终集中于很少几只股票，这符合巴菲特的简单投资概念。他说："虽然我不拥有口香糖的公司，但是我知道10年后他们的发展会怎样。互联网是不会改变我们嚼口香糖的方式的，事实上，没什么能改变我们嚼口香糖的方式。会有很多的（口香糖）新产品不断进入试验期，一些以失败告终。这是事物发展的规律。如果你给我10个亿，让我进入口香糖的生意，打开一个缺口，我无法做到。这就是我考量一个生意的基本原则。给我10个亿，我能对竞争对手有多少打击？给我100个亿，我对全世界的可口可乐的损失会有多大？我做不到，因为，他们的生意稳如磐石。给我些钱，让我去占领其他领域，我却总能找出办法把事情做到。"

这种业绩稳定的企业就是巴菲特所中意的对象，因为这样，他就能看清这个企业10年的大方向。如果做不到这点，他是绝不会贸然行事的。

在巴菲特看来，投资的另一个特点就是先前的投资技巧和知识不会过时。他说："做投资的好处是你不用学习日新月异的知识和技能，40年前你了解的口香糖的生意，现如今依旧适用，没有什么变化。"

巴菲特认识一个人，此人的岳父去世了，留下一间他创建的制鞋公司。这个人托高盛来卖掉这家公司，他和巴菲特的一个朋友在佛罗里达打高尔夫时提到了这件事。于是巴菲特的朋友建议他给巴菲特打电话。那人接受了建议，结果他和巴菲特仅用5分钟就谈成了这桩生意。巴菲特认识这个人并且基本了解制鞋生意，巴菲特的答案只有是或者不是，很简单，谈判的时候没什么圈子可兜。

是的，就这么简单，投资的概念也不难懂，就是低价买入高价卖出。虽然不难理解，但是人们却很难真正这样实践，因为他与人性中的某些惯性作用是相抵触的，即便是巴菲特也因为这“人性中的某种惯性”而失败了。

巴菲特在给股东的信中记述了这样一个故事：“2003 年美中能源打消掉一项锌金属回收的重大投资案，该计划在 1998 年开始，并于 2002 年正式营运。由于地热发电产生的卤水含有大量的锌，而我们相信回收这些金属应该有利可图，近几个月来，回收运用在商业上似乎可行，但冶矿这行，就像是石油探勘一样，希望往往一再戏弄开发商，每当一个问题解决了，另一个问题马上又浮现，就这样一直拖到九月，我们最终举白旗投降。

“我们的失败再度突显了一项原则的重要性，那就是别把事情搞得太复杂，尽量让事情简单化。这项原则广泛运用于我们的投资以及事业经营之上，如果某项决策只有一个变量，而这变量有九成的成功概率，那么很显然你就会有九成的胜算；但如果你必须克服 10 项变量才能达到目标，那么最后成功的概率将只有 35％。在锌金属回收的这项合作案中，我们几乎克服了所有的问题，但一项无法解决的难题却让我们吃不完兜着走。套句矛盾的修饰语句，这是单一环结的连锁。”

投资者习惯了“旅鼠式”的行动，如果让他们脱离原有的群体，是非常不容易的。就像巴菲特所指出的那样：“在我进入投资领域三十多年的亲身经历中，还没有发现应用价值投资原则的趋势。看来，人性中总是有某种不良成分，它喜欢将简单的事情复杂化。”

很多人在处理事情时，不分主次，舍本逐末地在在繁枝末节上大下修饰工夫，却忽视了对核心问题的深入探究，把是事情复杂化。结果该做的没做好，不该做的全被打乱了，直接导致时间愈来愈不够用，事情变得愈来愈复杂。我国古代伟大的思想家老子在《道德经》中提出："是以圣人去甚、去大、去奢。"去繁就简，重点思考，才是一击即中的高效之道。

一个简单的问题，不能人为地把它复杂化；一个复杂的问题，更要将之简单化。简单化的信息传递得更快，简单化的组织运转更灵活，简单化的设计更易被市场接受。简单意味着有无限可能，经典的往往是简单的。任何大企业，其理念和管理手段无论多么先进，都会由上至下逐渐减弱，因此越是复杂的原则、理念越难以落实到基层，采取简单的、通俗的原则，可以将之贯彻到最基层，从而也就很好地解决了流程和执行问题。

国内的很多企业，规章制度动辄就是几十几百页，其实这么复杂完善的制度，有几个人愿意去了解呢？又怎么可能被落实呢？所以，管理源于简单，这是 IBM 这样一个"巨无霸"企业的管理经验对管理者很大的启示。

作为管理者，只有不断地运用简单思维，修炼简单思维智慧，才能使领导艺术达到"运用之妙，存乎一心"的境界。大道至简，用最简单的方法必然可以解决最复杂的问题，关键在于我们是否具备这样的思维素质。管理者只有不断地领悟简单思维方法，学会把复杂的问题简单化，那么再大的企业，也可以管理得轻松自如、游刃有余；再难的问题，也能解决得了无痕迹。

处理问题要从容易的地方入手。很多问题的解决办法其实非常简单，但我们却总是吃力不讨好，总试图将简单的问题复杂化。老子说"大道至简"，最深刻的道理都是最简单的，这深刻地道出了管理的精义。

管理的最高境界其实就是"稀言自然""无为而治"，即所谓"治大国若烹小鲜"，治国如此，思维如此，管理也是如此。

建立积极主动的工作态度

“不管你在哪里工作，都别只把自己当成是名员工，应该学会努力适应，把公司当成是自己开的一样。事业生涯除了自己之外，全天下没有人可以掌控，这是你自己的事业。”

主动工作是在没有人要求你、强加于你的情况下，而你却能自觉而且出色地做好自己的事情。主动的人才可以得到赏识，自觉是他通向成功的通行证。当主动成为一种习惯时，我们就能从中学到更多的知识，积累更多的经验，就能从全身心投入工作的过程中找到快乐。让主动成为习惯，你将因此受益无穷。

巴菲特参加奥马哈市一个童子军活动时，孩子们为他如何取得成功感到好奇，一个男孩子问巴菲特，是不是因为有卓越的才华所以才会成功？巴菲特笑了，他说他的孩子们在年幼时也曾问过他同样的问题。他的回答是，才华仅仅是一个方面，如果想登上成功之梯的最高阶，就要永远保持主动。

成功的人很明白，任何事情只有自己主动争取，并且要为自己的行为负责才能圆满完成。没有人能保证你成功，只有你自己；也没有人能阻挠你成功，只有你自己。

我们经常看到那些成功大师的侃侃而谈，却常常忽视他们默默无闻的“耕耘”。其实成功是一种努力的累积，不论何种行业，要想攀上顶峰，通常都需要漫长时间的努力和精心的规划。

因此，许多企业都有意识地把自己的员工培养成对待工作能够积极主动的人。工作积极主动的员工，会勇于负责，有独立思考的能力。他们不会像机器一样，按照别人的吩咐去机械地完成工作，他们往往能够发挥创意，出色地完成任务。而没有自动自发意识的员工，则墨守成规，裹足不前，凡事只求符合于公司的规则。他们会告诉自己，管理者没有让我做的事，我又何必插手呢？又没有额外的奖励！显然这两种截然不同的想法会导致不同的工作表现和工作结果。

那些整天抱怨工作的人是不可能积极主动的。一个主动工作的员工，对于工作的责任和意义有深刻的理解，并随时准备展示自己的全部才华，因此，他们总能够从工作中得到更多的回报。

伯克希尔公司有一个前台，工作很简单，就是向来人指路、接电话、转邮件和订票。可是这个前台与别的前台不同，这样简单的工作她天天都能微笑面对，而且把工作做得很细致，谁找她办过事，下次她都叫得出名字来。大家都非常喜欢她。后来，她转到开发部做秘书，待遇优厚。

有人说她运气好，其实不是这样的。很多公司的前台，工作时间长了，一点笑容都没有。没有微笑的前台，怎么会让人喜欢呢？不要觉得小事、琐碎的事情就无法学到东西。小事同样能成就大事，关键就在于你的心态如何。积极而平和的心态、脚踏实地的精神是成功的必要条件。

在现实生活中，我们经常会看到一些受过良好教育、才华横溢的“穷人”，他们在公司里长期得不到提升，主要是因为他们不愿意自我反省，养成了一种嘲弄、吹毛求疵、抱怨和批评的恶习。他们根本无法自发地做任何事，只有在被迫和受监督的情况下才能被动地工作。最根本的原因，是他们还没有悟透一个道理：努力工作并不仅仅有利于公司和管理者，其实真正的受益者恰恰是自己。

无论你从事的是什么职业，也无论你现在身居何方，都不要认为自己仅仅是在为管理者工作。如果你认为自己努力工作的最终受益者是管理者，那么你就犯了一个大错误。

一名员工工作的过程同时也是一个提升自我的过程。如果你不能在工作中完善自我，则如同逆水行舟，不进则退，你会掉队，跟不上时代的发展，更确切地说，你就不能为公司创造价值。不能给管理者带来效益的员工在公司里是没有立足之地的。

如果你能够认识到，我是在为我自己工作，那么你将会发现工作中包含着许多个人成长的机会，这些无形资产的价值是无法衡量的，最终受益者是你自己。

我们究竟为了什么工作？

除了薪水，我们还能从工作中获得什么？

我们工作这么辛苦究竟是为了什么？

既然是为别人打工，何必这么投入地工作，不如得过且过……

在很多员工眼中，管理者是以一种“剥削者”的身份出现的，他们认为自己认真工作，一旦付出超出薪水的努力就会“便宜”了管理者。事实上，这是一种认识上的误区。员工为管理者打工，管理者必须付给员工报酬，这是对员工价值的一种体现。但是，除工资之外，任何一家公司和管理者其实还给了每一位员工很多东西。员工在工作中除了获得金钱外，最大的收获就是经验，还有就是良好的培训、个人职业品质的提高和个人品德的完善。这些东西，如果员工在企业里工作时能很好地获得，将会是自己受益一生的财富。这些无形的东西，再多的金钱都买不来。

糊弄工作的人往往只知道为工资而工作，对自己的工作和事业缺乏长远的规划。这样做不但对管理者无益，长此以往对自己的生命也是一种摧毁，会使自己事业的生命日渐枯萎，白白断送自己的前程。相反，那些踏实工作、认真做事的人却往往能够从自己的工作中获得最大的益处和提升。当然，他们也常常是管理者眼中的“红人”。

你可以把工作当作一个学习机会，从中学习业务知识、提升个人修养、积累行业经验……长此下去，你不但能够获得很多知识，还可以为以后的工作打下坚实的基础。在工作中投机取巧或许能让你获得一时之利，但它会在你以后的工作中埋下隐患，从长远来看，这对自己是有百害而无一利的。

积极工作的员工不会为自己的前途操心，因为他们已经养成了一个良好的习惯，到任何公司都会受到欢迎。他们能意识到积极的心态对自己事业成功的影响，让自己拥有良好的人际关系，为自己赢得更多的机会。所以，这些员工在投入工作时必定会让自己保持积极的心态。积极的工作心态表现出了员工对工作的进取心，使员工更容易得到管理者的赏识。

事实上，人生所追求的大多都和心态有一定的关系。好工作、自尊、自信、快乐、成功、金钱等，都和你的心态有关。

那么，如何培养积极的心态呢？可以从以下几个方面做起：

1. 要心怀必胜、积极的想法。当我们开始运用积极的心态并把自己看成成功者时，我们就开始走向成功了。但绝不能仅仅因为播下了几粒积极乐观的种子，就指望不劳而获，必须不断给这些种子浇水，给幼苗培土施肥，才能收获成功的人生。

2. 用美好的感觉、信心与目标去影响别人。随着你的行动与心态日渐积极，你会慢慢获得一种美满人生的感觉。信心日增，人生的目标感也越来越强烈，而别人也会被你吸引，进而被你影响。

3. 每天都进行积极的自我暗示。积极的自我暗示语言能激励我们积极思考、积极行动。经常使用这种自我激励法激发自己，并融入自己的身心，就可以保持积极心态，抑制消极心态，形成强大的动力，进而获得成功。

4. 学会微笑。微笑是赐给人类的专利，微笑是一种令人愉悦的表情。面对一个微笑着的人，你会感到他的自信、友好，同时这种自信和友好也会感染你。微笑可以鼓舞对方，可以消除人与人之间的陌生感和隔阂。

5. 到处寻找最佳的新观念。要找到好主意，靠的是态度，而不是能力。一个思想开放、有创造性的人，哪里有好主意，就往哪里去。好主意能提高积极心态者获得成功的能力。

6. 培养一种奉献精神。一个积极心态者所能做的最大贡献是给予别人。给予别人也是一种生活方式，我们永远都无法预测它所带来的积极结果。

7. 永远也不要消极地认为什么事是不可能的。首先你要认为你能，然后去尝试、再尝试，最后你会发现自己确实能。所以，把“不可能”从你的字典里去掉，把你心中的这个观念铲除掉。谈话中不提它，想法中排除它，不再为它寻找借口，用“可能”代替它。

8. 培养乐观精神。以乐观的精神面对一切，工作就更容易做。

9. 言行举止像自己想成为的人。想象自己未来的样子，并为自己寻找一个希望成为的目标，从细微举止上效仿，来塑造自己。

成功的机会是不会白白降临的，只有积极主动工作的员工才有获得更多好机会的可能。而积极主动地工作是一种工作习惯，如果你只是想在管理者注意时才好好表现，那么你永远不会有好的表现。

在任何一个公司里，那些不必管理者交代就自己找事做的员工，那些接到任务时不会找借口的员工，那些永远也不问“怎么办”而是自己动手去克服困难的员工，那些主动请命为公司工作的员工就是管理者心目中最优秀的员工，在有升职机会时，管理者第一个想到的就是这些人。

财富忠告

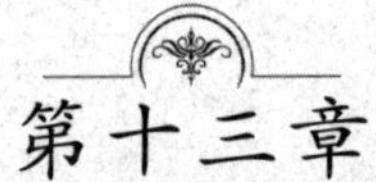

第十三章

把鸡蛋放在一个篮子里

忠告1 找出杰出的公司

“对于投资者来说，关键不是确定某个产业对社会的影响力有多大，或者这个产业将会增长多少，而是要确定任何所选择的一家企业的竞争优势，而且更重要的是确定这种优势的持续性。”

巴菲特的大儿子霍华德虽然没有从事金融行业，但是出于对父亲的崇拜，对金融很感兴趣，时常与父亲讨论一些相关问题。霍华德感到奇怪，为什么父亲不去购买一些看起来非常便宜的公司股票，反而对一些价格更高的公司更感兴趣，这与一般人的投资观念不同。

在早期，巴菲特确实对价格便宜的公司更有热情，因为受到了查理·芒格的影响，他才逐渐将注意力转移到了虽然价格贵、但是确实优秀的公司上面。

在投资圈里，专业人士非常愿意将巴菲特的话当作金科玉律，而把芒格的发言视作“备选”。但是，有一点是大家公认的，只要芒格一提出自己的想法，巴菲特就会认真倾听。正如霍华德评价芒格时所说：“我爸爸是我所知道的‘世界上第二聪明的人’，第一是谁？查理·芒格。”芒格在巴菲特的投资事业上起了定海神针的作用，巴菲特创造的许多经典投资案例，以及他买入的种种有潜力的股票，其实有相当一部分是芒格帮他物色的。

巴菲特这样评价芒格：“查理把我推向了另一个方向，而不是像格雷厄姆那样只建议购买便宜货，这是他思想的力量，他拓展了我的视野。我以非同寻常的速度从猩猩进化到人类，否则我会比现在贫穷得多。”的确，芒格在巴菲特财富事业腾飞的过程中起着巨大作用。

1970 年，加州数十家小型零售商联合状告蓝筹印花公司垄断市场，美国司法部于是对其做出了出售 55%股份的裁决。看准了时机的芒格连夜赶回奥马哈，当面力劝巴菲特进行收购。最终，巴菲特夫妇及其哈撒韦公司出资收购了蓝筹印花公司 45%的股份，芒格的公司收购了 8%的股份。据悉，巴菲特和芒格在这项收购中共斥资 4000 万美元，但仅过了 3 年，这部分财富便膨胀到了 10 亿美元。

不过，芒格对巴菲特影响最大的应当是对其投资理念的更新与改造。巴菲特的老师、投资学鼻祖格雷厄姆曾经教导巴菲特，最好的赚钱办法是投资“廉价股”。巴菲特也一直遵从老师的教诲，在早年低价收购美国运通和华盛顿邮报等公司的交易中赚到大钱。但是，芒格认为，类似格雷厄姆标准的“廉价股”已基本消失，如果一家公司的赢利足够好，即便股价高一点，也是值得购买的。

也是在芒格的敦促下，巴菲特从买“便宜货”的老路迈向买优质企业的新途。2008 年，巴菲特斥资 2.3 亿美元买入中国比亚迪 10%股份一事，就是巴菲特“转型”最典型的例子。

持股比亚迪是芒格的主意，起初，芒格通过一个朋友偶然认识了比亚迪总裁王传福，通过接触，芒格在他身上看到了“爱迪生和杰克·韦尔奇的影子”。激动不已的芒格随即将这家公司介绍给了巴菲特。最终，芒格的热情使得巴菲特打破自己“不碰科技型公司”的原则，用高价对比亚迪提出收购。现实没有辜负芒格，按照目前比亚迪在香港的股价，巴菲特所持有的股份账面获利已经超过了500％。

不仅如此，芒格还认为，巴菲特的老师在投资时，不太重视公司管理者素质，这种做法是不明智的。对于芒格倡导的与老师完全背道而驰的投资理念，巴菲特做出了肯定的评价，此后，企业管理者的素质也成了巴菲特投资的重要考察因素。他说：“查理·芒格很早就明白这个道理，然而我的反应则比较慢，但是现在当我们在进行投资时，我们不只是选择出最好的公司，与此同时这些公司还需要有好的经理人。”

两人双剑合璧，创造了一连串经典的投资案例，先后购买了联合棉花商店、伊利诺伊国民银行、茜氏糖果公司、维科斯金融公司、《布法罗新闻晚报》，投资于《华盛顿邮报》，并创立新美国基金。在两人精诚合作的30多年里，伯克希尔股票以年均24％的增速突飞猛进，拥有并运营着超过65家企业，创造了有史以来最优秀的投资记录。

巴菲特希望儿子能明白，具有突出竞争优势的企业，具有超出产业水平的超额赢利能力，长期来说，能够创造远远高于一般企业的价值增值。

他告诉霍华德，股票并非一个抽象的概念，投资人买入了股票，不管数量多少，决定股票价值的不是市场，也不是宏观经济，而是公司业务本身的经营情况。巴菲特说："在投资中，我们把自己看成是公司分析师，而不是市场分析师，也不是宏观经济分析师，甚至也不是证券分析师。……最终，我们的经济命运将取决于我们所拥有的公司的经济命运，无论我们的所有权是部分的还是全部的。"

巴菲特将他的投资成功归功于他的商业思维。他说："我是一个比较好的投资者，因为我同时是一个企业家。我是一个比较好的企业家，因为我同时是一个投资者。"

巴菲特最关注的是公司的业务。这与一般投资者只关注股价是否便宜完全不同。他认为，以一般的价格买入一家非同一般的好公司要比用非同一般的好价格买下一家一般的公司好得多。

巴菲特总是集中精力尽可能多地了解公司业务经营情况，他认为公司业务分析的关键在于竞争优势：

1. 企业的业务是否长期稳定，过去是否一直具有竞争优势？

2. 企业的业务是否具有经济特许权，现在是否具有强大的竞争优势？

3. 企业现在的强大竞争优势是否能够长期持续保持？

由于巴菲特是长期投资，所以他非常重视企业是否有着良好的长期发展前景。而企业的长期发展前景是由许多不确定的因素决定的，分析起来相当困难。巴菲特为了提高对企业长期发展前景的准确性，在选择投资目标时严格要求公司有着长期稳定的经营历史，这样他才能够据此分析确信公司有着良好的发展前景，未来同样能够继续长期稳定经营，继续为股东创造更多的价值。

巴菲特认为公司应该保持业绩的稳定性，在原有的业务上做大做强，才是使竞争优势长期持续的根本所在，因此巴菲特最喜欢投资的是那些不太可能发生重大变化的公司。

同时，巴菲特在长期的投资中深刻地认识到经济特许权是企业持续取得超额利润的关键所在。

巴菲特在伯克希尔 1993 年的年报中对可口可乐的持续竞争优势表示惊叹："我实在很难找到一家能与可口可乐的规模相匹敌的公司，也很难找到一家公司像可口可乐那样 10 年来只销售一种固定不变的产品。尽管 50 多年来，可口可乐公司的产品种类有所扩大，但这句话仍然非常贴切。就长期而言，可口可乐与吉列所面临的产业风险，要比任何电脑公司或是通讯公司小得多，可口可乐占全世界饮料销售量的 44%，吉列则拥有 60%的刮胡刀市场占有率（以销售额计）。更重要的是，可口可乐与吉列近年来也确实在继续增加它们全球市场的占有率，品牌的巨大吸引力、产品的出众特质与销售渠道的强大实力，使得它们拥有超强的竞争力，就像是在它们的经济城堡周围形成了一条条护城河。相比之下，一般的公司每天都在没有任何保障的情况下浴血奋战。"

因此，巴菲特认为可口可乐是一个竞争优势持续"注定必然如此"的典型优秀企业。

巴菲特将竞争优势壁垒比喻为保护企业经济城堡的护城河，强大的竞争优势如同宽大的护城河保护着企业的超额赢利能力：

"我们喜欢拥有这样的城堡：有很宽的护城河，河里游满了很多鲨鱼和鳄鱼，足以抵挡外来的闯入者——有成千上万的竞争者想夺走我们的市场。我们认为所谓的护城河是不可能跨越的，并且每一年我们都让我们的管理者进一步加宽我们的护城河，即使这样做不能提高当年的赢利。我们认为我们所拥有的企业都有着又宽又大的护城河。"

有些投资者在寻找投资目标时，往往只关注股价是否便宜。巴菲特告诉我们，选择企业时应关注企业业务经营状况，要选择那些具有竞争优势的企业进行投资。以一般的价格买入一家非同一般的好公司要比用非同一般的好价格买下一家一般的公司好得多。

控制你能把握的风险

“风险来自你不知道自己正做些什么！”

巴菲特说：“成功的秘诀有三条。第一，尽量避免风险，保住本金；第二，尽量避免风险，保住本金；第三，坚决牢记第一、第二条。”这条秘诀看起来颇有些无厘头，当巴菲特向孩子们传授这三条著名的秘诀时，孩子们的第一反应是一贯幽默的父亲又在开玩笑——不过，这是一条是货真价实的秘诀。因为这条秘诀，巴菲特得以从1956年那个靠亲朋凑来的10万美元白手起家的毛头小子成为今天的金融大鳄，而与他同时期的创业者绝大部分已在金融行业杳无声息。

实际上，巴菲特这三条秘诀总结起来就是八个字：避免风险，保住本金。巴菲特的名言是他投资股市的经验总结。他从1956年到2004年的48年中，股市的年均收益率也只有26%。由此可见，他的巨额家产也不是一夜暴富得来的。

以中国股市来说，自从 2006 年股市一路高歌以来，大众亢奋和羊群效应越发明显。越来越多的人认为，股市成了一只“金饭碗”，只要投钱进去，“金饭碗”里就能源源不断地生钱出来。左邻右舍相继入市，农民开始炒股，即使平日最保守、最沉着的人也摇摇晃晃地入市了。有人卖房、有人贷款，有人辞职，证券营业部人满为患，系统不堪重负，上班族人心浮动……恐怕没有人不承认，现在的股市泡沫已经令人担忧。可既然大家都知股市泡沫重，为何还如此疯狂？显然，面对股市，我们已经不仅从投资越入了投机，而且从投机越入了赌博！

中国股市，从一定角度讲还是一个资金市，源源不断的资金进入，才是行情不断高涨的根本原因。在股市的狂热下，炒股者多会觉得总有后来者，就像掉进传销网络的人，总认为还有大量的下线等着送钱进来。可历史早就证明，没有哪一波大牛市不是以套牢一大批投资者作为最后“祭品”的，这一点，炒股者也“理性”地清楚。前方是巨大的利益引诱，后面是怕成“祭品”的担忧，使贪婪与恐惧这两种人性弱点最充分地体现在了炒股者身上。

风险与高利润共存，巴菲特深知个中利害，遏制住天性中对金钱的渴求，从不主动伸手去拿老鼠夹子上挂的肉。不仅如此，他还会积极反思，分析自己的决策如何会导致利益流失。

2009 年伯克希尔投资公司经受住了金融危机的考验，大部分生意均获得收益。在取得成绩的同时，巴菲特依然保持了他反思的态度，在给股东的信中他提到了他的失误：

“多年来，我一直努力思考为数百万忠诚的 GEICO 客户提供一些附属产品，不幸的是，我终于想到了。向客户推销我们自己的信用卡这一想法闪现在我的脑海中。我推测 GEICO 的投保人极有可能拥有良好的信誉，假如我们发行了具有吸引力的信用卡，他们可能会更青睐我们的业务。遗憾的是，我们的业务方向是正确的，却采取了错误的形式。

“在我觉醒前，我们在信用卡运营上的损失已达到了630万美元，并且通过出售投资产品还额外损失了4400万美元。值得强调的是，GEICO的经理们始终没有对我的想法产生兴趣，他们曾给予我提醒，我不得不承认我确实年纪大了。”

巴菲特所以能成功与他善于总结经验教训的习惯是分不开的。他从不掩饰自己的错误，且乐于从中反思，以吸取经验教训。善于反思，也是他对孩子们提出的要求。孩子们一度认为反思只适用于生活，与金融投资无关。巴菲特可不那么想，他总结出三点是值得注意的经验教训：一是坚持自己的投资风格，高举价值投资的旗帜，尽量不投机或少投机，抵制投机带来的诱惑；二是投资金融衍生品要谨慎，应当看到其投机性所带来的市场风险、操作风险和信用风险；三是当断不断，必有后患，一旦发现投资失误，要断臂求生，舍车保帅，立即止损，切勿优柔寡断，将小错酿成大错。

这样，不管股市多么扑朔迷离，他也总能做到镇定自若，在普通投资人因恐惧而处于慌乱之际，抓住最难得、最宝贵的投资机遇。

谈起巴菲特在股票市场上的成功，很多人钦佩至极，推崇有加。但是如果我们奉劝投资者，把每年的投资收益率定在20%～30%，他们中的许多人恐怕会不以为然：这个目标太过于保守了！但有谁知道，1965年以来，巴菲特控股的伯克希尔投资公司年收益率只有23.8%！确实，对于那些希望一夜暴富的投资者来讲，23.8%的年收益率实在太低了。但是正是每年这23.8%的收益率把巴菲特一步步推向了成功的顶峰。

这其中有什么奥秘呢？就是巴菲特保持了知足常乐的心态，稳健投资。相信这也是巴菲特驰骋股市的一个秘诀之一。

我们来做一个假定，假定一位身无分文的年轻人，从现在开始能够每年存下1.4万元。如此持续40年，如果他每年存下的钱都投资到股票或房地产上，并获得每年平均20%的投资收益率，那么40年后，他能累积多少财富？

一般人猜的金额，多落在200万到800万之间，最多的也不超过1000万。然而依照财务学计算复利公式，正确的答案应该是1.0281亿，一个众人不敢想象的数字。

事实上，也正是这个复利的巨大威力，使巴菲特逐年累积财富高达几百亿美元。而要利用好复利，平稳获取巨额财富，没有巴菲特那种知足常乐的心态，则无异于缘木求鱼。

面对变化多端的股市，为什么巴菲特还能从此从容呢？另外一个原因就是他掌握着利用人性弱点进行投资的杀手锏。

巴菲特投资法则在应用中的最大难点就在于对人性弱点的理解与利用，而这是一般投资者很难掌握的。他经常用人性的以下三个弱点：

第一，过度自信。过度自信倾向是指人们在对过去知识进行判断中存在智力自负现象，这种现象会影响对目前知识的评价和未来行为的预测。造成过度自信倾向的主要原因是人们往往倾向于在他们完全正确的时刻回忆自己的错误判断，从而认为这只是偶然发生的事件，与他们的能力缺陷无关。

巴菲特坚持投资于自己所熟悉的行业，就是出于对这一人性弱点的充分认识，他坦然承认自己不投资于高科技公司的原因是自己没有能力理解和评价它们。

第二，事后诸葛亮。人们往往倾向于利用事件发生之后的结果去理解事件发生的原因及过程。由此，便往往会忽视事后理解的天然优势，而进一步贬低决策者在事前的判断和决定。这一人性弱点使人们很容易高估自身的能力，而低估他人的能力。

巴菲特在投资中尽量避免犯这样的错误。20 世纪 60 年代，伯克希尔—哈撒韦的投资（当年主要以纺织业为主），一直亏损，持续到 20 世纪 80 年代巴菲特被迫将纺织业务关闭。这形成了巴菲特非常重要的投资准则，即投资于保持一贯经营原则的公司，避开陷入困境的公司。不要高估自己，认为自己是救世主，不要指望自己比该公司的经营者做得更好。

第三，过度敏感。过度敏感是指人们在心理上倾向于高估与夸大刚刚发生的偶然事件的影响因素，而低估影响整体系统的其他必然因素的作用，从而做出错误判断，并对此做出过度的行为反应。

这三点，大大降低了投资中可能遇到的风险。巴菲特曾经很骄傲地向孩子们展示他的“独门绝技”，希望孩子们能理解并娴熟运用。虽然大儿子霍华德、长女苏茜和幼子彼得最后都没有选择从事金融行业，父亲的教诲还是在其他方面让他们受益匪浅。

对于投资者而言，“避免风险，保住本金”这八个字，说说容易，做起来却不容易。股市有风险，似乎人人皆知，但是，当人们沉醉在大笔赚钱的喜悦之中时，头脑往往会发热，就很容易把“风险”两字丢到一边。世界上“没有只涨不跌的市场，也没有只赚不赔的投资产品”。在成熟度不高，监管不规范，信息不对称，经常暴涨暴跌的中国股票市场，不顾一切，盲目投资无疑是危险行为。

一个成功的投资者需要多方面的素养，从巴菲特身上我们知道投资的心态是很重要的，不能太自信，但不能不自信；不能贪婪，但也不能不注重回报；不能太紧张，但是也不能不集中精力。另外还要学会抓住时机，这样才能让你是股市中宠辱不惊，成功获利。

变方能应万变

“我们提倡长期投资的理念，不轻易出脱手中的任何股票，然而这并不是说要死守长线不知变通，一旦股价够高，或是有更好的投资机会出现，抑或当企业的基本面发生变化，我们就应该出脱持股。”

在外界看来，巴菲特是个喜欢固守常规的人，他多年来爱好同一种饮料——可乐，饮食上常年都是不变的牛排与汉堡包，衣服穿来穿去都是那么几套……甚至连他的投资方式方法都那么落伍。虽然他在全球广受赞誉，但是很少有人会去委托他管理资金，也不会有分析师推荐他的股票。在大家眼中，他更像一个落伍的老古董。

事实上，这是人们由于不了解巴菲特而生成错觉。巴菲特虽然会坚持一些自我的东西，但是他还是很欣赏“变”的观念的。他在教育子女的时候，也会鼓励孩子们改变生活的思路，跳出墨守已久的圈子。

巴菲特的女儿苏茜为人低调，和父亲感情很好。她曾先后在《新公众》杂志社和华盛顿哥伦比亚特区的《美国新闻与世界报道》工作过，她很喜欢这类工作，投入了大量的热情与精力。后来，苏茜对慈善事业产生了更大的兴趣，她改变了生活，在很长时间内都在做家庭主妇，好有更多的时间关注慈善。对于苏茜的决定，巴菲特表示了认同。女儿敢于求变，让巴菲特感觉很开心，这说明他的教导没有白费。

在事业中，巴菲特也没少求变。在巴菲特的投资思路里，唯有自己敢于变化，才能应对瞬息万变的股市。认为巴菲特持定不求变的人，是对他的误解，下面我们将作详细的分析。

巴菲特说："我从不认为长期投资非常困难，你持有一只股票，而且从不卖出，这就是长期投资。我和查理都希望长期持有我们的股票。事实上，我们希望与我们持有的股票'白头偕老'。我们喜欢购买企业。我们不喜欢出售，我们希望与企业终生相伴。"我们都知道，巴菲特的主要投资策略就是长期持有。

他鼓励长期投资，但绝不接受风险，只有在极大把握的情况下才进行投资。如果一项投资极具风险的话，再高的回报率也是没有意义的，风险并不会因此而降低。他明确说过："我不会拿你们所拥有和所需要的资金，冒险去追求你们所没有和不需要的金钱。"巴菲特长期投资的对象都是业绩持续稳健、具有强大的竞争优势的明星企业。

这种具有持续竞争力的明星企业，短期的市场变化一般不会影响其长期赢利的能力，那么巴菲特便会继续长期持有。但即便是这种超级明星企业，如果其赢利能力发生了本质的变化，巴菲特则会毫不迟疑地将其出售。正如他自己所说的："如果我发现可口可乐在白水饮料方面还未有积极发展，因此会写一封信给可口可乐公司总部，希望能做出这种改革。如果这个建议在未来几年内未被接受，而世界人口又渐渐喝矿泉水而不再喝可乐的时候，即使有百年历史的可口可乐股票也应该卖出。"巴菲特常常告诫投资者：当公司的业绩表现不佳时，最好卖掉全部持有的股票，转移到新的投资机会上。如果投资标的有强大持久的竞争优势，管理阶层也很值得信任，那么你可以继续持有，直到有人用天价向你买时为止。别担心股价的短期波动，因为好公司不在乎。

就算一家公司的竞争优势还存在着，但如果发现还有一家竞争者也同样拥有这个优势，但股价只是它的一半时，则可以卖掉前者而买入后者。巴菲特于 1997 年卖出大部分麦当劳股票，买入另一家快餐业公司的例子就是明证。

由此，我们可以看出，巴菲特提倡的长期持有是有一定条件而且是具有可变性的。作为备受瞩目的“股神”，巴菲特在股市中进退有度、从容潇洒，其灵活的应变和先知先觉的能力让许多财富追求者为之倾倒不已。

1969 年巴菲特以至少 50 倍的本益比（某种股票普通股每股市价与每股赢利的比率。也称股价收益比率或市价赢利比率，即市盈率。英文用 PER 表示。其计算公式为：本益比＝股票市价/每股年纯利）将持有的股票全部售出，1973～1974 年，这些股票的本益比统统惨跌到个位数。巴菲特退场时向其他投资伙伴宣布，他作为价值投资人，目前却找不到任何有价值的投资标的，所以决定退出战局。股市泡沫已经形成，这意味着以价值为导向的投资人也应该退场，此刻是理智尚存的投资人们唯一一个全身而退的绝佳时机。

1998 年，巴菲特又一次将他的持股全部卖掉，在伯克希尔的投资组合中，很多档股票在当时已经暴涨到 50 倍市价赢利比率的历史新高，更有甚者已经突破了 50 大关。巴菲特及时地处理掉伯克希尔的大量持股，并用所得钱款买进现金雄厚的保险巨头通用再保险的全部股份，而且最让人拍案叫绝的是本次交易居然完全免税。

巴菲特认为当股票的市价赢利比率从平常的 10－25 倍涨到 40 几倍时，股市此时必定出现大规模投机，此刻也是投资者退场之时。推崇长期投资的巴菲特在股市大跌之前全身而退，充分表现了他的灵活应变能力。

再如可口可乐在 1998 年的每股盈余为 1.42 美元，过去十几年来，其获利的成长率一直都保持在12%。也就是说，任何人在1998年用随便哪个价钱买进一股可口可乐，持有至2008年，他将获利24.88美元。如果在1998，如果用这每股市价88美元用于投资年利率为6%的公司债券，每年的利息收入是5.28美元，持有10年将进账52.8美元。收益24.88美元的股票，获利52.8美元的债券，明智的选择必然是后者!

1998年，巴菲特发现当时的可口可乐的股价高到离谱，应该选择乘机逃脱。他出脱可口可乐的持股，但他并非以当时盈余的62倍出售，而是将近市场价值的3倍，以盈余的167倍卖出。这不能不说是巴菲特的明智之举。

而20世纪90年代末，股市看涨，伯克希尔持股价值也随之大幅上扬，其中几档股票更创历史新高，如可口可乐的市价赢利比率62倍，华盛顿邮报是24倍，美国运通是20倍，吉列是40倍，以及美国联邦住宅抵押贷款公司是21倍，就连伯克希尔本身的股价也剧烈扬升，1998年每股高达80900美元，相当于账面价值的27倍。这意味着，当时股市对伯克希尔持股组合的评价已经达到这些股票真正市场价值的27倍。巴菲特深感股市末日即将来临，他想要清光手中所有的持股，但如果将价值数十亿美元的伯克希尔股票在市场上进行抛售，必将导致股价狂泄谷底。

巴菲特想出了一个金蝉脱壳的办法，以股权换债券，这样不但能轻松将手中的持股出脱，还能从中狠赚一笔。巴菲特以这种方式出掉手中持股，以躲避股市泡沫风险。实在令人叹为观止，在投资史上实为罕见。

巴菲特在别人裹足不前的时候看到了投资机会，在别人贪婪时立即全身而退，无论是优秀投资者的直觉还是经过了深思熟虑，巴菲特无疑是最机敏的市场预测者。

很多投资者投机心理比较严重，所以股市中活跃的大部分是短线进出者，希望通过频繁转手以获取暴利。其实，这种短线投资根本就是一场没有胜算的游戏。即便是有些投资者接受了巴菲特长线投资的理念，却仍然没有理解其真正含义，将其单纯地理解为买进后就长捂不放，即便当初买进的理由早已不复存在，公司基本面早已破坏也死守不脱手，这种做法并非真正意义的长线投资，它也根本不会降低风险、提高收益，而只会起到相反的作用。长线投资理念在股市中运用没有错，然而，长线投资是有条件的，长线投资的时机通常应该选择在一个大的底部区域，并选择成长性良好的股票。

有些投资者将巴菲特的长线投资理论牢记在心，选择了一只股票后长期持有，对股价的波动也鄙夷不理，因为他始终牢记巴菲特的教导，短期股价波动不足以介怀。看着每况愈下的股价，仍然盲目刻板地守着股票。在被套牢后，惨痛的损失终于让他回过神来，于是悲伤地从心底里开始质疑心中的“股神”，这时巴菲特跳出来辩解说：“谁说我只做长期投资，战术应按实情灵活调整。”

没有人能一生处于不变的环境，古希腊哲学家赫拉克里特曾说过“人不能两次踏进同一条河流”。当周围环境发生变化的时候，人们往往都有些不习惯，不适应，但有的人能够很快调整自己，让自己融入新环境，所以他们能够活得很精彩。而那些不能及时调整自己、甚至拒绝调整自己的人，只能在新环境中屡屡碰壁。

适应环境的过程，其实质就是一次优胜劣汰的过程。改变自己，以最快速度适应环境，你才能成为在任何环境下都能生存的强者。

美国著名人士罗兹说：“生活的最大成就是不断地改造自己，以使自己悟出生活之道。”做一切事、解决一切问题，我们都必须随着客观情况的变化而不断调整自己，不断地寻找适应环境的方法，才能做到以“己”变应万变。

坐等机遇也不是一个笨办法

“巨大的投资机会来自于优秀的公司被不寻常的环境所困，这时会导致这些公司的股票被错误地低估。当他们需要进行手术治疗时，我们就买入，这是投资者进行长期投资的最好时机。”

一般人认为，应当抓住每一个获取财富的机会，巴菲特却不这么认为。熟悉巴菲特的人都知道，除非有很好的机遇出现，他在投资上才会有很多动作，否则，他做的只有做好准备，耐心等待机会出现。巴菲特希望孩子们能学会等待，在这方面，他让孩子们多跟棒球名将泰德·威廉姆斯学习。

威廉姆斯被称为历史上最伟大的击球手，他总共击出过 2654 个安打，轰出过 521 个本垒打，整个赛季的打击成功率高达到 40%，堪称前无古人。

巴菲特问孩子们，威廉姆斯在球场上做得最多的事情是什么？彼得抢着回答：“挥舞球棒!”巴菲特对这个答案表示否定。霍华德对棒球最在行，他盯着电视屏幕若有所思地说：“他绝大部分时间在等待。”霍华德说出了巴菲特心中的正确答案。托伊·科布曾说过：“威廉姆斯等球时间比其他击球手都多，因为他要等待一个完美的击球机会。这个近乎苛刻的原则可以解释，为什么威廉姆斯取得了在过去 70 年里无人能取得的佳绩。”巴菲特对威廉姆斯的击球方式也是大加赞赏，将威廉姆斯的击球策略运用到投资上显然也是极为恰当的。

不止对自己的孩子，巴菲特还不止一次地在股东大会上提到威廉姆斯这一近乎苛刻的原则：投资就像面对一系列棒球击球那样，想要有较好的成绩，就必须等待投资标的的最佳机会的到来。

在《击球的科学》(The Science of Hitting) 一书中威廉姆斯解释了他的击球技巧。他将棒球场的击球区划分成77块小格子，每块格子只有棒球那么大。巴菲特说："现在，当球落在'最佳'方格里时，挥棒击球，威廉姆斯知道，这将使他出击最好的成绩；当球落在'最差'方格里时，即击球区的外部低位角落时，挥棒击球只能使他击出较差的成绩。许多投资人的成绩不好，是因为常常在球位不好的时候挥棒击球。也许投资人并非不能认清一个好球（一家好公司)，可事实上就是忍不住乱挥棒才是造成成绩差的主要原因。"

对又低、又偏外角的球尽量不要挥棒，威廉姆斯就是宁愿冒着被三振出局的风险去等待最佳打点时机的到来。巴菲特说："与威廉姆斯不同，我们不会因放弃落在击球区以外的三个坏球而被淘汰出局。"

巴菲特本身的投资，次数的确是很少的，但一旦投资了，就会是大笔。从他的所有投资实践中，我们就可以看到。巴菲特堪称是不受市场短期波动起伏影响的具有极好心理状态的典范，他很少在意股票价格的一时波动。巴菲特建议投资人要想象自己握着一张只能使用20格的"终身投资决策卡"，规定自己的一生只能作20次投资抉择，每次投资后此卡就被剪掉一格，剩下的投资机会也就越来越少，如此，他才可能慎选每一次的投资机会和投资时机。

巴菲特做过类似的比喻，说选股就像打猎。大象可能一直不出现，但即使这样也别失去耐心。不要把子弹用在射击松鼠、小兔子等小动物上，否则，等到大象出现时，子弹也已经所剩无几了。很多投资者就有许这种情况，他们这里尝试买进一些股票，那里也购入一些，手上持有多种股票，等到优秀企业可以低价购入的最佳时机出现时，手中的资金已所剩不多，只能望洋兴叹了。

大象虽然不常常出现，而且也跑得不快，但如果等到它出现后才去找枪就来不及了。所以为了等到和及时抓住这个机会，任何时刻都要准备好装有足够子弹的枪。打猎时，大象一眼就能看出来，那么在选股时，怎么去判断出现的机会是不是“大象”。这个比喻生动有趣，孩子们非常喜欢。

巴菲特认为，优秀公司的暂时性问题是上天给予该公司的一个小小的考验，同时也是给予投资者的大好机遇。因为他牢记格雷厄姆所说的，市场上充斥着抢短线进出的投资人，而他们为的是眼前的利益。这就是说，如果某公司正处于经营的困境，那么在市场上，这家公司的股价就会下跌。这是投资人进场做长期投资的好时机。具体来说，巴菲特认为，对于优秀公司来说，这只是它成长壮大过程中的一个挫折，是对其实力和应对意外风险能力的考验，并不是摧毁性的打击。

1963 年，美国运通在新泽西州巴约纳的一家仓库的一场非常普通的日常交易中，接收了由当时规模庞大的联合原油精炼公司提供的一批据称是色拉油的罐装货物，仓库给联合公司开出了收据作为这批所谓色拉油的凭证，联合公司用此收据作为抵押来取得贷款。

1963 年 11 月，美国运通发现油罐中只装有少量的色拉油，大部分是海水。美国运通的仓库遭受了巨大的欺骗，其损失估计达 1.5 亿美元。美国运通总裁霍华德·克拉克决定承担下这批债务，这意味着母公司将面对各种索赔，而且将包括没有法律依据的索赔，潜在的损失是巨大的。实际上，他说公司已经“资不抵债”。

巴菲特专门走访了奥马哈罗斯的牛排屋、银行和旅行社、超级市场和药店，发现人们仍旧用美国运通的旅行者支票来做日常的生意。他根据调查得出的结论与当时公众的普遍观点大相径庭：美国运通并没有走下坡路，美国运通的商标仍是世界上畅行的标志之一。

巴菲特认识到美国运通这个名字的特许权价值。特许权意味着独占市场的权力。在全国范围内，它拥有旅行者支票市场80%的份额，还在付费卡上占有主要的市场份额。巴菲特认为，没有任何东西动摇过美国运通的市场优势地位，也不可能有什么能动摇它。

股票市场对这个公司股票的估价却是基于这样一个观点，即它的顾客已经抛弃了它。华尔街的证券商一窝蜂地疯狂抛售。1963年11月22日，公司的股票从消息传出以前的60美元/股跌到了56.5美元/股，到1964年初，股价跌至每股35美元。

巴菲特等待的最佳时机出现了，于是他决定大笔买入。1964年他将巴菲特合伙公司40%的资产，约1300万美元买入美国运通公司5%的股票。在接下来的两年时间里美国运通的股价上涨了3倍。在5年的时间内股价上涨了5倍，从35美元上涨到189美元。这只是巴菲特与运通合作的开始。

1991年巴菲特买入美国运通公司3亿美元的可转换优先股。

1994年巴菲特将这部分可转换优先股转换成了1400万股普通股，同年巴菲特又投资4.24亿美元买入1.38亿股普通股。

1995年巴菲特投资6.69亿美元买入2.17亿股普通股，总持股数达到4945.69万股。

1998年巴菲特又小幅增持108万股，总持股数达到5053.69万股。

2000年由于美国运通公司进行股票分割，巴菲特所持股份总数变为15161.07万股。

至2004年底巴菲特所持股份总数为15161.07股，买入成本为14.70亿美元，总市值为85.46亿美元。巴菲特在此11年间，对运通投资的总赢利为70.76亿美元，投资收益率高达4.81倍以上。

投资的最佳时机，往往是具有持续竞争优势的企业出现暂时性的重大问题的时候。尽管这类企业遭遇重大问题，但是对公司的竞争力不会有毁灭性的打击，这只是对其实力和应对意外能力的一种考验。所以投资者如果证实某家公司具有营运良好或者消费独占的特性，甚或两者兼具，就可以预期该公司一定可以在经济不景气的状况下生存下去，一旦度过这个时期，将来的营运表现一定比过去更好。

巴菲特说："作为一名投资者，你的目标应当仅仅是以理性的价格买入你很容易就能够理解其业务的一家公司的部分股权，而且你可以确定在从现在开始的 5 年、10 年、20 年内，这家公司的收益实际上肯定可以大幅度增长。在相当长的时间里，你会发现仅仅有几家公司符合这些标准，所以，一旦你看到一家符合以上标准的公司，你就应当买进相当数量的股票。"所以出色的投资者应当在任何时候都准备好现金等待大好机会的来临。

工作中，许多人勤奋努力，任劳任怨，却忘了寻找巧干之路。成功者大多懂得巧干，能找到正确的方法，而且善于抓住机遇。

无论做什么事都不能盲目投入，而要在行动之前找到合适的方法，在执行中快速并高效地完成自己的任务。

很多事情的最后效果如何，就取决于你的行事方式，取决于你是否在正确的时间、地点，用正确的方式做正确的事情。在执行过程中，我们要根据事情的实际情况找到正确的方法，以确保任务顺利完成。更多时候，看似消极的等待却能制造更大的利益，因为不是每时每刻都是出手的最佳时机。

第十四章
世上唯有贫穷可以不劳而获

金钱并不是万能的

“金钱多少对于你我没有什么大的区别。我们不会改变什么，只不过是我们的妻子会生活得好一些。”

巴菲特是著名的投资家和企业家，他以“例无虚发”的投资手段著称于世，被人尊称为“股神”或者是“奥马哈的先知”。巴菲特的投资战绩恐怕只能用“前无古人”来形容，他是有史以来最伟大的投资家。通过对股票和外汇市场的投资，巴菲特站在了世界的财富巅峰。2008年他以620亿美元的净资产超过卡洛斯·斯利姆·埃卢和比尔·盖茨成为全球首富。

从小，巴菲特就对金钱显示出了无限的热爱。

1930年8月30日，沃伦·巴菲特出生于美国内布拉斯加州的奥马哈市。小时候的沃伦·巴菲特就具备了极强的投资意识，他对数字的敏感程度是家族中其他任何人都不能比拟的。做数学计算题，特别是用快捷的方式计算复利利息，是巴菲特从儿童时期就非常喜欢而且全心投入的一种消遣娱乐方式。对拥有金钱的感觉，巴菲特也是非常的着迷。

五六岁大的巴菲特满脑子都是赚钱的想法，他曾摆地摊出售口香糖，还做过当贩卖可乐的小商贩。等到年龄稍长一些，他便带领小伙伴到球场捡用过的高尔夫球，然后转手倒卖。

1941 年，刚满 11 周岁的巴菲特就决定在股票市场试一试水，购买了平生第一支股票。他以每股 38 美元的价格买进了一种公用事业股票，不久后股票价格上涨到 40 美元，巴菲特马上将它们全部抛出。虽然首次投资赚钱不多，但还是让巴菲特欣喜不已，坚定了在投资界大展身手的决心。

13 岁那年，巴菲特找了一份沿固定路线投递《华盛顿邮报》和《时代先驱报》的工作。小有积蓄后，巴菲特买了几台单价为 25 美元的弹球游戏机，投放在当地的赌场。不久，巴菲特就拥有了 7 台游戏机并且每周能给家里带回 50 美元。后来，巴菲特与一位高中好友合资购买了一辆劳斯莱斯轿车，之后又以每天 35 美元的价格出租。这样，巴菲特 16 岁高中毕业时，已经积攒了 6000 美元。

1947 年，巴菲特进入宾夕法尼亚大学攻读财务和商业管理专业。但是教授们的空头理论无法满足巴菲特的求知欲，两年后巴菲特便转学到内布拉斯加大学林肯分校就读，并在一年内获得了经济学学士学位。

1950 年，巴菲特申请就读哈佛大学被拒之门外，转而考入哥伦比亚大学商学院。在商学院，巴菲特师从著名投资学理论学家本杰明·格雷厄姆，向其学习投资理论。格雷厄姆反对投机，主张通过分析企业的赢利情况、资产情况及未来前景等因素来评价股票价值。在格雷厄姆的指导下，巴菲特形成并发展了自己的投资理论，这对巴菲特此后的投资事业有着极为深远的影响。

1951年，21岁的巴菲特以唯一一个最高的成绩A＋完成学业，获得了哥伦比亚大学经济硕士学位。

1954年，巴菲特在格雷厄姆的邀请下来到纽约，加盟格雷厄姆—纽曼公司。在格雷厄姆—纽曼公司任职期间，对格雷厄姆的投资方法，巴菲特非常着迷并有了进一步了解。

1956年，格雷厄姆—纽曼公司解散，61岁的格雷厄姆决定退休。重新回到家乡奥马哈的巴菲特着手开办了一家合伙投资公司。

1957年，巴菲特掌管的资金达到30万美元，但年末则升至50万美元。

1962年，巴菲特合伙人公司的资本达到了720万美元，其中有100万是属于巴菲特个人的。当时他将几个合伙人企业合并成一个“巴菲特合伙人有限公司”。最小投资额扩大到10万美元。

1964年，巴菲特的个人财富达到400万美元。而此时他掌管的资金已高达2200万美元，到1965年这一数字上升到2600万美元。

1966年春，美国股市牛气冲天，但巴菲特却坐立不安。尽管他所持有的股票价格在上涨，但是却发现很难再找到符合他标准的廉价股票了。虽然股市上疯狂的资本给投机家带来了横财，但巴菲特却不为所动，因为他认为股票的价格应建立在企业业绩成长而不是投机的基础之上。

1967年10月，巴菲特掌管的资金达到6500万美元。

1968年，巴菲特公司的股票取得了它历史上最好的成绩——增长了46％，而道·琼斯指数只有9％。巴菲特掌管的资金上升至1.4亿美元，其中属于巴菲特个人的资金有2500万美元。

1969年，巴菲特决定结束投资合伙关系。他认为股票市场正处于高度投机的氛围之中，真正的价值在投资分析与决策中所起作用越来越小。60年代后期，股票市场由高估的股票统治着，“漂亮50股”则成了众多投资者津津乐道的话题。像宝丽来、施乐等公司的股票市盈率高达50倍甚至100倍。巴菲特给他的合伙人寄去一封信，表示自己已跟不上现今市场的步伐。巴菲特表示：“我不会放弃先前那种我已深谙其内在逻辑的方法，尽管我知道它应用起来很困难，并且很可能导致相当大的资本损失，但另一方面，这种方法意味着巨大而且显而易见的收益。”

合伙公司解散后，巴菲特把资产转至伯克希尔公司，形成了新的合伙关系。巴菲特在新的合伙公司中的股权增至2500万美元，足以控制伯克希尔公司。

1970年到1974年间，美国股市的景象一派死寂，持续的通货膨胀和低增长使美国经济进入了“滞涨”时期。然而，一度失落的巴菲特此时却暗自欣喜异常，因为他在这一派死寂的景象中看到了财富的生机。他发现在这样的经济境况下，有许多符合自己标准的廉价股票。

1972年，巴菲特开始关注报刊业。他发现拥有一家名牌报刊，就好似拥有一座收费桥梁，任何过客都必须留下买路钱。1973年开始，巴菲特在暗中收购《波士顿环球》和《华盛顿邮报》的股票。由于巴菲特的介入，《华盛顿邮报》利润大增，每年平均增长35％。10年之后，巴菲特投入的1000万美元升值为两个亿。

1978年，当零售控股公司并入伯克希尔韦公司时，巴菲特与他的黄金搭档查理·芒格的合作关系正式确定下来。在蓝齿票据公司并入伯克希尔公司后，查理升任为伯克希尔公司的副董事长。

1980年，他用1.2亿美元、以每股10.96美元的单价，买进可口可乐7％的股份。到1985年，可口可乐改变了经营策略，开始抽回资金，投入饮料生产。其股票单价已长至 51.5 美元，翻了 5 倍。

1992 年年中巴菲特以 74 美元一股购买 435 万股美国高技术国防工业公司——通用动力公司的股票，到年底股价上升到 113 元。巴菲特在半年前拥有的 32200 万美元的股票已值 49100 万美元了。

1994 年底已发展成拥有 230 亿美元的伯克希尔工业王国，它早已不再是一家纺纱厂，它已变成巴菲特的庞大的投资金融集团。从 1965 到 1998 年，巴菲特的股票平均每年增值 20.2％，高出道·琼斯指数 10.1 个百分点。如果谁在 1965 年投资巴菲特的公司 10000 美元的话，到 1998 年，他就可得到 433 万美元的回报，也就是说，谁若在 33 年前选择了巴菲特，谁就坐上了发财的火箭。

2000 年 3 月 11 日，巴菲特在伯克希尔公司的网站上公开了当年的年度信件。数字显示，伯克希尔公司的纯收益较去年下降了 45％，从 28.3 亿美元下降到 15.57 亿美元。伯克希尔公司的 A 股价格去年下跌 20％，是 90 年代的唯一一次下跌；同时伯克希尔的账面利润只增长 0.5％，远远低于同期标准普尔 21％的增长，是 1980 年以来的首次落后。

2007 年 3 月 1 日晚间，“股神”沃伦·巴菲特麾下的投资旗舰公司——伯克希尔公司公布了其 2006 财政年度的业绩，数据显示，得益于飓风“爽约”，公司主营的保险业务获利颇丰。伯克希尔公司在 2006 年利润增长了 29.2％，赢利达 110.2 亿美元（高于 2005 年同期的 85.3 亿美元）；每股赢利 7144 美元（2005 年为 5338 美元）。

1965 到 2006 年的 42 年间，伯克希尔公司净资产的年均增长率达 21.46％，累计增长 361156％；同期标准普尔 500 指数成分公司的年均增长率为 10.4％，累计增长幅为 6479％。

巴菲特对中国企业的投资业有极大斩获。2003 年 4 月，正值中国股市低迷徘徊的时期，巴菲特以每股 1.6 至 1.7 港元的价格大举买入中石油 H 股 23.4 亿股，这是他所购买的第一只中国股票。在卖出股票后，巴菲特净赚 7 倍。

2008 年 9 月 28 日，巴菲特投资 2.3 亿美元买下了在中国香港上市的比亚迪公司 2.25 亿股的股票，约占整个公司 10％的股份。此后比亚迪股价翻涨近七倍，使得巴菲特一年间就有 13 亿美元的账面获利。

纵览巴菲特的一生，会看到他无时无刻不在追逐金钱的道路上疾走。让人意外的是，这样一个重视财富的人，却又对财富看得很轻。巴菲特家的孩子从小就不被允许拥有很多的零花钱，长大之后也不能从父亲那里获得财富，只能用自己的努力去赚取。这对一个世界顶级富豪来说，显得是那么不可思议。巴菲特觉得这是理所当然的，他从小就对三个孩子灌输一种观念：金钱非万能。他的孩子们也接受了父亲的观念，一直都会努力工作，认真生活，从没有哪个孩子试图用金钱为自己带来所谓的幸福。

在巴菲特看来，幸福是无法用金钱买到的。即使你有钱，也无法买到别人对你的尊敬、无条件的爱情、天赐的健康。

迷恋金钱，会使金钱作为美好生活的手段的价值消失了，金钱本身成了一种目的。当它被置于爱情、信任、家庭、健康和个人幸福之前时，它总是倾向于腐烂。金钱的价值越是超出它的实际市场价值，这种腐烂就能越深入地渗透。像索尔·贝娄在《洪堡的礼物》一书中所写的："抓住金钱不放很难。这就像一块小冰块一样。你不可能刚刚成功获得它，然后就生活安逸……当你获得金钱时，你将经历一次质变。你不得不与内部的和外部的、可怕的力量竞争。这些力量也许产生不信任、忌妒、甚至对拥有更多的任何人的憎恨及对任何阻碍你发财的人的敌意。"

一心只想着钱的人，始终只是一个非常可怜的生物。

金钱能够买到舒适，促进个人自由，但一旦钻到钱眼里，金钱就会束缚个人的自由。令人沮丧的是，金钱的诱惑常常似乎与手头拥有的数目直接成正比例：你拥有越多，你越想要。正如亚里士多德对那些富人们所描写的那样："他们生活的整个想法，是他们应该不断增加他们的金钱，或者无论如何也不损失它"。

不要养成无限制地省钱存钱的坏习惯，这一点是每个聪明人都必须小心在意的。对金钱的崇拜——而不是金钱本身——是罪恶的渊源。对金钱的崇拜禁锢和压迫着人的灵魂，它关闭了通向慷慨大方地生活和行动的大门。

金钥匙也许是金匕首

"生下来嘴里就含着一个金钥匙的人，最后可能变成背上扎着金匕首的人，因为他们容易产生权力感而鲜有成就。"

很多父母热衷于为孩子创造最好的物质条件，而不是教给他们自力更生的能力。《易经》中讲道："积财伤道。"聪明的父母从来都不会给孩子留下财富，担心他们会坐吃山空，会丧失谋生的能力，这样的做法，是为孩子的一世着想。

父母给孩子最好的礼物，不应该是昂贵的礼物或金钱，比有形的财富更重要的，是在保护中让他前进、尝试的环境。用金钱来奖励，其实是扼杀了孩子的尝试机会，让一切想要的东西都变得简单、唾手可得。他们就失去了支配自己的生活、教育自己、锻炼自己的能力和意识。巴菲特很注重对儿女的教育，他深知过多的金钱对孩子来说并非是爱，反而是一种伤害。

彼得曾经接受过记者采访，记者问了这样一个问题：

“在某些国家，‘富二代’似乎成了堕落、炫富、败家的代名词，而作为一个‘富二代’的榜样人物，你对这些现象有何看法?”

彼得回答：“任何背景出生的人，都有可能让人敬慕或遭人唾弃。我坚信个人以什么样的方式对待他人，正表明他也期望得到同样的对待。如果‘富二代’并不理解自己的幸运所在，这对他个人和世界而言都是一种悲哀。同样，如果‘富二代’只关注外在的幸福，他们将无法理解真正的自我价值所在。爸爸曾告诉我，生下来嘴里就含着一个金钥匙的人，最后可能变成背上扎着金匕首的人，因为他们容易产生权力感而鲜有成就。”

财富可以带来个人的成就感和事业，但是在匮乏的教育面前，再多的财富也无能为力，甚至帮倒忙，让孩子的劣行更大程度地“施展”，祸患社会。

巴菲特拥有的财产难以数计，但是他对孩子们的财富管理特别严格。巴菲特家的孩子们想从父亲那里得到精神财富很容易，想得到物质财富却很难。巴菲特的大儿子霍华德 1973 年高中毕业时，想向父亲要 5000 美元买一辆小型护卫舰轿车。巴菲特没有拒绝儿子的要求，不过有个条件，这笔钱属于借款，其中一半用今后三年所有的生日礼物、圣诞礼物、毕业礼物来抵消，剩下一半钱要霍华德自己想办法来凑。霍华德积攒零花钱连带打工，辛辛苦苦才凑齐了买车钱。

有人问巴菲特，你这么多钱，为什么还要如此吝啬？巴菲特认为这不是吝啬，而是责任。他之所以这样做是要让孩子知道钱来之不易。

只有养成节俭的习惯，孩子长大后才能有所作为。

培养孩子正确的财富观念，非一朝一夕养成，需要从生活各个方面给予引导。其中，零花钱是孩子和金钱打的第一笔交道，管好孩子零用钱，是培养孩子理财的一个很重要的细节教育。有些父母担心，给小孩零用钱会养成他们浪费的习惯，或拿去做不正当的活动，不但影响功课，而且会使孩子走入歧途，造成一生的遗憾。因此，对给零用钱一事应十分慎重。事实上，在孩子的成长过程中，金钱的运用是一项很重要的社会学习，它深深影响孩子一生的人际关系与人格、心理的发展，无论采取过度限制还是过度放任的做法，都不太妥当。给孩子零用钱，并非只是为了满足他们的需要，而是能够教会孩子具有经济头脑，也能够训练孩子养成良好的理财习惯，而且这类教育宜早不宜迟。受到良好金钱观教育的孩子长大成人后才能对金钱抱有正常的心态，才能处理好人与金钱的关系。

因此，和孩子商定零花钱的数目有着很大的学问。

首先零用钱要给得适当。一是数额要适当，要根据家庭经济状况和孩子的合理需要统筹考虑。一般以够支付孩子合理的开支为限，不宜多给，也不宜少给。多给，容易养成孩子大手大脚的习惯，使孩子不知钱来之不易，不珍惜父母用血汗换来的金钱；少给，又不能满足孩子正常合理的需要，弄得不好，还可能引发孩子私自拿钱或偷窃行为。

二是时间要适宜。零用钱可以选在一个有纪念意义的日子开始给，如小孩上学的第一天等，告诉孩子这笔钱的用处，并使他懂得自己在家庭中的地位和责任，之后可以定期发给。根据孩子的年龄，对不同阶段的儿童零用钱发给的数目与时间可以不同。

三是零花钱的数额必须适合孩子的不同身心发展阶段和生活范围。孩子入小学就可以给零花钱，低年级时孩子的活动范围和特点，一般以自己为主，因此只考虑孩子本身的需要；而到了高年级，孩子的思想范围和活动范围逐渐扩大到亲属、邻居、朋友，花销也就相应的增加。究竟给多少合适呢？这需要认真调查研究，考虑到家庭收入、当地经济生活水平和物价等各种因素，总的原则是比孩子所需数额稍低一些为佳，定期发给较合适，1 个月 1～4 次。其原因是，如果孩子要多少给多少，想买啥就买啥，一切都能随心所欲，孩子就不会懂得金钱的价值和财富的宝贵。反过来，自己的愿望得不到满足时，孩子就会感觉到钱不能乱花，东西也不能乱扔，开始领悟到钱应该省着点儿花，动脑筋少花钱多办事，或者为了买到自己喜欢的东西而积攒零花钱。

最后，让孩子从小体验到因没钱或钱不足而买不到自己迫不及待想要的东西，而感到惋惜和无可奈何的情绪。这种情绪，使人不容易忘却，很长时间都会影响着人。这不仅使孩子进一步认识到金钱的价值和重要性，而且还能对想象力起着催化剂的作用，为追求更有价值的和美好的东西进行设计、策划，增长智慧。

许多孩子一直过着饭来张口、衣来伸手的生活，只要有需要，就可以毫不费力地从父母处要到钱。但对于这些钱是怎么来的，他们从来没想过。

父母不妨带孩子到自己的工作场所去参观一下。通过这些，让他知道钱是从哪里来的，了解钱的来之不易，了解钱在生活中扮演的重要角色，孩子会反思自己的消费行为和消费习惯，他们会主动想着去挣钱，而不是随时伸手向父母要钱。

在其他一些发达国家的家庭里，家长也都很注重孩子“独立赚钱”能力的培养。在日本，许多学生利用课余时间在饭店洗碗、端盘子，在商店售货或照顾老人，做家教等赚取学费和零花钱。在美国，七八岁的小孩就成了“小生意人”，出售他们的“商品”挣钱零用。

孩子终有一天要长大，也终有一天要走向社会，不如让这棵“温室的花朵”早日接受外界的风吹雨打。当孩子下次向你要钱时，请用巴菲特对待孩子的方式对待他，让他明白：要花钱，自己挣！

也许是父母曾经受过很多苦，当他们日子好起来时，便把所有的宠爱都给了孩子，借以补偿自己童年的缺失。孩子在“溺爱”的环境中长大，没有任何自理和自立能力。

被喂养惯了的动物接受放养时，通常不会自己捕食。大自然的生存法则告诉我们：动物如果学不会自己捕食的话，就会被饿死。同样的道理，在父母的庇护下长大的孩子通常没有在社会独自生存的能力。一旦父母因为一些原因无法顾及他们，他们就只能被社会淘汰。所以，与其给孩子很多金钱，不如教会孩子生存的技能。

家族传承的应该是精神而不是财富

“我所拥有的每一股股票都已经事先指定捐赠给慈善事业，我希望整个社会能够从这些生前赠予和死后遗赠中收获到最大限度的好处。”

拥有巨额财富的巴菲特非常热衷于公益事业。2006 年 6 月 25 日宣布，巴菲特宣布将总价达 375 亿美元的私人财富捐给慈善事业，占个人总财富的 85％。这笔巨额善款捐给了由比尔·盖茨夫妇创立的慈善基金会，对此比尔·盖茨基金会发表声明说：“我们对我们的朋友沃伦·巴菲特的决定受宠若惊。他选择了向比尔与美琳达·盖茨基金会捐出他的大部分财富，来解决这个世界最具挑战性的不平等问题。”此外，巴菲特还将向为已故妻子创立的慈善基金捐出100万股股票，同时向他三个孩子的慈善基金分别捐赠35万股的股票。

这分慷慨让世界震惊。要知道，在这之前，巴菲特可是位铁公鸡似的人物，与他乐善好施的前妻苏茜大相径庭。于是有人做出了这样的评价：“妻子苏茜的爱心，是零售式的，她喜欢一对一的沟通、一对一的帮助他人；巴菲特的爱心，是批发式的，对于个人，他显得无情；对于人类，他博爱，散尽家财。”他甚至将捐赠提上了整个公司的日程，在2001年致股东的信中，巴菲特用了大量篇幅陈述这一问题：

“关于慈善捐赠，伯克希尔所采取的做法与其他企业有显著的不同，但这却是查理和我认为对股东们最公平且合理的做法。

“首先，我们让旗下个别的子公司依其个别状况决定各自的捐赠，只要求先前经营该企业的老板与经理人在捐赠给私人的基金会时，必须改用私人的钱，而非公款。当他们运用公司的资金进行捐赠时，我们则相信他们这么做，可以为所经营的事业增加有形或无形的收益，总计去年，伯克希尔的子公司捐赠金额高达1920万美元。

“至于在母公司方面，除非股东指定，否则我们不进行任何其他形式的捐赠。我们不会依照董事或任何其他员工的意愿进行捐赠，同时我们也不会特别独厚巴菲特家族或芒格家族相关的基金会。虽然在买下公司之前，部分公司就存在有员工指定的捐赠计划，但我们仍支持他们继续维持下去，干扰经营良好公司的运作，并不是我们的作风。

“为了落实股东们的捐赠意愿，每年我们都会通知A股股东的合法登记人（A股约占伯克希尔所有资本的86.6%），他们可以指定捐赠的每股金额，至多可分给三家指定慈善机构，由股东指名慈善机构，伯克希尔则负责开支票，只要国税局认可的慈善机构都可以捐赠。去年在5700位股东的指示下，伯克希尔捐出了1670万美元给3550家慈善机构，自从这项计划推出之后，累计捐赠的金额高达1.81亿美元。

“大部分的上市公司都回避对宗教团体的捐赠，但这却是我们股东们最偏爱的慈善团体。总计去年有437家教会及犹太教堂名列受捐赠名单，此外还有790间学校，至于包含查理和我本人在内的一些大股东，则指定个人的基金会作为捐赠的对象，从而通过各自的基金会做进一步的分配运用。

每个星期，我都会收到一些批评伯克希尔捐赠支持计划生育的信件，这些信件常常是由一个希望伯克希尔受到抵制的单位所策划推动，这些信件的措辞往往相当诚挚有礼，但他们却忘了最重要的一件事，那就是做出此项捐赠决定的并非伯克希尔本身，而是其背后的股东，而这些股东的意见可想而知本身就非常的分歧。举例来说，关于堕胎这个问题，股东群中支持与反对的比例与美国一般民众的看法比例相当，我们必须遵从他们的指示，不论他们决定捐给计划生育或者是生命之光，只要这些机构符合税法的规定，这就等于是我们支付股利，然后由股东自行捐赠出去一样，只是这样的形式在税负上比较有利。

“不论是在采购物品或是聘用人员，我们完全不会有宗教上、性别上、种族上或性取向上的考量，那样的想法不但错误，而且无聊。我们需要人才，而在我们能干又值得信赖的经理人、员工与供货商当中，充满了各式各样的人士。

“想要参加这项计划者，必须拥有A级普通股，同时确定您的股份是登记在自己而非股票经纪人或保管银行的名下，同时必须在2002

年8月31日之前完成登记，才有权利参与2002年的捐赠计划。当你收到表格后，请立即填写后寄回，逾期恕不受理。”

这份规模庞大的捐款规划，让每一个有幸目睹的人印象深刻。无论是媒体还是民众，都对巴菲特这一举动感到意外。他之前展现给世人的形象是热情洋溢的金钱之拥趸，绝非一个慈善家。也正是因为如此，让不少人对他颇有微词。不过生性洒脱的巴菲特并不介意，他不会为了别人的眼光而改变自己的做事方式。

事实上，想要恰如其分地描绘出巴菲特的形象并非易事。不喜欢他的人对他不置可否，喜爱他的人会为他着迷。从外表来看，简朴、坦诚的巴菲特貌不惊人，具有祖父般和蔼慈祥的面容和天才般的智慧。超凡的智慧和幽默，让巴菲特具有一种独特的魅力，令人为之吸引。正如巴菲特的好友比尔·盖茨在文中写道：“他的笑话令人捧腹，他的饮食——一大堆汉堡和可乐——妙不可言。简而言之，我是个巴菲特迷。”

据统计，在长达40多年的时间里，巴菲特的年度复合收益保持在20%以上。在统计的24个年份中，他的股票组合在20个年份中打败了标准普尔500指数，而且两者的差距非常大，以至于分析师惊叹地说，即便是运气超人也难以做到如此出色。巴菲特倡导的价值投资理论风靡世界，他被称为是这个世界上“除了父亲之外最值得尊敬的男人”。

与“股神”巴菲特共进午餐的机会，从2000年起开始每年进行一次拍卖，所得善款全部捐给美国慈善机构。2010年6月12日上午，经过9位出价人77次激烈角逐，2010年度巴菲特午餐价格最终落槌在2626311美元，超过2008年创造的211万美元最高拍卖纪录。花如此巨资卖得一次与巴菲特共进午餐的机会，无非是想一睹“股神”的风采以及向“股神”取经。

巴菲特的孩子们从这位非凡的父亲身上获得的精神财富要远远超出物质财富。小儿子彼得曾经讲："父亲给了我信任感，让我在情感上获得很大的满足。如果问他问题，他会非常耐心地回答我，而且只要我需要建议，就一定会从他那里得到。"而且，孩子们深知财产的实际意义是什么，并没有抱怨父亲在遗产分配上的"吝啬"，彼得说："这可能听起来很奇怪，但是我从来没有想过会从父亲的成功中获得多少利益。很多人认为我要赚钱，然后传承给下一代。无论如何，我不是这样想的。这是父亲的成功，不是我的，他会做他想要做的事情。让我感到欣慰的是，我不用担心因为父亲的巨额财富而影响我的生活。我总是相信我能走自己的道路，实现自己的梦想。"这恐怕是巴菲特三兄妹共同的心声。

在我国，经常听说某某家长倾尽全力给子女安排一份好工作，谋求一个好职位，用心可谓良苦。这些人总是"聪明一时糊涂一世"，把老祖宗"财富不长宜子孙"的忠告置于脑后。

一般人富贵了之后自然想到封妻荫子，给子孙留下一笔可观的财富。但是，我们从历史上看，很多人虽然留了很多财富，子孙都不会享受一辈子的。名门之后，还想高人一等，结果是连普通人都不如，享受少而受苦多，有出息的更少。在东南亚的华侨，有很多人发了大财，但是传到第二代，就破产了。电脑大王王安有若干亿美元的财富，传到第二代也就破产了。所谓"富不过三代"，这是一种比较普遍的社会现象。

问题在于这些人把钱的作用扩大化了，把钱看作是万能，因而忽视了孩子的教育以及独立生活能力的培养。积累财富任其消费，以为这样就是爱心的充分体现。实际上，这是危害子女的普遍做法。"坐吃山空"，即使有金山、银山也会花完的。鉴于古人的教训，我们应该如何为子孙后代计划呢？

我们应该给孩子留些什么？林则徐做出最好的回答："子孙若如我，要钱干什么，贤而多财，则损其志；子孙不如我，留钱干什么，愚而多财，益增其过。"

曾国藩写信给儿子说："银钱田产最易长娇气逸气，我家断不可积钱，断不可买田，尔兄弟努力读书，绝不怕没有饭吃。"

为人父母者假若不下苦心培养子女的一技之长，在当今乃至今后"凭本事吃饭"竞争日趋白热化的社会里，你的孩子那个饭碗如何能端得牢靠？你纵然财大气粗富甲一方，给你的孩子留下一座金山，也架不住不子孙坐吃山空、挥霍一尽。

中国现今的大中城市却出现了一批批的"啃老族"。他们并非找不到工作，而是主动放弃了就业的机会，赋闲在家，不仅衣食住行全靠父母，而且花销往往不菲。这种教育方式和巴菲特的教子方式大相径庭。"啃老族"的出现让我们不禁想到中国的那句老话"富不过三代"。

富不过三代的背后到底隐藏着怎样的意义呢？"富不过三代"的是因为后代不能继续吃苦，缺乏危机感，而且过分追求享乐，把前人的家业都挥霍掉了。第一代人，不怕困难，不怕吃苦，踏踏实实，克服一切困难，最后取得了成功；第二代人，虽然没有经历创业的艰辛，但深受父辈的影响，还能够勤于自勉，努力工作，但是跟第一代人比起来，用功和吃苦的程度已经大大降低了；第三代人，创业的艰辛，对于他们来说已经是很久远的事了，他们没吃过苦，也不知道什么是吃苦，认为今天得到的一切是理所当然的。因而随意挥霍，不知珍惜，长久下去，自然家境衰败。

"富不过三代"的谚语告诉人们，再富也要"穷孩子"，在竞争激烈的现代社会里，要让孩子知道，富裕的生活是要靠自己的双手成就的，不能让孩子以为父母已经提供了一个衣食无忧的环境，不需要自已奋斗。富裕如巴菲特，资产够孩子吃几辈子也选择放手，守着有限财产度日的我们有什么理由不让孩子自己去创造财富？

养尊处优并不是父母送给孩子的最好礼物，恰恰可能埋下祸根。倒是那些从小就挣扎在社会最底层的人们，没有别的出路，没有任何依靠，只有以死相争，常常可以出人头地建功立业。理性的家长用金钱为孩子健康成长提供基本条件，而不是让孩子在挥霍金钱中消磨意志，自毁前程。

不要剥夺后人创造财富的快乐

“我已经把最珍贵的财富给了我的子女。”

2006 年 6 月，时为全球富豪榜第二位的巴菲特做出了一个让所有人吃惊而又敬佩的决定，他宣布将多达 370 亿美元捐给比尔·盖茨创办的基金会用作慈善事业，这些财富约占其私人财富的 85%。

曾经有一位美国《纽约时报》的记者采访巴菲特时问：“您把大部分财富都捐了出去，您会给您的孩子留下什么呢？”巴菲特的回答是：“亿万财富并不能给人带来多少能力和成长，反而会消磨人的激情和理想。从一定意义上讲，金钱只不过是一串毫无意义的数字罢了，只有乐观、自信、勇敢、勤于思考的性格才能收获快乐而丰富人生，因此，可以说，我已经把我最珍贵的财富都赠送给了我的孩子们了。”

巴菲特自己就特别享受创造财富的乐趣。一般人或许是迫于生计，或许是出于生活状态亟待改善的缘故，往往把眼光局限在报酬上。虽然报酬是对工作报偿最直接的一直方式，然而这只是工作的末节，工作的根本在于为实现理想而充实自己，并从中得到快乐。巴菲特认为，对报酬斤斤计较，工作上就容易产生消极情绪，长此以往会让自己的热情全部消散，最终归于庸庸碌碌。一个以报酬为个人奋斗目标的人是无法走出平庸的生活模式的，也从来不会有真正的成就感。

巴菲特在一次演讲上说：“我只凭我一己之力时我也乐趣无穷。1万，100万，和1000万对我都没有什么不同。当然，当我遇到类似紧急医疗事件的情况下会有些例外。基本上，在钱多钱少的情况下，我都会做同样的事情。如果你从生活方式的角度来想想你们和我的不同，我们穿的是同样的衣服，当然我的是森特勒斯特给的；我们都有机会喝上帝之泉，我们都去麦当劳，好一点的，奶酪皇后，我们都住在冬暖夏凉的房子里，我们都在平面大电视上看内布拉斯加州大学和得克萨斯农机大学（美国的两所大学）的橄榄球比赛。我们的生活没什么不同，你能得到不错的医疗，我也一样，唯一的不同可能是我们旅行的方式不同，我有我的私人飞机来周游世界，我很幸运。但是除了这个之外，你们再想想，我能做的你们有什么不能做呢？我热爱我的工作，但是我从来如此，无论我在谈大合同，还是只赚一千块钱的时候。我希望你们也热爱自己的工作。”

巴菲特希望自己的孩子也能享受到工作的乐趣，而不是坐享其成，所以他在教育自己的孩子时，不是无微不至的宠溺，而更多的是注重培养孩子们自立自强的能力。巴菲特的小儿子彼得无不感激地说：“我父亲的一个信条就是——个人的最大成功是通过个人努力的成功。我庆幸父亲对我的生活没有过多的干预，我完全有权利自由选择。因此我发挥自己的优势，走了与父亲完全不一样的道路。”

彼得是自学成才的音乐家、作曲家和制作人，他从小就表现出对音乐的浓厚兴趣。在 1979 年，年满 20 岁的彼得就独立到旧金山寻找自己的音乐事业。刚到旧金山时，他住在一所小公寓里，买下一辆二手车，过起简朴的生活。他购买了一些设备，建立了一个自己的音乐工作室。彼得每天埋头钻研，做着有偿或无偿的工作。

彼得事业的转折点出现在 1981 年。他的一个邻居的女婿从事动画制作，急需音乐作品。这名制作人聘请彼得为一条时长 10 秒钟的广告配乐。从此，彼得的音乐事业不断发展。上世纪 80 年代末期，彼得凭借自己的努力过上了富裕的生活。他与一家名为“奈良田”的唱片公司签约，计划出音乐专辑。

后来，彼得卖掉洛杉矶的公寓，在密歇根湖畔买了一座别墅，新房子的面积是小公寓的 5 倍。彼得有了足够的空间录制音乐和接待同行。他的第一张曲集《等待》在业内颇受好评，也很畅销，但彼得一直希望电影制片人能注意到自己。后来，一个朋友送给他一本埃文·康奈尔的小说《晨星之子》，书中描写了美国印第安人和美国政府军作战的故事。彼得读完后很受震动，这种感情直接影响到他 1989 年发行的第二张专辑《一个接一个》。

与此同时，他听说好莱坞名导凯文·科斯特纳正在筹拍一部有关印第安人的电影。彼得将《一个接一个》寄给科斯特纳。科斯特纳邀请他为电影写配乐。彼得接受后发现自己根本不会写配乐，只能作罢。不过，彼得通过这次机会获得科斯特纳的认可，后来又争取到为电视连续短剧《500 国家》配乐的机会，并因此获得艾美奖。对此，巴菲特深感欣慰，他很自豪地说：“他们都走出了自己的道路，而且收获颇丰。他们是富有创造性的，他们并不希望自己的身份仅仅是某个有钱人的孩子。”

彼得的音乐工作室成立之初，资金短缺，此时的彼得想到了父亲，于是向他求救。可没想到的是，巴菲特毅然拒绝了彼得的求助，尽管此时的巴菲特资产已经过亿。巴菲特告诉彼得，如果你急需一笔钱的话，跟银行取得联系是唯一的途径。在父亲这边碰了钉子的彼得最终选择了银行。这个跟他没有任何关系的银行，竟然在他最需要的时候，代替和他有血缘之亲的父亲帮助自己实现了愿望。也许正是这个原因，此后的彼得对银行一直情有独钟。他从此一直坚持做一名诚信的客户，没拖欠过银行一分钱。

巴菲特竟然在儿子最需要支持的时候，没有成为儿子的救命稻草，反而将儿子拒之门外，让他去寻找银行贷款。这种行为在旁人看来是无法理解的，然而巴菲特的理由是“钱会让我们单纯的父子关系变得复杂”，更主要的是，巴菲特是让孩子明白钱的重要性，这次的经验教训能让他得到更多。此后，彼得也对父亲的这一做法表示感激，因为通过这次借贷，彼得学到了借贷以外的更多东西，他说：“我学到的远比从父亲那里接受无息贷款要多得多。”

有一家美国周刊曾经作过一个调查，邀请世界500强企业退休CEO们填写一份问卷，其中前10名大企业的老板对其中一个问题都做出了相同的回答。这个问题是：如果人生可以重来，你认为什么是你绝对不能错过的？这10位老板都表达了同一个意愿——如果人生可以重新来过的话，一定不会放弃陪伴孩子一起成长的机会。

可以想象，这些富翁在苦心经营自己的事业时，很少有时间去关注子女的成长。他们只知道用富裕的物质生活弥补匮乏的精神教育，然而这样根本不是一种弥补，而是一种毁灭，得到物质满足而精神匮乏的富家子弟只会因此沦为毫无能力的纨绔子弟。

巴菲特拿出卡耐基基金会的一份调查报告。在这项调查中，继承10万美元以上财产的子女中，有20%～30%的人放弃了工作，有的整天沉溺于吃喝玩乐中，直到倾家荡产；有的则一生孤独，出现精神问题，或是做出违法乱纪的事情。富翁罗斯柴德在临终前，把所有的财产都留给了儿子拉斐尔，但儿子在继承财产的第二年，就被人发现死于纽约一处人行道上，死因是吸食毒品过量。此时拉斐尔只有23岁。

没经过付出而得到的财富就好比是毒药。巴菲特在教育子女时，并不是任他们欲取欲求，而是与之相反，他们在磨难中坚强。巴菲特说："他们（巴菲特的子女们）每个人都获得了遗产继承权，这些钱足够使他们做一些想做的事情，但绝不足以让他们无所事事地过着超级富翁的生活。"

没有让巴菲特失望，他的子女们做得很好，为此，巴菲特非常自豪。他说："我认为他们应该很会感激我对他们的教育。他们做得很好，也都很独立，因为他们并不认为要对我俯首帖耳。"

美国的家庭教育就是以培养孩子富有开拓精神、成为一个自食其力的人为出发点。父母会让孩子从小就树立自立精神，即便是巴菲特们这样的富豪子女，也要外出体验打工。而中国有些父母则创造最好的物质条件，尽量不让孩子受苦。坐享其成的孩子享受不到创造财富的乐趣，他们也缺乏基本的生存能力，一旦离开了父母这把保护伞，就无所适从。这些孩子在父母庇护下的生活，虽然温饱不愁，却也苍白无力，没有奋斗者常有的自信与快乐。

金钱不是万能的，没有金钱是万万不能的。谁都不希望自己的孩子将来是一文不名的穷光蛋，更不想孩子的一辈子都由家长来照顾——那样的孩子永远不知道成功的滋味。

财富忠告

每个人的一生都不是一帆风顺的，一个人如果习惯了坐享其成，养尊处优的生活，将来一旦面对了困难该怎么办呢？男孩总有一天是要长大的，他们总有一天需要自己去工作、去独立生活，父母不可能永远跟着他。父母应该鼓励孩子去闯荡世界，用双手赚取财富、享受生活，而不是让他们畏缩在自己的双翼之下。

第十五章 拒绝为不良消费习惯埋单

攀比是一种毒药

“物质上的攀比往往都是心理不平衡制造的种种压力和借口。”

众所周知，巴菲特特别喜欢钱。不过他对待金钱的态度很耐人寻味，他喜欢赚钱，却从不喜欢金钱的衍生品——攀比。一般人有钱后会用各种手段满足自己的虚荣心，别人买一只劳力士，我就买一只百达翡丽；别人买一辆奔驰，我就买一辆兰博基尼。巴菲特事业成功后也挺有资本加入攀比的行列，可他依然开着旧车吃便宜的汉堡包。孩子们大些了，知道爱美、好面子，会向父亲要求买一些高级产品，巴菲特一般都会拒绝，他的理由就是攀比没有意义。

生活中，差别无处不在，人们在差别中情不自禁地产生了攀比的心理。盲目的攀比和过度的虚荣却让人们习惯性地将自己与别人进行比较。如果与别人的差距不是很大，那么心理上或多或少会有那么一点平衡。如果与对方的差距较大，比如他收入比自己多，就会觉得他的收入可能不正当。有部分女性，见到长得比自己漂亮的同性，心里就会暗骂对方是“狐狸精”之类。某些人看到自己的同事或同学开着漂亮的车子，住着宽敞的房子，自己的生活水准甚至还不如人家生活水平的一半，心里就会感到很不平衡。这些都是因为心理失衡所致。

苏茜很听父亲的话，过着安分守己的平静生活。有一天，她接到一位小学同学的电话，通知她参加一场同学聚会。好几年未见，电话挂断以后，苏茜满心欢喜，带着重逢的喜悦前往赴会。昔日的老同学刚刚到了法定结婚年龄就结了婚，嫁给了一位硅谷新贵，有房有车，还一身的名牌，光彩照人。参加完聚会后，苏茜好像变了一个人，整天唉声叹气。

“这家伙，考试老不及格，还总抄我作业，凭什么有那么多钱?”她对父亲抱怨。

“你的零花钱虽然无法和富婆相比，不也够花了吗?”巴菲特笑着安慰她说。

“够花？我的零花钱攒一辈子也买不起一条钻石项链。”苏茜急得跳了起来。她满心郁闷，父亲这么有钱，却对自己这么苛刻。巴菲特知道女儿的心思。他温和地告诉女儿，物质上的攀比往往都是心理不平衡制造的种种压力和借口。

人的需求是无止境的，当你满足了现在的需求后，就会产生新的需求，永远都没有终结，而虚荣心也会越来越膨胀，因此要学会自我控制。控制过度的欲望是非常重要的。在想要得到某样东西前，可以自问一下，自己是否需要它？它对自己真的有用吗？如果自己内心的答案是否定的话，就要去控制自己的欲望。

生活是自己的，如果处处都想和别人比个高低，超出自己经济实力地去比，到头来不仅让自己背负一身债务，别人知道实情后也会瞧不起你。

我们努力工作，快乐生活，过属于自己那个层次的生活，这就是一种幸福。自己挣的钱能够满足自己基本的生活费用，自己想吃什么就可以买，想穿什么也可以买，这就是一种成功。如果生活挣钱的唯一目的沦为和他人比较，那样的生活就不是自己的生活，你只是别人生活中的一个玩偶罢了。

攀比会出现在生活中的方方面面，人们会为了财富、物质攀比，也会为了荣誉和赞扬攀比。这样做，无非是为了满足虚荣心。

其实，每个人或多或少都有一点虚荣心，虚荣心与羞耻心只是一个尺度的问题。不想让人看到自己邋遢的样子，不想让人知道自己才疏学浅；想让人称赞自己的拿手菜，想用滔滔雄辩来赢得别人的尊重……这些都是与羞耻、光荣、名誉联系在一起的小细节。柏格森曾经说过："虚荣心很难说是一种恶行，然而一切恶行都围绕着虚荣心而生，都不过是满足虚荣心的手段。"过于在意别人的看法，甚至单纯为赢得别人的赞誉而做事，就是虚荣了。

虚荣心理的表现是多方面的：对自己的能力有过高的估计，自命不凡；炫耀自己的特长和成绩，期待得到表扬；将父母或他人的荣耀也当成自己的，常说"我爸爸他们……"，不懂装懂，花钱摆阔气赶时髦，等等。

仔细分析，其实虚荣是自尊心过分的表现，是一种追求虚表的心理缺陷。一个虚荣心重的人，所追求的东西莫过于名不副实的荣誉，所畏惧的东西莫过于平凡甚至丑恶的内心的本质。荣誉和美德是一种无形的价值，他们不会因为别人的夸奖而变多，也不会因为无人知晓而贬值。刻意去追求荣誉，就像戴上了虚荣的枷锁，色彩华丽，却无比沉重。

虚荣会囚禁你的心灵，让你在做任何事情之前都要掂量自己能否得到称赞。为了维持自己的美好幻影，你的真心必须收敛，言语处处斟酌，到最后只能不胜其苦，幻影破灭成灰。而那些因为虚假的名誉而建立起来的友情、爱情，都会在你露出真相之时抽身离开。虚荣犹如不纯净的包装袋，里面夹杂的各种气体只会让你的美德变质。

那些因为虚荣而在攀比中郁郁寡欢的人，他们心灵的空间挤满了太多的负累，从而无法欣赏自己真正拥有的东西。

在我们的身边，有很多人羡慕他人的生活，羡慕别人有显赫的家庭，羡慕那些明星、名人，天天淹没在鲜花和掌声中，名利双收，以为世间苦痛皆与他们无缘。俗话说，人生失意无南北，宫殿里也有悲恸，瓦屋同样也会有笑声。只是，平时生活中无论是别人展示的，还是我们关注的，总是风光、得意的一面。有位哲人说过，与他人比是懦夫的行为，与自己比是英雄。这句话乍一听不好理解，但细细品味，却有它的道理。所以，不要把生命浪费在和别人攀比上，应该跟自己的心灵赛跑。

其实我们对自己不苛求，我们又怎么知道别人一定比自己好？事实上每个人都有令人羡慕的东西，也有自己缺憾的东西，没有一个人能拥有世界的全部，重要的在于自己的内心感觉。那些心态平和的人也许生活中物质的享受并不比任何人好，只是他能接受自己，觉得自己好而已。

所以，要懂得欣赏自己的生活，让自己活得随心所欲。你能改变什么让自己感到愉快，那就做一些改变，不过，如果改变了以后会让自己不愉快的话，那么不管有多少人改变，也不应该盲从去做。即使你已经知道改变以后会很好，但自己却无力改变的话，也不应该勉强去做，欣赏自己所拥有的一切，那些让自己觉得不满意的地方，就尽量忽略过去。

我们应该认识到攀比给自己带来的危害。虚荣心强的人，在思想上会不自觉地渗入自私、虚伪、欺诈等因素，这与谦虚谨慎、光明磊落、不图虚名等美德格格不入。虚荣的人为了表扬才去做好事，对表扬和成功沾沾自喜，甚至不惜弄虚作假。他们对自己的不足会想方设法遮掩，不喜欢也不善于取长补短。我们应该端正自己的价值观与人生观，正确理解权力、地位、荣誉的内涵和人格自尊的真实含义。年轻人往往处于自我意识觉醒的阶段，不少人对生活、前途、人生的态度很容易流于过分追求外在的浮华，讲排场、摆阔气、大吃大喝，更以为攀比是时髦的象征，这都为虚荣心的滋长提供了土壤，让人变得“轻飘飘”起来。只有着眼于现实，把自己的理想与社会结合起来，通过艰苦努力，克服前进道路上的困难和障碍，才有可能实现自己的远大理想和抱负。

那些总是抱怨自己不幸的人，不要用沉重的欲望迷惑自己，不要总是看到你还不曾拥有的东西，而要静下心来，放下心灵的负担，仔细品味你已拥有的一切。学会欣赏自己的每一次成功、每一份拥有，你就不难发现，自己竟会有那么多值得别人羡慕的地方，幸福之神已在向你频频招手。

其实，生活的定义很简单，只要开心就好，只要感觉对了就好。他可能比你富有，但未必有你健康；他可能比你温柔，但未必比你活泼；他可能比你节俭，但未必比你会赚钱……多想想自己的优点，别把目光总放在别人的身上。不懂珍惜现在的生活，不懂得欣赏自己的拥有的人是可悲的。

很多烦恼都是因自己觉得不如周围的人而徒生出来的。其实世上本无事，

实是庸人自扰之。别人在其熟知的领域超过你，并不说明你技不如人，只能代表你不了解某一方面的知识，而在其他方面，你可能比她强，想明白了这些，也就没有心结了。

如果你还是想不开，不妨学会开导自己。人世间没有永远的赢家，也没有绝对的输家。如自然界中，长青之树无花，艳丽之花无果。每个人都有自己的优点，学会俯视，常往下比一比，生活必定会充满欢乐。

辛苦得来的果实，不要一口气把它吃完

“如果你想知道我为什么能超过比尔·盖茨，我可以告诉你，是因为我花得少，这是对我节俭的一种奖赏。”

苏茜是个漂亮姑娘，而且保养得当，看起来很显年轻。要说缺点，就是她身材稍显肥胖。巴菲特认为身体苗条对健康有益，所以他跟女儿做了一笔“生意”：只要苏茜能够减重成功，她将获得一个月内购物免单的机会，而且一个月内购物不设上限，全部费用由老爸承担。但是一旦她的体重出现反弹，那么她必须要把消费金额全部返还。

这个美丽的“生意”让苏茜动力十足，立刻开始了减肥计划。很快，苏茜得偿所愿收到了父亲送来的信用卡，另附留言：“玩得开心点!”

拿到信用卡，苏茜开心极了，一个月的功夫就花掉了4.7万美元。这个数字让苏茜感到紧张了，她怕父亲看到这个可怕的账单改变主意。不过还好，父亲说话算话，帮她结掉了这张天价账单。

由于自己有言在先，巴菲特没有对女儿的行为说什么。不过在朋友面前，他大发牢骚，并问道："如果你们的太太花掉这么多钱，你们会怎么想?"男士们当然认为苏茜做得过分。不过，巴菲特向女士们问了同样的问题后，却得出了不同的答案，她们认为苏茜做得并无不妥——4.7 万美元并不是一个很夸张的数字，苏茜还可以玩得更疯的!

巴菲特颇为无奈。他觉得钱都是辛苦赚来的，一口气花这么多实在是不应该。节俭，一直都是巴菲特的准则。巴菲特的节俭是出了名的，即使是世界上最有钱的人之一，他也一直坚持节俭的美德。现在很多人，尤其是年轻人，钱不多却不知节俭。

美国有位作者以"你知道你家每年的花费是多少吗"为题进行调查，结果是近 62.4%的百万富翁回答知道，而非百万富翁则只有 35%知道。该作者又以"你每年的衣食住行支出是否都根据预算"为题进行调查，结果竟是惊人的相似：百万富翁中编预算的占 2/3，而非百万富翁只有 1/3。进一步分析，不作预算的百万富翁大都用一种特殊的方式控制支出，亦即造成人为的相对经济窘境。

节省一分钱，你就赚了一分钱。如果你对手中的财富不珍惜，到头来，你只会一无所有。

人是感性的，花钱更是冲动的。看到一件自己喜欢的上衣，就好像遇到了命中的他，欲罢不能。某部美剧里有一段情节，女主角凯丽被强盗抢了，她什么都不要，恳求强盗留下她脚上的爱鞋。但是生活不是电视，如果生活中你也像凯丽一样，对服饰如此痴迷，挣了一个月工资，就为买一双上千元的鞋，然后不吃不喝，甚至连房款也交不上，那就太悲哀了。钱财得来不易，要学会"省"下生活中不必要的开支。

每个人都希望自己能够过上好日子，想吃什么就吃什么，想买什么就买什么。人生短短几十年，谁也不想辛苦了一辈子，到最后什么也没有享受到。年轻人是最懂得享受的一群人，花钱也是最不理智的：

手里有钱，就一定要尽情享受；手里没钱，借钱也要潇洒。这个月的钱不够用，还有信用卡，还有父母。只要现在能过上好日子，管它以后会如何，更加不会顾及别人的想法。

我们已经看到了美国次贷危机所带来的负面影响，人们背负巨额债务没有办法偿还，很多企业遭遇破产，普通群众也开始为了继续生活下去而饱受折磨。

极尽奢侈的生活，也许是很多人梦想中的“好日子”，但是尽情享受几年之后，留下的是破产的惨败结局。不要以为有了高收入就可以尽情挥霍，不要以为今天尽情玩乐就会给自己留下没有遗憾的人生。当你开始为了高额的债务发愁的时候，你就会为了今天的奢侈生活而后悔了。

每一分钱都来之不易，要节俭生活。只有这样才能给自己积累一些财富，以备未来的不时之需。现在，很多年轻人觉得入不敷出的时候，就选择跳槽，寻找挣钱多的工作机会。总以为挣得多了，钱就够花了。但每次都纳闷找到了新工作，钱还是不够用，所以又换工作。其实，他们是没有找到自己没钱的真正原因，即不会花钱。

“由俭入奢易，由奢入俭难。”花钱花习惯了，一下子处处计划，学会攒钱，不是一件容易的事。但是习惯也是可以养成的，一开始可能会感觉不习惯，但只要养成攒钱的习惯，你的财富就会随之而来了。把好日子当成苦日子过，经常告诉自己没有钱，这样就不会经常想着消费了。时间长了，自然会有一些积蓄。

一些人常常说，能花钱才能挣钱，所以他们不计后果地进行各种消费，喝一杯上百元的饮料，吃一顿花去半个月工资的大餐。他们却说这是一种生活体验，年轻就应该多见识见识。见识各种类型的消费是没有错，但是一旦这种消费养成习惯，你的生活也就没有保障了。

只要人活着，就要有开支来保证正常的生命存在。但是一些开支是可有可无的。打开你的衣柜，看一看是不是有很多衣服你买了就没有穿过几次；打开冰箱，是不是许多天前出于冲动在超市买的东西又忘了吃，变质了要扔掉……仔细想想，你会发现，你天天在花很多冤枉钱。花钱的时候觉得东西不错，或是享受不错。但过后真正用上的又有多少呢？所以下次在购物之前，先问问自己：

这件东西我是真的需要吗？

买了它我会用多久？

它在我这里真的能实现它的价值吗？

这样多问几个问题，你就会省下许多不必要的开支。

谁说人只能想办法挣钱，省钱是妇女的事？会花钱，会省钱，正是一种理财的智慧。人一方面要会不断地给自己的小金库注入活水，另一方面要在另一头防止进入小金库的水流走。这样才能真正让自己的小金库存得住“水”。

居家过日子，同样的钱，会买和不会买相差很多。这里就存在一个如何花钱的问题，你希望你的资金得到最大限度的利用吗？只有在恰当的时间买到适合的物品才能算是钱花对了地方，只有学会花钱，把钱花在最需要的地方，你就会发现情况会大有不同。

要想做到把钱花在刀刃上，那么对家中需添置的物品做到心中有数，经常留意报纸的广告信息。比如：哪些商场开业酬宾，哪些商场歇业清仓，哪里在举办商品特卖会，哪些商家在搞让利、打折或促销等活动。掌握了这些商品信息，再有的放矢，会比平时购买实惠得多，如果你没有事先准备，想想你口袋中的钱，还能办那么多的事呢？

要培养节俭的习惯，但同时也要注意绕开节俭的沼泽地。

“没有投资就没有回报”，“小处节省，大处浪费”，还有许多家喻户晓的谚语都反映了错误的节约不仅无益反而有害的常识。

有些人浪费了大量的时间，用错误的方法来节省不该节省的东西。苏茜的闺蜜自己开了一家花店，她制定了这样一条规矩，要她的员工不顾一切地节省包装绳，即使要耗费大量的时间也在所不惜。她还要求尽量省电，而昏暗的店面让许多顾客望而止步。她不知道明亮的灯光其实是最好的广告。

不能以心智的发展和能力的提高为代价来拼命节约，因为这些都是你事业成功的资本和达到目标的动力，所以不要因此扼杀了你的创造力和“生产力”。要想方设法提高你的能力和水平，这将帮助你最大限度地挖掘你的潜力，使你身体健康，感受到无比的快乐。把钱花在最需要的地方，试一试，结果会不一样。

巴菲特曾经告诉女儿，一个人能否拿得出 10 到 15 美元参加一次宴会，这本身并不是什么问题，他可能为此花掉了 15 美金，但他也许通过与成就卓著的客人结交，获得了相当于 100 美元的鼓舞和灵感。那样的场合常常对一个追求财富的人有巨大的刺激作用，因为他可以结交到各种博学多闻、经验丰富的人。在自己力所能及的情况下，对任何有助于增进知识、开阔视野的事情进行投资都是明智的消费。

如果一个人要追求最大的成功、最完美的气质和最圆满的人生，那么他就会把这种消费当作一种最恰当的投资，他就不会为错误的节约观所困惑，也不会为错误的“奢侈观念”所束缚。

英国著名文学家罗斯金说：“通常人们认为，节俭这两个字的含义应该是‘省钱的方法’；其实不对，节俭应该解释为‘用钱的方法’。也就是说，我们应该怎样去购置必要的家具，怎样把钱花在最恰当的用途上，怎样安排在衣、食、住、行，以及教育和娱乐等方面的花费。总而言之，我们应该把钱用得最为恰当、最为有效，这才是真正的节俭。”

如果下一次你又感觉自己生活拮据的时候，不要再嫌自己挣得少了，先来看看自己的花钱习惯。一种坏的花钱习惯，决定你一生都不可能成为富人。或许有的人会说：“我以后找伴侣的时候找个有钱的靠山不就好了吗?”其实，花钱就像流水，只要你还这样不计后果，没有规划地花钱，即便是金山银山也会在瞬间消失的。人们说的“挣钱不容易，花钱如流水”就是这个意思。

节约，是一种生产力。有了节约，少了浪费，自然就省出相当一部分的资源、能源，这实际上也就是在创造价值。反之，如果只注重生产、发展，而忽视了节俭，尽管产出很高，但开支、浪费也大，那社会财富又怎么能积累起来呢？在今天竞争如此激烈的商业社会里，就算是在很小的地方去节省，积少成多，最后节省出来的东西也是可观的，甚至可能造成赢利和亏本的区别。

法国作家大仲马曾精辟地说：“节约是穷人的财富，富人的智慧。节约是世上大小所有财富的真正起始点。”

有钱时摆阔，没钱时挨饿

“节制用钱是一种积极的人生态度，能提升个人的生命价值。”

中国经济大步向前的时候，年轻人的消费观念也大步超前。当今社会，青年人给炒得火热的消费时尚增添了一个新名词：三天乐。所谓的“三天乐”，就是在发工资以后的前 3 天尽可能地潇洒、快乐，只留下很少的钱来保证剩余的 27 天的基本生活。这里所说的“基本生活”，估计就是“饿不死”的状态就可以了。年轻人是消费时尚的忠实粉丝，他们会计较收入的多少，却绝对不会计较钱花剩下多少。

苏茜从学校毕业之后做了记者，虽然工作稳定但薪水不高。她每天下班之后最大的乐趣是逛街、泡吧，最熟悉的地方是各个百货商场。每次回家，巴菲特都能听到她跟母亲抱怨说：“哎呀！半个月薪水还不够买一条裙子，上个月刷卡买的皮包现在还没还清！”对此巴菲特颇不以为然，他建议苏茜花钱要有计划性，不过苏茜觉得这太难了。

如今，都市里像苏茜这样的年轻人越来越多。他们的生活像一部荒诞片，往往正欣赏着自己从商场采购回来的“战利品”陶醉呢，听到房东先生一阵“猛敲”：“喂喂，你到底要不要交房租？再不交只好麻烦你搬走了。”

有着稳定且收入较高的工作，却总连最基本的生活费用都负担不起。年轻人都是喜欢花钱的，一逛街总是能发现许多值得大力“掏钱”的东西，于是这也买，那也买，买的时候忘乎所以，没钱的时候后悔莫及，“早知今日，何必当初”，这世上的好东西太多，喜欢就买，迟早得为钱发愁。

年轻人是感性的，对待消费更是没有节制。看到一件自己喜欢的上衣，就好像寻到了宝物一样，欲罢不能；辛苦了一周，周末一定要去酒吧喝喝酒，去 KTV 唱唱歌，在年轻人的心里，生活就应该是这样潇洒的，总是斤斤计较地生活，还没等步入老年呢，就可能先愁老了。再说，年轻也就那么十几年，现在不享受，等到老了就快乐不起来了。到那个时候，后悔也晚了。所以，一定要抓紧现在，将享乐进行到底，却无法将钱留到月底。潇洒生活是没有错的，但是一旦这种消费养成习惯，你的生活就没有保障了。不要以为只要尽情地花钱就是潇洒，我们也应该学会精打细算，把钱花在最需要的地方。

节制用钱是一种积极的人生态度，能提升个人的生命价值。或许有人会说，节约是小气、抠门，是丢面子的事情，甚至有的人还怕自己节约别人会笑话自己。似乎越高消费、越挥霍、越摆阔，就越受人尊敬，而勤俭节约反而成了笑柄。这是很多人对勤俭节约错误认识。世界上真正面子大有声望的人，都是推崇节俭生活的人。

全球富豪排行榜上，巴菲特总是名列前茅。他有一个习惯，就是喜欢到他熟悉的一家餐厅点一大份牛排大快朵颐。开始的时候，每次用餐后他都会付给服务员 15 美分的小费。但是有一天，他用餐后不知什么原因，仅付了 5 美分的小费。服务员见比往常的小费少，不禁埋怨道："如果我像您那么有钱的话，我绝不会吝惜那 10 美分的。"巴菲特却毫不生气，笑着说："这也就是你为何一直在做服务员的原因。"

巴菲特不仅自己重视节俭，也号召公司员工一起过简朴生活。一次，伯克希尔一个下属公司的经理将自己的办公室装饰得非常气派，巴菲特看到后非常生气，认为他把钱花在这上面完全没有必要。他对这位经理说这样的浪费，不利于伯克希尔的进一步发展。

即使在伯克希尔成为业界营业额最高的公司时，巴菲特的节俭作风也没有改变过。

1999 年，巴菲特在一次慈善拍卖中拍卖了他的钱包，这个钱包他用了足足 20 年！他对媒体解释说："这个钱包没有什么特别之处。它的历史可以追溯到很久以前。我的西服是旧的，我的钱包是旧的，我的汽车也是旧的。1958 年以来，我就一直住在这栋旧房子里，因此，我保存着这些东西。”

在伯克希尔，巴菲特已经成为员工的榜样，他的作风感染了许多人。

现实生活中，有个别人受不良风气的影响，也学会了大手大脚地花钱，比阔气。为了炫耀，有的人甚至走上了偷盗的犯罪道路，败坏了个人品质，降低了生命价值。

节制花费，是很多人信奉的准则。洛克菲勒就曾说过：“紧紧地看住你的钱包，不要让你的金钱随意地出去，不要怕别人说你吝啬。你的钱每花出去一分都要确保有两分的利润，然后才可以花出去。”虽然我们不是利益的狂热追求者，但我们也应该管好自己的钱包，为了以后的生活做好打算。

有理财专家曾做过一个研究：如果按照 65 岁退休，你每年拿出 2000 元投资，按年投资报酬率为 15%算，那么从不同的年龄开始，你到最后所能获得的财富将如下表所示：

开始投资的年龄	在退休时所能得到的钱
20 岁	8247794 元
25 岁	4093907 元
30 岁	2028689 元
35 岁	1001914 元
40 岁	491424 元
45 岁	237620 元
50 岁	111435 元
55 岁	48699 元
60 岁	13603 元

如表所示，你从 20 岁开始，利用复利效应，那么到 45 年后，你就有八百多万元。如果你从 25 岁开始投资理财，40 年后，你的财产就可以达到四百多万元。可是你越晚理财，你最后所得到的钱越少。

初涉职场，二十几岁的年轻人刚刚进入社会，收入不高，根本存不下钱，况且大多还未成家立业，过着“一人吃饱，全家不愁”的日子，认为理财没有太大的必要。但看过上面这个研究结果，你应该开始意识到，理财最应该从年轻时做起，而且越早理财越好，即便是很少量的钱，在很多年以后或许将产生巨大的作用。

你或许还是会有疑问，理财到底是为了什么？是为了更好地生活？为了平衡收支？为了收入增加？还是为了防范意外事件和风险？

每个人可能都会说出很多答案，也可能有人一个也说不出来。可是，从根本上讲，理财只有两个目的——财富的保值和增值。

1. 理财是为了财富的保值，这是理财的初级目的。在当今社会，你省钱存钱，看起来没什么风险，但仍无法避免地要遭受一部分隐形损失，那就是通货膨胀造成的货币贬值。无论你的钱是放在手里，还是存在银行，都无法帮你规避这部分损失。不要认为通货膨胀率不是很高，你的积蓄基本上是安全的。

所以，不能只把钱放在手里或存在银行里，那不是真正的理财，它们会消耗你的财富。正确的理财要更好更高效地运用你的资产，首先能够帮你把财产“保值”。

2. 理财是为了财富的增值，这是理财的高级目的。随着生活水平的提高，大家普遍产生了对富裕生活的追求，而不再满足于一些基本的生活需求。因此，大家都希望自己的财产能尽快增值，这就需要通过理财来实现愿望。例如，如果你月收入 2500 元，那么每年从中拿出 1000 元做投资（也就是每个月拿出不到 100 元钱），若年投资回报率为 10%，以复利来计算，20 年后，总共为 64000 元，无形中，你就多了63000元，财产得到了较大增值。生活中，理财的这两个目的往往是紧密联系在一起的，或者应该更准确地说，明智地理财，不只是为了使你的财产保值，更重要的是要使它增值。二十几岁的你不能再犹豫或对理财完全不感兴趣，投资理财越早越好，二十几岁不理财，三十几岁以后如何过上富足的日子？

管好你的钱包，把钱花在最需要的地方，不要在月初就豪迈地把钱花光。节省用钱，不仅能让你月底不打饥荒，还能让你的后半生有保障。积攒出自己的“小金库”，才能保证自己的生活经得起风雨。

对自己“小气”，在个人生活上“抠门”，是好品行。生活告诉我们，无度消费会使一个人膨胀的物欲和有限的现实条件之间的矛盾不断尖锐。其结果，要么是使人因欲望不能满足而灰心丧气、意志消沉，要么诱使人变得利欲熏心。

有钱时摆阔，没钱时挨饿，只会刺激得欲望更加强烈。诸葛亮曾说：“非淡泊无以明志，非宁静无以致远。”一个人能让自己从欲望中解放出来，把勤俭当作生活的准则去践行，就能实现比权力或富贵更高的价值。

别混淆了“需要”和“想要”的关系

“习惯的力量是非常惊人的，在习惯面前，理性往往不堪一击。”

苏茜换工作了，要搬家到哥伦比亚特区去。在整理屋子时，她居然找出了 9 个基本没用过的漂亮包包，和 12 双只穿过两三次，有的商标还在的鞋子。这些东西“重见天日”的时候苏茜自己都很惊讶，她都不记得自己是何时何地买了这些东西，更别提想起要用它们了。其实这些东西大多是苏茜一时冲动的买下的，有时是经不起店员甜言蜜语的劝说，有时是受不了商家打折的诱惑，还有时是自己看走了眼……不管是什么样的原因，反正是买回来后就发现这些物品没有什么用武之地，所以只好将它们“打入冷宫”，然后渐渐遗忘了。不过这些东西“重见天日”似乎也不是什么好事情，因为这些用不到又占地方的东西在搬家时也只有被抛弃的份。虽然苏茜心里也确实觉得可惜，不过为了减少搬家的负担和节约空间，也只好如此了。

一个可爱的布娃娃、一串好看的风铃都能让你忘记一切，不管自己是否真的需要，不管家里急不急用，只要自己看着喜欢就一股脑搬回家。时间长了，这些不必要的开支就很容易造成自己的、家庭的“财政危机”。苏茜虽然有个巨富父亲，但是父亲从来不在花钱方面宠惯他们，她也会为这种财政危机犯愁。她后悔没有听从父亲的劝告，养成理智购物的习惯。

其实不光是女人，即便是在购物方便比较稳重的男人也常有花钱糊涂的时候。有时候，你觉得自己很节俭，舍不得买贵重的衣服饰品，舍不得看一场电影、吃一顿西餐。除去有些进进出出的开支例如一日三餐、交通、手机费用、娱乐等这些比较固定的费用，好像没有添什么大件。可是到了月底，你的钱还是不知道到哪里去了，因为这个月的花费不仅大大超出预算，而且思前想后还不知道钱花到哪里去了。可以说钱就在你稀里糊涂的时候没有了，而伴随着远去的似乎不止这些：你想为旅行存一笔钱，可是这钱总是被你挪作他用；你想报个班给自己充充电，然而高昂的培训费让你望而却步——总之，你会觉得似乎你规划的理想生活离你越来越远。而这并不是因为你挣得少了，也不是你铺张浪费买了多么奢侈的东西。一切只源于你的糊涂。

也许你应该想想你的钱都是怎么花出去的，考虑一下花出去的这些钱究竟值得不值得，有哪些消费是华而不实可以避免的，哪些消费是你必不可少的……在花钱之前，你一定要清醒，这样消费是不是值得。千万不能在一时的疏忽下，把收入都花在和朋友吃饭喝酒、玩游戏、换手机等上面。

巴菲特曾经告诉孩子们，在购物时，要想清楚自己究竟是需要这个东西，还是仅仅“想要”，如果只是“想要”而非“需要”，还是放弃为好。购买欲一旦不加以控制形成习惯，后果是很可怕的。

那么，如何才能控制自己的购买欲呢？

1. 业余时间尽量少逛街，多读书、看报、学习专业技能，这样既可以起到节流的作用，也能为开源做好准备。

2. 如果需要上街买东西，在逛街之前先在脑子里盘算一下急需购买的东西，用笔记下来，然后只买计划好的东西。

3. 尽量缩短逛街时间，因为在街上、在商场里逛的时间越长，越容易引起购买物品的欲望，最好就是速战速决，买到急需的物品后，立即打道回府。

4. 逛街时最好找个人陪同，特别是购买衣服时，不要听售货员夸你几句漂亮、身材好之类话好就晕头转向，立即掏腰包买了不合适的衣服。要多听听同伴的意见，当然自己也要有主见，不要一时耳根软，买回家后只能把衣服压箱底，造成不必要的浪费。

5. 意志比较薄弱的人不要陪同朋友购物，因为这种人在陪购时，往往经不住商品的诱惑，朋友没动心，自己反倒购回一堆不需要的东西。

6. 对打折的物品或大甩卖、大减价的商品，购买之前一定要三思，不要因为价钱便宜就头脑发热盲目抢购。因为这些物品往往样式过时或在质量上存在一些问题，买回后使用寿命不长，反而得不偿失。

7. 心情不好的时候也千万不要上街购物。以发泄的心态购物，待情绪稳定以后，一定会追悔莫及。

8. 喜欢上某物品，先不要着急购买，克制一下迫切需要的心态。冷静几天后，如果还是想买，热情丝毫未减，这时再作购买的打算也不迟。

每一个节日都是商家不会放过的宣传良机。为了吸引更多顾客的光顾，商家总是打出诸多折扣或者返券的横幅，或者策划出各种营销活动，打出甜蜜诱人的广告，等着消费者上门。而在这种时候，消费者一定要理性地控制自己的购物欲，不要中了商家的“圈套”。

我们都不是富翁，购物更要精打细算。在购买商品时，要把握六点原则：

一不要只求价廉。工薪阶层由于收入有限，购物时很注意货比三家，选价格最便宜的。这本来是合情合理的，但现在有一些商家故意误导消费者，把一些低档的甚至已经过时的商品搞一个“特别推出”，如果不懂商品性能而仅仅以价决定取舍，很容易上当受骗。

二不要求“洋”。我国某些产品确实不如外国产的，但并非所有的产品都如此。比如电器，我国有不少名牌电器早已远销国外，如果一味舍“中”求“洋”，很容易花冤枉钱。

三不要求“全”。许多消费者在购买商品时爱选那些功能全的，以为全功能的就是质量好的，这是一个误区。须知，商品是越“全”越贵，而“全”并不代表“精”。如果你买一台电视，只要画面清晰，音色好就已足够，没必要把那些带什么“画中画”功能的电视买回家，因为你没什么机会用得上。

四不要求“大”。有些消费者不考虑自己的住房面积和经济能力，买商品一味求大，结果是花大价钱买回的“庞然大物”无法安置，这又是何苦呢？

五不要求“美”。商品是买来用的，不是买来看的，如果只看外表而不注重其性能，很容易买到徒有其表的“绣花枕头”。

六不要求“新”。任何商品在刚上市时都有两个特点：一是价格贵，二是性能不完善。如果为抢“新”而买，新品很容易被淘汰，应该先等一等，购买第二代产品才合算。

做到了这几点，基本上能保证买回来的是“需要”的东西，而非“想要”的东西了。

在家庭理财方面，养成良好的理财习惯很重要。可以用一个记账本来记账，这样做能避免糊涂用钱，让你明白自己的钱到底用在了什么地方。记账方法很简单，记下生活中的每一笔开支即可。

要记账首先要选择好记账方法，正规的财务报表，很多人都会觉得头痛，其实只要肯花时间，从每天的记账开始，把自己的财务状况数字化、表格化，不仅可以轻松获知财务状况，更可以替未来做好规划。一般人最常采用的记账方式是流水账，按照时间、花费、项目逐一登记。若采用科学的方式，除了须忠实记录每一笔消费外，更要记录采取何种付款方式，如刷卡、付现或是借贷。最后，要搜集整理好各种花费小票，最好在平时养成索取发票的习惯。在平日收集的发票上，清楚记下消费时间、金额、品名等项目。然后放在固定地点，按照消费的性质分成衣、食、住、行、育、乐六大类，方便以后统计。

记账贵在坚持，要清楚记录钱的来去。不过对于很多上班族来说，坚持记账总是有点困难，没几天就会厌烦，懒得坚持。不过现在又出现了新的方式，比较适合年轻人和懒人：那就是网上记账。专门的网站也应运而生，甚至还催生出一个网络新标签——账客。现在比较成熟的记账网站，输入数据后不仅能对相关数据进行统计，还能对具体收入支出项目生成图表，一目了然，相当方便。如果有条件经常上网，也不妨采用这种方式。

每到月底的时候，翻一翻记账本，看看自己的资金流向，找找其中哪些花费可以“瘦身”，这对培养健康的理财习惯是很有意义的。

不乱花钱，是个人投资的第一步。很多人都认为投资得有一大笔钱才能开始，总存有手头上的钱暂不宽裕的心理。他们认为投资一次性至少也得是万儿八千的，否则就没什么意义。但是富翁的钱也是从一元钱攒起来的，财务自由不是一天就可以实现的。

你现在节约下来的每一元钱，都是筑造财富大楼的一块基石。攒钱如此，花钱也如此，花 20 元钱和 40 元钱也许一次比起来没有什么区别，但时间长了，所产生的差异却很悬殊。